dtv

Männer sind ungeduldig. Wenn es nicht gerade um Autos, Computerprogramme, Flugzeugmodelle oder dergleichen geht, wollen sie lieber schnell auf den Punkt kommen. Wahrscheinlich haben sie deshalb auch den One-Night-Stand und die Short Story erfunden. Aber manchmal sind die Dinge doch etwas komplizierter. Deshalb finden sich unter den ›Geschichten für Männer‹ auch etliche starke Stories von Frauen.

Viel Vergnügen mit Madison Smartt Bell, Heinrich Böll, T. C. Boyle, Charles Bukowski, Italo Calvino, Raymond Carver, Katrin Dorn, Julia Franck, Anna Gavalda, Günter Grass, Axel Hacke, Gert Heidenreich, Binnie Kirshenbaum, Siegfried Lenz, Henning Mankell, Paulina Schulz, Scott Snyder und Uwe Timm.

Geschichten für Männer

Versammelt von
Lutz-W. Wolff

Deutscher Taschenbuch Verlag

Originalausgabe
Juli 2003
Deutscher Taschenbuch Verlag GmbH & Co. KG,
München
www.dtv.de

(Siehe auch Quellenhinweise S. 231 ff.)
Umschlagkonzept: Balk & Brumshagen
Umschlagfoto: © FOCUS/Gianni Berengo Gardin
Gesetzt aus der Garamond 10/11,75˙ (3B2)
Gesamtherstellung: Druckerei C. H. Beck, Nördlingen
Gedruckt auf säurefreiem, chlorfrei gebleichtem Papier
Printed in Germany · ISBN 3-423-20658-6

Inhalt

Italo Calvino

Der nackte Busen

Herr Palomar geht einen einsamen Strand entlang. Vereinzelt trifft er auf Badende. Eine junge Frau liegt hingebreitet im Sand und sonnt sich mit nacktem Busen. Herr Palomar, ein diskreter Zeitgenosse, wendet den Blick zum Horizont überm Meer. Er weiß, daß Frauen in solchen Situationen, wenn ein Unbekannter daherkommt, sich häufig rasch etwas überwerfen, und das findet er nicht schön: weil es lästig ist für die Badende, die sich in Ruhe sonnen will; weil der Vorübergehende sich als ein Störenfried fühlt; weil es implizit das Tabu der Nacktheit bekräftigt und weil aus halbrespektierten Konventionen mehr Unsicherheit und Inkohärenz im Verhalten als Freiheit und Zwanglosigkeit erwachsen.

Darum beeilt er sich, sobald er von weitem den rosigbronzenen Umriß eines entblößten weiblichen Torsos auftauchen sieht, den Kopf so zu halten, daß die Richtung der Blicke ins Leere weist und dergestalt seinen zivilen Respekt vor der unsichtbaren Grenze um die Personen verbürgt.

Allerdings – überlegt er, während er weitergeht und, kaum daß der Horizont wieder klar ist, die freie Bewegung seiner Augäpfel wieder aufnimmt – wenn ich mich so verhalte, bekunde ich ein Nichthinsehenwollen, und damit bestärke am Ende auch ich die Konvention, die den Anblick des Busens tabuisiert, beziehungsweise ich errichte mir eine Schranke, eine Art geistigen Büstenhalter zwischen meinen Augen und jenem Busen, dessen Anblick mir doch, nach dem Schimmern zu urteilen, das am Rande meines Gesichtsfeldes aufleuchtete, durchaus frisch und wohlgefällig erschien. Kurzum, mein Wegsehen unterstellt, daß ich an jene Nacktheit denke, mich in Gedanken mit ihr beschäftige, und das ist im Grunde noch immer ein indiskretes und rückständiges Verhalten.

Auf dem Heimweg von seinem Spaziergang kommt Herr Palomar wieder an jener sonnenbadenden Frau vorbei, und diesmal hält er den Blick fest geradeaus gerichtet, so daß er mit gleichbleibender Gelassenheit den Schaum der rückwärtsfließenden Wellen streift, die Planken der an Land gezogenen Boote, den Frotteestoff des über den Sand gebreiteten Badetuches, den Vollmond von hellerer Haut mit dem braunen Warzenhof und die Konturen der Küste im Dunst, grau gegen den Himmel.

Jetzt – denkt er mit sich zufrieden, während er seinen Weg fortsetzt – jetzt ist es mir gelungen, mich so zu verhalten, daß der Busen ganz in der Landschaft aufgeht und daß auch mein Blick nicht schwerer wiegt als der einer Möwe oder eines fliegenden Fisches.

Aber ist eigentlich – überlegt er weiter – dieses Verhalten ganz richtig? Bedeutet es nicht, den Menschen auf die Stufe der Dinge niederzudrücken, ihn als Objekt zu betrachten, ja, schlimmer noch, gerade das an seiner Person als Objekt zu betrachten, was an ihr spezifisch weiblich ist? Perpetuiere ich damit nicht gerade die alte Gewohnheit der männlichen Suprematie, die mit den Jahren zu einer gewohnheitsmäßigen Arroganz verkommen ist?

Er dreht sich um und geht noch einmal zurück. Wieder läßt er den Blick mit unvoreingenommener Sachlichkeit über den Strand gleiten, aber diesmal richtet er es so ein, daß man, sobald die Büste der Frau in sein Sichtfeld gelangt, ein Stocken bemerkt, ein Zucken, fast einen Seitensprung. Der Blick dringt vor bis zum Rand der gewölbten Haut, weicht zurück, wie um mit leichtem Erschauern die andersartige Konsistenz des Erblickten zu prüfen und seinen besonderen Wert einzuschätzen, verharrt für einen Moment in der

Schwebe und beschreibt eine Kurve, die der Wölbung des Busens in einem gewissen Abstand folgt, ausweichend, aber zugleich auch beschützend, um schließlich weiterzugleiten, als sei nichts gewesen.

So dürfte nun meine Position – denkt Herr Palomar – ziemlich klar herauskommen, ohne Mißverständnissen Raum zu lassen. Doch dieses Überfliegenlassen des Blickes, könnte es nicht am Ende als eine Überlegenheitshaltung gedeutet werden, eine Geringschätzung dessen, was ein Busen ist und was er bedeutet, ein Versuch, ihn irgendwie abzutun, ihn an den Rand zu drängen oder auszuklammern? Ja, ich verweise den Busen noch immer in jenes Zwielicht, in das ihn Jahrhunderte sexbesessener Prüderie und als Sünde verfemter Begehrlichkeit eingesperrt haben!

Eine solche Deutung stünde quer zu den besten Absichten des Herrn Palomar, der, obwohl Angehöriger einer älteren Generation, für welche sich Nacktheit des weiblichen Busens mit der Vorstellung liebender Intimität verband, dennoch mit Beifall diesen Wandel der Sitten begrüßt, sei's weil sich darin eine aufgeschlossenere Mentalität der Gesellschaft bekundet, sei's weil ihm persönlich ein solcher Anblick durchaus wohlgefällig erscheinen kann. So wünscht er sich nun, daß es ihm gelingen möge, genau diese uneigennützige Ermunterung in seinem Blick auszudrücken.

Er macht kehrt und naht sich entschlossenen Schrittes noch einmal der Frau in der Sonne. Diesmal wird sein unstet über die Landschaft schweifender Blick mit einer besonderen Aufmerksamkeit auf dem Busen verweilen, aber er wird sich beeilen, den Busen sogleich in eine Woge von Sympathie und Dankbarkeit für das Ganze mit einzubeziehen: für die Sonne und für den Himmel, für die gekrümmten Pinien, das Meer und den Sand, für die Düne, die Klippen, die Wolken, die Algen, für den Kosmos, der um jene zwei aureolengeschmückten Knospen kreist.

Das dürfte genügen, um die einsame Sonnenbadende definitiv zu beruhigen und alle abwegigen Schlußfolgerungen auszuräumen. Doch kaum naht er sich ihr von neuem, springt sie auf, wirft sich rasch etwas über, schnaubt und eilt mit verärgertem Achselzucken davon, als fliehe sie vor den lästigen Zudringlichkeiten eines Satyrs.

Das tote Gewicht einer Tradition übler Sitten verhindert die richtige Einschätzung noch der aufgeklärtesten Intentionen, schließt Herr Palomar bitter.

Henning Mankell

Der Mann am Strand

Am Nachmittag des 26. April 1987 saß Kriminalkommissar Kurt Wallander in seinem Dienstzimmer im Polizeipräsidium von Ystad und schnitt sich gedankenverloren Haare aus dem einen Nasenloch. Es war kurz nach fünf. Er hatte gerade eine Mappe zugeklappt, in der Material über die trostlose Fahndung nach einer Autoschieberbande gesammelt war, die gestohlene Luxusautos nach Polen schmuggelte. Die Ermittlung konnte sich inzwischen, gewisse Unterbrechungen eingerechnet, der zweifelhaften Ehre eines zehnjährigen Bestehens erfreuen. Sie war angelaufen, als Wallander gerade erst in Ystad zu arbeiten begonnen hatte. Insgeheim hatte er sich oft gefragt, ob sie auch an dem in ferner Zukunft liegenden Tag seiner Pensionierung noch weiterlaufen würde.

Auf seinem Schreibtisch war ausnahmsweise einmal vollkommene Ordnung. Längere Zeit hatte dort das Chaos geherrscht, und er hatte das schlechte Wetter zum Vorwand genommen, um zu arbeiten, denn er war Strohwitwer.

Einige Tage zuvor waren Mona und Linda auf die Kanarischen Inseln geflogen. Für Wallander war diese Reise eine totale Überraschung gewesen. Er hatte nichts davon gewußt, daß Mona das Geld dafür zusammengespart hatte, und auch Linda hatte nichts gesagt. Gegen den Widerstand ihrer Eltern hatte sie vor kurzem das Gymnasium geschmissen. Im Augenblick machte sie vor allem einen zornigen, müden und verwirrten Eindruck. Er hatte die beiden frühmorgens nach Sturup gefahren und auf dem Rückweg nach Ystad gedacht, daß er eigentlich nichts dagegen hatte, ein paar

Wochen ganz für sich allein zu haben. Seine Ehe mit Mona knackte in allen Fugen. Woran es lag, wußte keiner von ihnen. Aber beiden war klar, daß in den letzten Jahren Linda ihre Beziehung zusammengehalten hatte. Was würde passieren, jetzt, wo sie die Schule aufgegeben und angefangen hatte, ihren eigenen Weg zu gehen?

Er stand auf und trat ans Fenster. Der Wind zerrte und rüttelte an den Bäumen auf der anderen Straßenseite. Es nieselte. Das Thermometer zeigte vier Grad über Null. Noch war der Frühling in weiter Ferne.

Er zog die Jacke an und verließ das Zimmer. An der Anmeldung nickte er der Wochenendvertretung zu, die am Telefon sprach. Er fuhr mit dem Wagen ins Zentrum. Während er überlegte, was er fürs Abendessen einkaufen sollte, schob er eine Kassette mit Maria Callas in den Kassettenspieler.

Sollte er überhaupt etwas einkaufen? Hatte er überhaupt Hunger? Seine Unentschlossenheit ärgerte ihn. Gleichzeitig hatte er keine Lust, wieder in seine alte Unart zu verfallen und an irgendeinem Imbißstand Hamburger zu essen. Mona hatte ihn immer öfter darauf hingewiesen, daß er dick würde. Und sie hatte recht. Vor ein paar Monaten hatte er plötzlich eines Morgens sein Gesicht im Badezimmerspiegel angestarrt und eingesehen, daß seine Jugend unwiderruflich vorbei war. Er würde bald vierzig sein, sah aber älter aus. Früher hatte er eher jünger ausgesehen, als er war.

Verstimmt fuhr er auf den Malmöväg und hielt bei einem der Supermärkte an. Er wollte gerade die Tür zuschlagen, als im Wageninneren sein Autotelefon zu summen begann. Einen Moment lang überlegte er, ob er es ignorieren sollte. Was es auch sein mochte, sollte sich doch ein anderer darum kümmern. Im Augenblick hatte er mit seinen eigenen Problemen genug zu tun. Aber er überlegte es sich doch, griff zum Hörer und meldete sich.

»Wallander?« hörte er seinen Kollegen Hansson fragen.

»Ja.«

»Wo bist du?«

»Ich wollte gerade einkaufen.«

»Mach das nachher. Komm statt dessen her. Ich bin im Krankenhaus. Ich warte draußen auf dich.«

»Was ist denn los?«

»Es ist ein bißchen schwer zu erklären. Es ist besser, wenn du gleich kommst.«

Das Gespräch war vorbei. Wallander wußte, daß Hansson nicht angerufen hätte, wenn es nichts Ernstes wäre. Er brauchte nur ein paar Minuten zum Krankenhaus. Vor dem Eingang kam Hansson ihm schon entgegen. Er schien zu frieren. Wallander versuchte, von seinem Gesicht abzulesen, was passiert war.

»Was ist denn los?«

»Da drinnen sitzt ein Taxifahrer, der Stenberg heißt«, sagte Hansson. »Er trinkt Kaffee und ist völlig außer sich.«

Wallander folgte Hansson fragend durch die Glastüren.

Die Cafeteria lag rechts. Sie gingen an einem alten Mann vorbei, der im Rollstuhl saß und langsam einen Apfel kaute. Wallander erkannte Stenberg, der allein an einem Tisch saß. Er war ihm schon einmal begegnet, konnte sich aber nicht erinnern, in welchem Zusammenhang. Stenberg war um die Fünfzig, korpulent und fast kahl. Seine Nase war verbogen, als sei er in seiner Jugend Boxer gewesen.

»Sie kennen vielleicht Kommissar Wallander?« sagte Hansson.

Stenberg nickte und stand auf, um Wallander zu begrüßen.

»Bleiben Sie doch sitzen«, sagte Wallander. »Erzählen Sie lieber, was passiert ist.«

Stenbergs Blick flackerte. Wallander erkannte, daß der Mann entweder sehr beunruhigt war oder Angst hatte. Was von beidem zutraf, konnte er noch nicht sagen.

»Ich bekam eine Fahrt von Svarte«, sagte Stenberg. »Der

Kunde wollte an der Hauptstraße warten. Er hieß Alexandersson. Als ich ankam, stand er da auch. Er setzte sich auf die Rückbank und sagte, er wolle in die Stadt. Ich sollte am Markt halten.

Ich sah im Rückspiegel, daß er die Augen zumachte. Ich dachte, er schliefe. Als wir in die Stadt kamen, hielt ich am Markt und sagte, daß wir da seien. Er reagierte überhaupt nicht. Ich stieg aus, öffnete die hintere Tür und faßte ihn ganz leicht an. Aber er reagierte nicht. Daher glaubte ich, er sei krank, und fuhr ihn hierher zur Notfallambulanz. Da sagten sie, er wäre tot.«

Wallander zog die Stirn kraus.

»Tot?«

»Sie haben Wiederbelebungsversuche gemacht«, sagte Hansson. »Aber es half nicht. Er war tot.«

Wallander überlegte.

»Sie brauchen fünfzehn Minuten von Svarte in die Stadt«, sagte er zu Stenberg. »Er machte nicht den Eindruck, als ginge es ihm nicht gut, als er einstieg?«

»Wenn er krank gewesen wäre, hätte ich es gemerkt«, sagte Stenberg. »Außerdem hätte er sich dann wohl zum Krankenhaus fahren lassen.«

»Und soweit Sie sehen konnten, war er nicht verletzt?«

»Nein. Er trug einen Anzug und einen hellblauen Mantel.«

»Hatte er etwas in den Händen? Eine Tasche oder sonst etwas?«

»Nichts. Ich dachte, es wäre am besten, die Polizei anzurufen. Obwohl das Krankenhaus das wohl auch muß, nehme ich an.«

Stenbergs Antworten kamen prompt und ohne Zögern.

Wallander wandte sich an Hansson.

»Wissen wir, wer er ist?«

Hansson holte seinen Notizblock hervor.

»Göran Alexandersson«, sagte er. »Neunundvierzig Jahre

alt. Selbständiger Unternehmer in der Elektronikbranche. Wohnhaft in Stockholm. Er hatte eine Menge Geld in der Brieftasche. Und viele Kreditkarten.«

»Komisch«, meinte Wallander. »Aber ich nehme an, er hatte einen Herzinfarkt. Was sagen denn die Ärzte?«

»Daß nur eine Obduktion eine eindeutige Klärung der Todesursache ergeben kann.«

Wallander nickte und stand auf.

»Sie müssen die Bezahlung für die Fahrt aus der Hinterlassenschaft beantragen«, sagte er zu Stenberg. »Wir melden uns, wenn wir noch Fragen haben.«

»Es war zwar unangenehm«, sagte Stenberg mit Nachdruck. »Aber ich werde den Teufel tun und mir von den Hinterbliebenen einen Leichentransport bezahlen lassen.«

Dann ging er.

»Ich würde ihn mir gern ansehen«, sagte Wallander. »Du brauchst nicht mitzukommen, wenn du nicht willst.«

»Lieber nicht«, gab Hansson zurück. »Ich versuche in der Zwischenzeit, seine Angehörigen zu erreichen.«

»Was hat er in Ystad gemacht?« fragte Wallander nachdenklich. »Das sollten wir vielleicht auch herausfinden.«

Wallander blieb nur einen kurzen Augenblick an der Bahre, die in einem Raum in der Notfallambulanz stand. Vom Gesicht des Toten konnte er nichts ablesen. Er untersuchte seine Kleidung. Sie war wie die Schuhe von bester Qualität. Sollte sich zeigen, daß ein Verbrechen vorlag, müßten die Techniker die Kleidung genauer unter die Lupe nehmen. In der Brieftasche fand Wallander nichts außer dem, was Hansson schon genannt hatte. Anschließend sprach er mit einem der Ärzte in der Notfallambulanz.

»Es sieht ganz nach einem natürlichen Tod aus«, meinte der Arzt. »Keine Anzeichen von Gewalt, keine Verletzungen.«

»Und wer hätte ihn auf dem Rücksitz eines Taxis erschlagen sollen?« sagte Wallander. »Aber ich möchte trotzdem so schnell wie möglich das Resultat der Obduktion haben.«

»Wir lassen ihn jetzt in die Gerichtsmedizin nach Lund bringen«, sagte der Arzt. »Falls die Polizei nichts dagegen hat?«

»Nein«, erwiderte Wallander. »Warum sollten wir?«

Er fuhr zurück ins Polizeipräsidium und ging zu Hansson, der gerade ein Telefonat beendete. Während Wallander wartete, befühlte er mißmutig seinen Bauch, der oberhalb des Gürtels hervorzuquellen begann.

»Ich habe gerade mit Alexanderssons Büro in Stockholm gesprochen«, sagte Hansson, nachdem er aufgelegt hatte. »Sowohl mit seiner Sekretärin als auch mit seinem engsten Mitarbeiter. Sie sind natürlich geschockt. Aber sie konnten mir wenigstens sagen, daß Göran Alexandersson seit sechs Jahren geschieden war.«

»Hatte er Kinder?«

»Einen Sohn.«

»Dann müssen wir den ausfindig machen.«

»Das geht nicht«, antwortete Hansson.

»Warum nicht?«

»Weil er tot ist.«

Wallander konnte sich oft über Hanssons umständliche Art, etwas auf den Punkt zu bringen, aufregen. Dies war ein solcher Fall.

»Tot? Wieso tot? Muß man dir alles aus der Nase ziehen?«

Hansson versuchte, seine Notizen zu entziffern.

»Sein einziges Kind, ein Sohn, starb vor fast sieben Jahren. Anscheinend war es irgendein Unglücksfall. Ich habe das Ganze noch nicht durchschaut.«

»Hatte dieser Sohn möglicherweise einen Namen?«

»Bengt.«

»Hast du gefragt, was Göran Alexandersson in Ystad wollte? Oder in Svarte?«

»Er hat gesagt, er wolle eine Woche Urlaub machen. Er wollte im Hotel ›Kung Karl‹ wohnen. Er kam vor vier Tagen her.«

»Dann fahren wir jetzt dahin«, sagte Wallander.

Sie durchsuchten Alexanderssons Hotelzimmer über eine Stunde, ohne irgend etwas von Interesse zu finden. Der Koffer war leer. Die Kleider waren ordentlich in den Schrank gehängt. Ein Extrapaar Schuhe.

»Kein Stück Papier«, sagte Wallander nachdenklich. »Nicht ein Buch. Nichts.«

Dann nahm er den Telefonhörer ab und fragte in der Rezeption nach, ob Göran Alexandersson selbst telefoniert oder Telefongespräche empfangen oder Besuch gehabt habe. Die Antwort war eindeutig. Niemand hatte Zimmer 211 angerufen. Niemand war zu Besuch gekommen.

»Er hat ein Zimmer hier in Ystad«, sagte Wallander. »Aber er ruft aus Svarte ein Taxi an. Fragt sich, wie er dahin kam.«

»Ich frage bei den Taxiunternehmen nach«, sagte Hansson.

Sie fuhren ins Präsidium zurück. Wallander blieb am Fenster stehen und betrachtete abwesend den Wasserturm auf der anderen Straßenseite. Er dachte an Mona und Linda. Vermutlich saßen sie in irgendeinem Straßenrestaurant und aßen zu Abend. Aber worüber sprachen sie? Bestimmt darüber, was Linda jetzt anfangen wollte. Er versuchte sich ihr Gespräch vorzustellen. Aber alles, was er hörte, war das Rauschen des Heizkörpers. Er setzte sich an den Schreibtisch, um einen vorläufigen Bericht abzufassen, während Hansson mit den Taxiunternehmen in Ystad telefonierte. Bevor er anfing, ging er jedoch noch einmal in den Eßraum und raffte ein paar Stücke Gebäck an sich, die verloren auf einem Teller lagen. Es war fast acht, als Hansson an seine Tür klopfte und eintrat.

»Er ist in den vier Tagen, die er schon hier in Ystad war, dreimal nach Svarte gefahren«, sagte Hansson. »Er hat sich am Ortsrand absetzen lassen. Am frühen Morgen ist er rausgefahren und am Nachmittag hat er ein Taxi gerufen.«

Wallander nickte abwesend.

»Das ist ja nicht verboten«, sagte er. »Vielleicht hatte er da draußen eine Geliebte?«

Wallander stand auf und trat ans Fenster. Der Wind hatte an Stärke zugenommen.

»Wir lassen ihn durch unsere Register laufen«, sagte er nach einer Weile. »Mein Gefühl sagt mir, daß es nichts bringt. Aber auf jeden Fall. Und dann können wir nur die Obduktion abwarten.«

»Es war bestimmt ein Herzinfarkt«, sagte Hansson und stand auf.

»Bestimmt«, sagte Wallander.

Anschließend fuhr er nach Hause und machte eine Dose Pyttipanna auf. Er hatte schon angefangen, Göran Alexandersson zu vergessen. Nachdem er sein kärgliches Mahl verzehrt hatte, schlief er vor dem Fernseher ein.

Am Tag danach ließ Wallanders Kollege Martinsson den Namen Göran Alexandersson durch alle zugänglichen Register laufen. Ohne Ergebnis. Martinsson war der jüngste in der Kriminalabteilung und derjenige von ihnen, der für die neue Technik am aufgeschlossensten war.

Wallander widmete den Tag den gestohlenen Luxuswagen, die in Polen herumfuhren. Am Abend besuchte er seinen Vater in Löderup und spielte ein paar Stunden Karten. Es endete damit, daß sie sich darüber stritten, wer wem wieviel schuldig war. Auf dem Heimweg im Auto fragte Wallander sich, ob er, wenn er alt wurde, auch so werden würde wie sein Vater. Oder hatte er schon angefangen, zu werden wie er? Boshaft, griesgrämig und unfreundlich. Er sollte einmal jemanden fragen. Vielleicht nicht gerade Mona.

Am Morgen des 28. April klingelte Wallanders Telefon. Es war die Gerichtsmedizin in Lund.

»Ich rufe an wegen einer Person namens Göran Alexandersson«, sagte der Arzt. Er hieß Jörne, und Wallander kannte ihn aus seiner Malmöer Zeit.

»Was ist es denn?« fragte Wallander. »Gehirnblutung oder Schlaganfall?«

»Keins von beiden«, erwiderte Jörne. »Entweder hat er Selbstmord begangen oder er ist ermordet worden.«

Wallander fuhr zusammen.

»Ermordet? Was meinst du damit?«

»Genau das, was ich sage.«

»Aber das ist undenkbar. Er kann nicht im Fond eines Taxis ermordet worden sein. Stenberg, der ihn gefahren hat, bringt keine Leute um. Aber er kann ja wohl auch kaum Selbstmord begangen haben?«

»Wie es zugegangen ist, kann ich nicht beurteilen«, sagte Jörne ungerührt. »Dagegen kann ich mit Sicherheit sagen, daß er an einem Gift starb, das er mit einem Getränk oder mit etwas zu essen zu sich genommen hat. Und für mich deutet das auf Mord. Aber das rauszufinden ist natürlich euer Job.«

Wallander sagte nichts.

»Ich faxe euch die Papiere rüber«, sagte Jörne. »Bist du noch da?«

»Ja«, sagte Wallander. »Ich bin noch da.«

Er bedankte sich bei Jörne, legte auf und dachte nach über das, was er gerade gehört hatte. Dann drückte er das Haustelefon und bat Hansson, zu ihm herüberzukommen. Er zog einen seiner Notizblöcke heran und schrieb zwei Wörter.

Göran Alexandersson.

Draußen hatte der Wind weiter zugenommen. In den Böen erreichte er schon Sturmstärke.

Der böige Wind wehte weiter über Schonen. Wallander saß zurückgezogen in seinem Zimmer und mußte sich eingestehen, daß er noch immer nicht wußte, was mit dem Mann passiert war, der vor zwei Tagen auf der Rückbank eines Taxis gestorben war. Um zehn Uhr am Vormittag begab er sich zu einem der Sitzungszimmer des Präsidiums und schloß die Tür hinter sich. Hansson und Rydberg saßen schon am Tisch. Wallander war überrascht, als er Rydberg sah. Er war wegen Rückenschmerzen krank geschrieben und hatte seine Rückkehr nicht angekündigt.

»Wie geht es dir denn?« fragte Wallander.

»Ich sitze hier«, sagte Rydberg abweisend. »Was ist denn das für ein Quatsch von einem Mann, der im Fond eines Taxis ermordet worden ist?«

»Laß uns vorne anfangen«, entgegnete Wallander.

Dann blickte er in die Runde. Einer fehlte.

»Wo ist Martinsson?«

»Er hat angerufen und sich entschuldigt, er hat einen geschwollenen Hals«, antwortete Rydberg. »Aber vielleicht kann Svedberg dazukommen?«

»Wir warten ab, ob es nötig wird«, sagte Wallander und sortierte seine Papiere. Das Fax aus Lund war gekommen.

Dann sah er seine Kollegen an.

»Die Geschichte, die anfänglich so simpel zu sein schien, könnte sich als bedeutend schwieriger erweisen, als ich geglaubt habe. Ein Mann stirbt auf dem Rücksitz eines Taxis. Der Gerichtsmediziner in Lund hat festgestellt, daß er an einem Gift gestorben ist. Was wir immer noch nicht wissen, ist, wieviel Zeit zwischen der Einnahme des Giftes und dem Augenblick des Todes vergangen ist. Aber Lund hat versprochen, uns in ein paar Tagen Bescheid zu geben.«

»Mord oder Selbstmord?« wollte Rydberg wissen.

»Mord«, antwortete Wallander entschieden. »Ich kann mir nur schwer einen Selbstmörder vorstellen, der erst Gift schluckt und dann nach einem Taxi telefoniert.«

»Könnte er das Gift vielleicht durch einen Irrtum genommen haben?« fragte Hansson.

»Unwahrscheinlich«, sagte Wallander. »Den Ärzten zufolge ist es eine Giftmischung, die es eigentlich gar nicht gibt.«

»Was heißt das?« fragte Hansson.

»Daß nur ein Spezialist sie mischen kann, ein Arzt zum Beispiel, ein Chemiker oder ein Biologe.«

Es wurde still.

»Also sollten wir es als Mord betrachten«, sagte Wallander. »Was wissen wir eigentlich über diesen Göran Alexandersson?«

Hansson blätterte in seinen Aufzeichnungen.

»Er war Geschäftsmann«, begann er. »Er hatte zwei Elektronikläden in Stockholm, einen in Västberga, den anderen am Norrtull. Er wohnte allein in einer Wohnung in der Åsögata. Familie scheint er nicht gehabt zu haben. Seine geschiedene Frau soll in Frankreich wohnen. Sein Sohn starb vor sieben Jahren. Und die Angestellten von ihm, mit denen ich geredet habe, charakterisierten ihn wortwörtlich gleich.«

»Und wie?« unterbrach ihn Wallander.

»Er galt als nett.«

»Nett?«

»Das war das Wort, das sie benutzten: nett.«

Wallander nickte. »Sonst noch etwas?«

»Er scheint ein ziemlich eintöniges Leben geführt zu haben. Seine Sekretärin vermutete, daß er Briefmarken sammelte. Es kamen regelmäßig Kataloge ins Büro. Enge Freunde scheint er keine gehabt zu haben. Jedenfalls keine, die seine Mitarbeiter kannten.«

Es wurde still.

»Wir müssen Stockholm wegen seiner Wohnung um Hilfe bitten«, sagte Wallander, als das Schweigen allzu drückend wurde. »Und wir müssen Kontakt mit seiner Frau aufnehmen. Ich selbst werde versuchen herauszufinden, was er hier unten gemacht hat, in Ystad und Svarte. Wen hat er getroffen? Wir treffen uns heute nachmittag wieder und stimmen unsere Ergebnisse miteinander ab.«

»Eins frage ich mich«, sagte Rydberg. »Kann ein Mensch ermordet werden, ohne selbst davon zu wissen?«

Wallander nickte.

»Es ist ein interessanter Gedanke«, sagte er. »Jemand gibt Göran Alexandersson unbemerkt ein Gift, das erst eine Stunde später wirkt. Ich werde Jörne danach fragen.«

»Wenn er es weiß«, murmelte Rydberg. »Da wäre ich nicht so sicher.«

Die Sitzung war beendet. Sie gingen auseinander, nachdem sie die Arbeit unter sich verteilt hatten. Wallander stellte sich mit einer Kaffeetasse in der Hand ans Fenster und versuchte zu entscheiden, womit er anfangen sollte.

Eine halbe Stunde später setzte er sich in sein Auto und fuhr nach Svarte hinaus. Der Wind hatte langsam abgenommen. Die Sonne schien durch die aufreißenden Wolken. Wallander hatte zum erstenmal in diesem Jahr das Gefühl, daß der Frühling endlich auf dem Weg war. Als er an den Ortsrand von Svarte kam, hielt er an und stieg aus.

Hierher kam Göran Alexandersson, dachte er. Er kam am Morgen und fuhr am Nachmittag nach Ystad zurück. Beim vierten Mal wurde er vergiftet und starb auf dem Rücksitz eines Taxis.

Er ging in Richtung Ortsmitte. Viele der Häuser auf der Strandseite der Straße waren Sommerhäuser und jetzt verbarrikadiert.

Auf seinem Gang durch den Ort begegnete Wallander nur zwei Menschen. Die Verlassenheit des Ortes bedrückte ihn plötzlich. Er machte kehrt und ging schnell zurück zum Auto.

Als er schon den Motor angelassen hatte, entdeckte er eine ältere Frau, die sich an einem Blumenbeet in einem Garten neben dem Wagen zu schaffen machte. Er stellte den Motor wieder ab und stieg aus. Als er die Wagentür zuschlug, schaute die Frau in seine Richtung. Wallander ging zum Zaun und hob die Hand zum Gruß.

»Ich hoffe, ich störe Sie nicht«, sagte er.

»Hier stört niemand«, sagte die Frau und sah ihn neugierig an.

»Ich heiße Kurt Wallander und bin Kriminalbeamter in Ystad«, sagte er.

»Ich kenne Sie«, sagte die Frau. »Habe ich Sie nicht in einem Diskussionsprogramm im Fernsehen gesehen?«

»Ich glaube kaum«, erwiderte er. »Aber leider hat es dann und wann Bilder von mir in der Zeitung gegeben.«

»Agnes Ehn«, sagte die Frau und reichte ihm die Hand.

»Wohnen Sie das ganze Jahr über hier?« fragte Wallander.

»Nur im Sommerhalbjahr. Ich komme Anfang April hier heraus. Und bleibe bis Oktober. Im Winter wohne ich in Halmstad. Ich bin pensionierte Lehrerin. Mein Mann ist vor ein paar Jahren gestorben.«

»Es ist schön hier«, sagte Wallander. »Schön und still. Jeder kennt jeden.«

»Ich weiß nicht«, sagte sie. »Es kann auch so sein, daß man seinen eigenen Nachbarn nicht kennt.«

»Ihnen ist nicht zufällig ein Mann aufgefallen, der in der vergangenen Woche ein paarmal mit dem Taxi nach Svarte gekommen ist? Und der am Nachmittag wieder von einem Taxi abgeholt worden ist?«

Ihre Antwort überraschte ihn.

»Er hat mein Telefon benutzt, um das Taxi zu bestellen«, sagte sie. »An vier Tagen hintereinander. Wenn es wirklich der gleiche Mann war.«

»Hat er gesagt, wie er heißt?«

»Er war sehr höflich.«

»Und hat sich vorgestellt?«

»Man kann höflich sein, auch ohne seinen Namen zu sagen.«

»Und er bat Sie darum, Ihr Telefon benutzen zu dürfen?«

»Ja.«

»Hat er sonst noch etwas gesagt?«

»Ist denn etwas passiert?«

Wallander fand, daß es keinen Grund gab, ihr nicht zu sagen, was passiert war.

»Er ist tot.«

»Das ist ja schrecklich. Und was ist geschehen?«

»Das wissen wir nicht. Im Moment wissen wir nur, daß er tot ist. Wissen Sie, was er hier in Svarte gemacht hat? Hat er gesagt, wen er besuchte? Und in welche Richtung ging er? War er in Begleitung? Alles, woran Sie sich erinnern können, ist wichtig.«

Wieder überraschte sie ihn mit ihrer klaren Antwort.

»Er ging unten am Strand spazieren«, sagte sie. »Hinter meinem Haus führt ein Pfad hinunter zum Strand. Dem folgte er. Dann ging er in westlicher Richtung. Und er kam erst am Nachmittag zurück.«

»Er ging am Strand spazieren? War er allein?«

»Das kann ich doch nicht wissen. Der Strand macht eine Biegung. Er kann da hinten jemanden getroffen haben, wo ich es nicht mehr sehen kann.«

»Hatte er irgend etwas bei sich? Eine Tasche oder ein Paket?«

Sie schüttelte den Kopf.

»Machte er irgendwie einen beunruhigten Eindruck?«

»Nicht, soweit ich sehen konnte.«

»Er benutzte also gestern Ihr Telefon?«

»Ja.«

»Und Sie haben nichts Auffälliges an ihm bemerkt?«

»Er machte den Eindruck eines netten und freundlichen Mannes. Er bestand darauf, die Telefongespräche zu bezahlen.«

Wallander nickte.

»Sie haben mir sehr geholfen«, sagte er und gab ihr eine Karte mit seiner Telefonnummer. »Wenn Ihnen noch etwas einfällt, möchte ich Sie bitten, mich anzurufen.«

»Das ist tragisch«, sagte sie. »Ein so angenehmer Mann.«

Wallander nickte und ging hinter das Haus, wo ein Weg

zum Strand hinunterführte. Er ging bis ganz an die Wasserkante. Der Strand war verlassen. Als Wallander sich umdrehte, sah er Agnes Ehn dastehen und ihm nachschauen.

Er muß jemanden getroffen haben, dachte er. Etwas anderes ist undenkbar. Die Frage ist nur, wen.

Er fuhr zurück ins Präsidium. Rydberg hielt ihn auf dem Flur an und sagte, es sei ihm gelungen, Alexanderssons Exfrau an ihrem Wohnort an der Riviera ausfindig zu machen.

»Aber es nimmt niemand ab«, sagte er. »Ich versuche es weiter.«

»Gut«, sagte Wallander. »Sag mir Bescheid, wenn du sie erreicht hast.«

»Martinsson war hier«, fuhr Rydberg fort. »Man konnte kaum hören, was er sagte. Ich habe ihm gesagt, er soll wieder nach Hause gehen.«

»Das hätte ich wohl auch getan«, sagte Wallander.

Er ging in sein Zimmer, schloß die Tür und zog den Kollegblock an sich, auf dem er zuvor den Namen Göran Alexandersson aufgeschrieben hatte. Wen hast du am Strand getroffen? dachte er. Wen? Das muß ich wissen.

Um ein Uhr war Wallander hungrig. Er hatte schon die Jacke an und wollte gerade gehen, als Hansson an seine Tür klopfte.

Es war ihm sofort anzusehen, daß er etwas Wichtiges zu sagen hatte.

»Ich habe da etwas, was sich möglicherweise als bedeutsam herausstellen könnte.«

»Was denn?«

»Wie du dich erinnerst, hatte Göran Alexandersson einen Sohn, der vor sieben Jahren starb. Er wurde erschlagen. Und soweit ich sehen kann, wurde nie ein Täter gefaßt und verurteilt.«

Wallander sah Hansson lange an.

»Gut«, sagte er schließlich. »Jetzt haben wir einen Anhaltspunkt. Obwohl ich nicht richtig sagen kann, worin er eigentlich besteht.«

Der Hunger, den er eben noch verspürt hatte, war verschwunden.

Kurz nach zwei Uhr am Nachmittag des 28. April klopfte Rydberg an Wallanders halbgeöffnete Tür.

»Ich habe Alexanderssons Frau erreicht«, sagte er und kam herein. Als er sich auf Wallanders Besucherstuhl setzte, verzog er das Gesicht.

»Was ist mit deinem Rücken?« fragte Wallander.

»Ich weiß nicht«, erwiderte Rydberg. »Aber irgend etwas stimmt nicht.«

»Du hast vielleicht zu früh wieder angefangen zu arbeiten?«

»Es wird nichts besser davon, daß ich zu Hause liege und an die Decke starre.«

Damit war das Gespräch über Rydbergs Rücken beendet.

Wallander wußte, daß es keinen Sinn hatte, ihn dazu überreden zu wollen, wieder nach Hause zu gehen und sich auszuruhen.

»Was hat sie gesagt?« fragte er statt dessen.

»Sie war natürlich geschockt. Ich glaube, es dauerte eine Minute, bis sie etwas sagte.«

»Das wird teuer für die Staatskasse«, sagte Wallander. »Aber dann? Nachdem die Minute vorbei war?«

»Sie wollte natürlich wissen, was passiert ist. Ich sagte es ihr, wie es war. Sie hatte Schwierigkeiten zu verstehen, wovon ich redete.«

»Kein Wunder.«

»Ich habe auf jeden Fall erfahren, daß sie keinen Kontakt hatten. Der Ehefrau zufolge haben sie sich scheiden lassen, weil sie es zusammen so langweilig hatten.«

Wallander zog die Stirn in Falten.

»Was meinte sie denn damit?«

»Ich glaube, das ist eine häufigere Ursache für Scheidungen, als man ahnt«, sagte Rydberg. »Ich glaube, es muß gräßlich sein, mit einem langweiligen Menschen zusammenzuleben.«

Wallander nickte gedankenverloren. Er fragte sich, ob Mona wohl ebenso dachte. Und was dachte er selbst?

»Ich habe sie gefragt, ob sie sich jemanden vorstellen könnte, der ihn würde umbringen wollen. Aber das konnte sie nicht. Dann fragte ich sie, ob sie erklären könnte, was er hier unten in Schonen getan hätte. Das konnte sie auch nicht. Das war alles.«

»Du hast nicht nach ihrem verstorbenen Sohn gefragt? Von dem Hansson sagt, er sei ermordet worden?«

»Doch, natürlich. Aber sie wollte nicht darüber sprechen.«

»Ist das nicht ein bißchen sonderbar?«

Rydberg nickte.

»Genau, was ich dachte.«

»Ich glaube, du mußt sie noch einmal anrufen«, sagte Wallander.

Rydberg nickte und verließ das Zimmer. Wallander dachte, daß er bei Gelegenheit Mona fragen müßte, ob Langeweile das größte Problem in ihrer Ehe sei. Das Klingeln des Telefons riß ihn aus seinen Gedanken. Ebba von der Vermittlung teilte ihm mit, die Polizei in Stockholm wolle mit ihm sprechen. Wallander zog seinen Block heran und hörte zu. Es war ein Polizist namens Rendal, mit dem Wallander noch nie zu tun gehabt hatte.

»Wir haben uns diese Wohnung in der Åsögata angesehen«, sagte Rendal.

»Und, habt ihr etwas gefunden?«

»Wie sollten wir etwas finden können, wenn wir nicht wissen, wonach wir suchen sollen?«

Wallander konnte hören, daß Rendal gestreßt war.

»Wie sah sie denn aus?« fragte Wallander so freundlich er konnte.

»Sauber und ordentlich«, sagte Rendal. »Geputzt. Ein bißchen pedantisch. Ich fand, es war eine typische Junggesellenwohnung.«

»Ist es ja auch«, sagte Wallander.

»Wir haben uns seine Post angesehen«, fuhr Rendal fort. »Er scheint höchstens eine Woche weggewesen zu sein.«

»Das stimmt«, sagte Wallander.

»Er hatte einen Anrufbeantworter. Aber der war leer. Keiner hatte ihn angerufen.«

»Was hatte er selbst für eine Ansage?« fragte Wallander.

»Nur die übliche.«

»Dann wissen wir das«, sagte Wallander. »Danke für die Hilfe. Wir melden uns wieder, wenn es noch mehr gibt.«

Wallander legte auf und sah, daß es Zeit war für das Nachmittagstreffen der Ermittlungsgruppe. Als er das Sitzungszimmer betrat, waren Hansson und Rydberg schon da.

»Ich habe gerade mit Stockholm gesprochen«, sagte Wallander. »Die Wohnung in der Åsögata hat nichts ergeben.«

»Ich habe die Frau noch einmal angerufen«, sagte Rydberg. »Sie wollte immer noch nicht über den Sohn sprechen. Aber als ich ihr erzählte, daß wir notfalls von ihr verlangen könnten, nach Hause zu kommen und uns bei der Ermittlung zu helfen, ging es etwas leichter. Ihr Sohn wurde auf offener Straße mitten in Stockholm niedergeschlagen. Es muß ein total sinnloser Überfall gewesen sein. Er ist nicht einmal beraubt worden.«

»Ich habe ein paar Unterlagen über diesen Überfall kommen lassen«, sagte Hansson. »So lange ist es ja noch nicht her, daß der Fall ad acta gelegt worden ist. Aber seit mehr als fünf Jahren hat keiner etwas in der Sache unternommen.«

»Gab es keine Tatverdächtigen?« wollte Wallander wissen.

Hansson schüttelte den Kopf.

»Überhaupt keine. Es gab absolut nichts. Keine Zeugen, gar nichts.«

Wallander schob seinen Kollegblock von sich.

»Genausowenig, wie wir jetzt in der Hand haben«, sagte er.

Es wurde still am Tisch. Wallander sah ein, daß er etwas sagen mußte.

»Ihr müßt mit dem Personal in seinen Läden reden«, sagte er. »Wendet euch an einen Kollegen namens Rendal bei der Stockholmer Polizei und bittet ihn, euch zu helfen. Wir sehen uns morgen wieder.«

Sie verteilten die Arbeit unter sich, und Wallander ging zurück in sein Zimmer. Er hatte vor, seinen Vater in Löderup anzurufen und sich bei ihm für den Streit am Abend zuvor zu entschuldigen. Aber er nahm den Hörer nicht auf. Die Geschichte mit Göran Alexandersson ließ ihm keine Ruhe. Die ganze Situation war dermaßen absurd, daß sie allein deshalb geklärt werden mußte. Seine Erfahrung sagte ihm, daß die meisten Morde, auch die meisten sonstigen Verbrechen, irgendwo einen logischen Kern hatten. Es galt nur, die richtigen Puzzlestücke in der richtigen Reihenfolge umzudrehen und nach denkbaren Zusammenhängen zwischen den verschiedenen Zeichen zu suchen, die sichtbar wurden.

Um kurz vor fünf verließ er das Präsidium und fuhr auf der Küstenstraße nach Svarte. Diesmal parkte er seinen Wagen weiter im Ort. Er nahm ein Paar Gummistiefel aus dem Kofferraum und ging hinunter zum Strand. In der Ferne sah er ein Frachtschiff nach Westen ziehen. Er begann am Strand entlangzugehen und betrachtete die Häuser, die auf seiner Rechten lagen. In ungefähr jedem dritten Haus schienen Menschen zu sein. Er folgte dem Strand, bis er Svarte hinter sich gelassen hatte. Dann kehrte er um. Plötzlich hatte er das Gefühl, daß er hier ging und hoffte, Mona käme ihm entgegen. Er dachte zurück an damals, als sie in Skagen gewesen waren. Es war ihre beste gemeinsame Zeit gewesen. Sie hatten soviel zu reden, daß die Zeit nie ausreichte.

Er schüttelte die unerfreulichen Gedanken ab und konzentrierte sich wieder auf Göran Alexandersson. Während er weiter den Strand entlangging, versuchte er, für sich selbst eine Zusammenfassung zu machen.

Was wußten sie? Daß Alexandersson alleinstehend war, daß er zwei Elektronikläden besaß, daß er neunundvierzig Jahre alt war und nach Ystad gereist und im »Kung Karl« abgestiegen war. Er hatte gesagt, er wolle Urlaub machen. Im Hotel hatte er weder Besuch noch Telefongespräche bekommen. Er selbst hatte auch nicht telefoniert.

Jeden Morgen war er mit dem Taxi nach Svarte gefahren, wo er seine Tage damit verbracht hatte, am Strand entlangzulaufen. Spät am Nachmittag war er zurückgekehrt, nachdem er bei Agnes Ehn das Telefon benutzt hatte. Beim vierten Besuch hatte er sich in das Taxi gesetzt, in dem er gestorben war.

Wallander blieb stehen und sah sich um. Der Strand lag noch immer verlassen da. Fast die ganze Zeit ist Göran Alexandersson sichtbar, dachte er. Aber irgendwo hier am Strand verschwindet er. Dann taucht er wieder auf, und ein paar Minuten später ist er tot.

Er muß hier jemanden getroffen haben, dachte Wallander. Oder richtiger gesagt: Er muß sich mit jemandem verabredet haben. Man trifft nicht aus purem Zufall einen Giftmörder.

Wallander ging weiter. Er schaute sich die Villen an, die am Strand lagen. Am nächsten Tag würde er hier Klinken putzen gehen. Jemand muß ihn dort haben gehen sehen, vielleicht hatte jemand ihn einen anderen Menschen treffen sehen.

Wallander entdeckte plötzlich, daß er nicht mehr allein am Strand war. Ein älterer Mann kam ihm entgegen. Ein schwarzer Labrador lief gehorsam an seiner Seite. Wallander blieb stehen und sah den Hund an. In der letzten Zeit hatte er mehrfach daran gedacht, ob er Mona nicht vorschlagen sollte, daß sie sich einen Hund anschafften. Aber er hatte davon abgesehen, weil er zu so unregelmäßigen Zeiten arbeitete. Ein Hund würde mit größter Wahrscheinlichkeit mehr schlechtes Gewissen bedeuten als Gesellschaft.

Der Mann lüpfte sein Käppi, als er Wallander erreichte.

»Ob es wohl noch Frühling wird?« fragte er. Wallander fiel auf, daß er kein Schonisch sprach.

»Er kommt sicher auch dieses Jahr«, gab Wallander zurück.

Der Mann nickte und wollte weitergehen, als Wallander ihn zurückhielt.

»Ich nehme an, Sie gehen hier jeden Tag?« sagte Wallander.

Der Mann zeigte auf eins der Häuser.

»Ich wohne hier, seit ich pensioniert bin«, antwortete er.

»Ich heiße Wallander und bin Kriminalbeamter in Ystad. Sie haben nicht zufällig einen Mann um die Fünfzig gesehen, der hier in den letzten Tagen allein am Strand spazierengegangen ist?«

Die Augen des Mannes waren blau und klar. Unter dem Käppi ragte das weiße Haar hervor.

»Nein«, sagte er und lächelte. »Wer hätte das sein sollen? Hier geht niemand außer mir. Aber im Mai, wenn es wärmer wird, dann sieht es anders aus.«

»Sind Sie ganz sicher?« fragte Wallander.

»Ich gehe dreimal täglich mit dem Hund«, erwiderte der Mann. »Und ich habe hier keinen Mann allein entlanglaufen sehen. Bis jetzt. Bis Sie kamen.«

Wallander nickte.

»Dann will ich Sie nicht weiter stören«, sagte er.

Wallander ging weiter. Als er stehenblieb und zurückschaute, war der Mann mit dem Hund verschwunden.

Woher der Gedanke oder, genauer gesagt, das Gefühl kam, konnte er sich später nie klarmachen. Und doch war er von dem Augenblick an ganz sicher. Etwas war im Gesicht des alten Mannes aufgeblitzt, eine schwache, fast kaum wahrnehmbare Änderung in seinem Blick, als Wallander gefragt hatte, ob er einen Mann allein am Strand gesehen habe.

Er weiß etwas, dachte Wallander. Fragt sich nur, was.
Wallander blickte sich noch einmal um.
Der Strand war jetzt leer.
Er stand einige Minuten da, ohne sich zu bewegen.
Dann kehrte er zu seinem Wagen zurück und fuhr nach Hause.

Mittwoch, der 29. April, wurde in diesem Jahr der erste Frühlingstag in Schonen. Wallander wachte wie üblich früh auf. Er war verschwitzt und wußte, daß er einen Alptraum gehabt hatte, ohne sich erinnern zu können, wovon er gehandelt hatte. Vielleicht hatten ihn wieder einmal die Stiere verfolgt? Oder Mona hatte ihn verlassen? Er duschte, trank Kaffee und blätterte zerstreut ›Ystads Allehanda‹ durch.

Schon um halb sieben saß er in seinem Zimmer im Polizeipräsidium. Die Sonne schien von einem klarblauen Himmel. Wallander hoffte, daß Martinsson wieder gesund wäre, damit er Hansson die Computerarbeit mit den Registern abnehmen konnte. Er pflegte schnellere und bessere Resultate zu erreichen. Wenn Martinsson gesund war, könnte er Hansson mit hinaus nach Svarte nehmen, um Klinken zu putzen. Aber das wichtigste war im Moment vielleicht, ein so klares Bild von Alexandersson zu bekommen wie möglich. Martinsson war entschieden gründlicher, wenn es darum ging, Menschen zu befragen, die Auskünfte geben konnten. Wallander beschloß auch, daß sie ernsthaft untersuchen müßten, was eigentlich geschehen war, als Alexanderssons Sohn erschlagen wurde.

Sobald es sieben geworden war, versuchte Wallander Jörne zu erreichen, der die Obduktion von Göran Alexandersson durchgeführt hatte, aber vergebens. Er merkte, daß er ungeduldig war. Der Fall des toten Mannes auf der Rückbank von Stenbergs Taxi machte ihm Sorgen.

Um zwei Minuten vor acht trafen sie sich im Konferenzraum. Rydberg konnte ihm mitteilen, daß Martinsson immer noch Halsschmerzen und Fieber hatte. Wallander fand es typisch, daß es ausgerechnet Martinsson mit seiner Bazillenphobie so erwischt hatte.

»Dann müssen du und ich heute in Svarte die Häuser abklappern«, sagte er. »Und du, Hansson, gräbst hier zu Hause weiter. Ich würde gern mehr über Alexanderssons Sohn Bengt und seinen Tod wissen. Bitte Rendal um Hilfe.«

»Wissen wir mehr über dieses Gift?« fragte Rydberg.

»Ich habe es heute morgen schon versucht, aber ich erreiche niemanden«, antwortete Wallander.

Ihre Sitzung wurde sehr kurz. Wallander bat um eine Vergrößerung das Paßfotos von Alexanderssons Führerschein und Kopien davon. Dann ging er zu Björk, ihrem Polizeipräsidenten. Er fand, daß Björk im großen und ganzen ein guter Chef war, der jeden machen ließ und keinem hineinredete. Doch manchmal raffte Björk sich auf und wollte sich einen raschen Überblick über die Lage an der Ermittlungsfront verschaffen.

»Wie geht es mit dieser Bande, die Autos exportiert?« fragte Björk und ließ die Handflächen auf die Tischplatte fallen zum Zeichen dafür, daß er eine kurze und präzise Antwort wünsche.

»Schlecht«, antwortete Wallander wahrheitsgemäß.

»Sind irgendwelche Festnahmen aktuell?«

»Überhaupt keine«, antwortete Wallander. »Wenn ich mit dem, was ich habe, zu einem Staatsanwalt ginge und einen Haftbefehl beantragte, würde er mich rauswerfen.«

»Wir dürfen nur nicht aufgeben«, sagte Björk.

»Wo denkst du hin«, antwortete Wallander. »Ich mache weiter. Wenn wir nur erst diese Geschichte mit dem Mann, der in einem Taxi gestorben ist, aufgeklärt haben.«

»Hansson hat mich informiert«, sagte Björk. »Das klingt alles sehr sonderbar.«

»Es *ist* sonderbar«, sagte Wallander.

»Kann der Mann wirklich ermordet worden sein?«

»Die Ärzte behaupten es«, sagte Wallander. »Wir werden

heute in Svarte Klinken putzen gehen. Irgend jemand muß ihn gesehen haben.«

»Halte mich auf dem laufenden«, sagte Björk und stand auf zum Zeichen dafür, daß das Gespräch beendet war.

Sie fuhren in Wallanders Wagen nach Svarte.

»Schonen ist wirklich schön«, sagte Rydberg plötzlich.

»Auf jeden Fall an einem Tag wie heute«, gab Wallander zurück. »Aber im Herbst kann es hier verdammt ekelhaft sein. Wenn der Schlamm über die Türschwellen schwappt. Oder unter die Haut kriecht.«

»Wer will denn jetzt an den Herbst denken?« sagte Rydberg. »Warum soll man einen Vorschuß auf die Unwetter nehmen? Sie kommen schon früh genug.«

Wallander antwortete nicht. Er konzentrierte sich darauf, einen Traktor zu überholen.

»Wir fangen mit den Häusern am Strand am westlichen Ortsrand an«, sagte er. »Wir nehmen jeder eine Seite und treffen uns nachher in der Mitte. Versuche auch herauszubekommen, wer in den Häusern wohnt, die jetzt leerstehen.«

»Was hoffst du eigentlich zu finden?« fragte Rydberg.

»Die Lösung«, antwortete Wallander ganz einfach. »Jemand muß ihn da draußen am Strand gesehen haben. Jemand muß gesehen haben, daß er dort einen anderen Menschen getroffen hat.«

Wallander parkte. Er ließ Rydberg mit dem Haus anfangen, in dem Agnes Ehn wohnte. Rydberg machte sich auf den Weg, während Wallander von seinem Autotelefon aus Jörne zu erreichen suchte. Aber auch diesmal bekam er keine Antwort. Er fuhr ein Stück nach Westen, stellte den Wagen ab und ging dann in östlicher Richtung. Das erste Haus war ein altes und gutgepflegtes schonisches Landhaus. Er ging durch die Pforte und klingelte an der Tür. Als niemand aufmachte, klingelte er noch einmal.

Er wollte gerade gehen, als die Tür von einer Frau um die Dreißig in einem fleckigen Overall geöffnet wurde.

»Ich mag es nicht, wenn man mich stört«, sagte sie und blickte Wallander irritiert an.

»Es ist aber manchmal notwendig«, entgegnete Wallander und zeigte ihr seinen Polizeiausweis.

»Und was wollen Sie?«

»Meine Frage ist vielleicht ein bißchen seltsam«, begann Wallander. »Aber ich möchte gern wissen, ob Sie in den letzten Tagen einen Mann um die Fünfzig in einem hellblauen Mantel am Strand gesehen haben.«

Sie zog die Augenbrauen hoch und betrachtete Wallander amüsiert.

»Ich male bei vorgezogenen Gardinen«, sagte sie. »Ich habe nichts gesehen.«

»Sie sind Malerin«, sagte Wallander. »Ich dachte, Sie wollen Licht?«

»Ich nicht. Aber das ist ja wohl kaum strafbar?«

»Und Sie haben nichts gesehen?«

»Nein, nichts, wie schon gesagt.«

»Gibt es sonst jemand in diesem Haus, der etwas gesehen haben kann?«

»Ich habe eine Katze, die immer auf einer Fensterbank hinter den Gardinen liegt. Sie können ja mit der sprechen.«

Wallander merkte, daß er wütend wurde.

»Manchmal ist es nicht zu vermeiden, daß die Polizei Fragen stellen muß«, sagte er. »Glauben Sie nicht, daß ich das hier zu meinem Vergnügen mache. Und jetzt werde ich nicht weiter stören.«

Die Frau machte die Tür zu. Sie verschloß sie mit mehreren Schlössern. Er ging weiter zum nächsten Grundstück. Das eingeschossige Haus darauf war relativ neu erbaut. Im Garten stand ein kleiner Springbrunnen. Als Wallander klingelte, begann im Inneren des Hauses ein Hund zu bellen. Er wartete.

Der Hund hörte auf zu bellen, und die Tür wurde geöffnet. Es war der alte Mann, den Wallander am Vortag unten am

Strand getroffen hatte. Wallander hatte sogleich das Gefühl, daß der Mann nicht erstaunt war, ihn zu sehen. Er hatte ihn erwartet und war auf der Hut.

»Sie wieder«, sagte der Mann.

»Ja«, gab Wallander zurück. »Ich gehe herum und klingele bei allen, die am Strand wohnen.«

»Ich sagte ja schon gestern, daß ich nichts gesehen habe.«

Wallander nickte.

»Manchmal fällt einem nachher etwas ein«, sagte er.

Der Mann trat zur Seite und ließ Wallander eintreten. Der Hund beschnüffelte ihn neugierig.

»Wohnen Sie das ganze Jahr hier?« fragte Wallander.

»Ja«, sagte der Mann. »Ich war zweiundzwanzig Jahre Amtsarzt in Nynäshamn. Als ich pensioniert wurde, sind wir hierhergezogen, meine Frau und ich.«

»Vielleicht hat sie etwas gesehen?« fragte Wallander. »Ist sie hier?«

»Sie ist krank«, sagte der Mann. »Sie hat nichts gesehen.«

Wallander zog einen Notizblock aus der Tasche.

»Darf ich fragen, wie Sie heißen?« sagte er.

»Ich heiße Martin Stenholm«, sagte der Mann. »Meine Frau heißt Kajsa.«

Nachdem er die beiden Namen notiert hatte, steckte Wallander den Block wieder ein.

»Dann will ich nicht weiter stören«, sagte er.

»Aber ich bitte Sie«, sagte Martin Stenholm.

»Vielleicht kann ich in ein paar Tagen wiederkommen und mit Ihrer Frau sprechen«, sagte Wallander. »Manchmal ist es besser, wenn die Leute selbst erzählen, was sie gesehen oder nicht gesehen haben.«

»Ich glaube, das ist keine gute Idee«, sagte Stenholm. »Meine Frau ist schwerkrank. Sie hat Krebs und wird bald sterben.«

»Ich verstehe«, sagte Wallander. »Dann werde ich nicht zurückkommen und stören.«

Martin Stenholm öffnete ihm die Tür.

»Ist Ihre Frau auch Ärztin?« fragte Wallander.

»Nein«, antwortete der Mann. »Sie ist Juristin.«

Wallander ging zurück auf die Straße. Dann besuchte er noch drei Häuser, ohne etwas zu erfahren, bevor er auf Rydberg stieß.

Beide machten sogleich kehrt. Wallander holte sein Auto und wartete vor Agnes Ehns Haus auf Rydberg. Als dieser kam, hatte er nur Negatives zu berichten. Niemand hatte Göran Alexandersson am Strand gesehen.

»Und ich habe immer gehört, die Menschen seien so neugierig«, sagte Rydberg. »Besonders auf dem Land, und besonders bei Fremden.«

Sie fuhren nach Ystad zurück. Wallander saß schweigend am Steuer. Als sie im Polizeipräsidium ankamen, bat er Rydberg, Hansson zu suchen und mit in sein Zimmer zu bringen. Er rief bei der Gerichtsmedizin an und erreichte Jörne endlich. Als er das Gespräch mit diesem beendete, waren Rydberg und Hansson schon gekommen. Wallander schaute Hansson fragend an.

»Etwas Neues?«

»Nichts, was unser bisheriges Bild von Alexandersson veränderte«, antwortete Hansson.

»Ich habe gerade mit Jörne telefoniert«, sagte Wallander. »Das Gift, das ihn getötet hat, kann er sehr wohl zu sich genommen haben, ohne es zu bemerken. Man kann nicht genau sagen, wie es wirkt. Jörne vermutete, daß es mindestens eine halbe Stunde dauern könnte. Wenn der Tod dann kommt, tritt er sehr schnell ein.«

»Soweit haben wir also recht«, sagte Hansson. »Hat dieses Gift einen Namen?«

Wallander las die komplizierte chemische Bezeichnung vor, die er auf seinem Block notiert hatte.

Dann berichtete er von seinem Gespräch mit Martin Stenholm in Svarte.

»Ich weiß nicht, was es ist«, sagte er. »Aber ich werde das Gefühl nicht los, daß wir die Lösung im Haus dieses Arztes finden werden.«

»Ein Arzt kennt sich mit Gift aus«, sagte Rydberg. »Das ist schon mal ein Anfang.«

»Da hast du natürlich recht«, erwiderte Wallander. »Aber es ist noch etwas anderes. Ich komme nur nicht darauf, was es ist.«

»Soll ich die Register durchgehen?« fragte Hansson. »Schade, daß Martinsson krank ist. Er kann das am besten.«

Wallander nickte. Dann kam ihm plötzlich ein Gedanke.

»Suche auch nach seiner Frau, Kajsa Stenholm.«

Während des Walpurgisfestes und Wochenendes ruhte die Ermittlung. Wallander verbrachte einen großen Teil der freien Zeit draußen bei seinem Vater. Einen Nachmittag benutzte er, um seine Küche neu zu streichen. Er rief auch Rydberg an und sprach mit ihm. Er hatte keinen anderen Anlaß gehabt, als daß Rydberg genauso allein war wie er selbst. Doch als Wallander anrief, war Rydberg betrunken gewesen, und ihr Gespräch war schnell beendet.

Am Montag, dem 4. Mai, war Wallander früh im Präsidium. Während er darauf wartete zu erfahren, was Hansson eventuell in seinen Registern gefunden haben konnte, beschäftigte er sich mit der Autoschmugglerbande. Erst am Tag danach, kurz nach elf Uhr, kam Hansson in sein Zimmer.

»Ich finde nichts über Martin Stenholm«, sagte er. »Er hat vermutlich während seines ganzen Lebens nie etwas Verbotenes getan.«

Wallander war nicht verwundert. Er war sich die ganze Zeit bewußt gewesen, daß sie vielleicht auf dem Weg in eine Sackgasse waren.

»Und die Frau?« fragte er.

Hansson schüttelte den Kopf.

»Noch weniger«, sagte Hansson. »Sie war viele Jahre Staatsanwältin in Nynäshamn.«

Hansson legte einen Aktenordner mit Papieren auf Wallanders Schreibtisch.

»Ich rede noch einmal mit den Taxifahrern«, sagte er. »Vielleicht haben sie trotz allem irgend etwas gesehen.«

Als Wallander allein war, zog er den Aktenordner an sich, den Hansson ihm auf den Schreibtisch gelegt hatte. Er brauchte eine Stunde, um den Inhalt genau durchzusehen. Hansson hatte ausnahmsweise einmal nichts übersehen. Trotzdem wußte Wallander, daß Göran Alexanderssons Tod mit dem alten Arzt zu tun hatte. Er wußte es, ohne zu wissen, wie so häufig zuvor. Zwar mißtraute er seiner eigenen Intuition, aber er konnte nicht abstreiten, daß sie ihn trotz allem häufig richtig geleitet hatte. Er rief Rydberg an, der sofort zu ihm herüberkam. Wallander gab ihm den Aktenordner.

»Lies das mal durch«, sagte er. »Weder Hansson noch ich können irgend etwas Auffälliges entdecken. Aber ich bin sicher, daß wir etwas übersehen.«

»Hansson können wir uns schenken«, meinte Rydberg und machte kein Hehl daraus, daß sein Respekt vor dem Kollegen sich in Grenzen hielt.

Am späten Nachmittag reichte Rydberg Wallander den Ordner wieder herein und schüttelte den Kopf. Auch er hatte nichts gefunden.

»Wir müssen wieder von vorn anfangen«, sagte Wallander. »Wir treffen uns hier morgen früh und entscheiden, wie wir weiter vorgehen wollen.«

Kurz danach verließ Wallander das Präsidium und fuhr nach Svarte. Wieder machte er einen langen Spaziergang am Strand. Er traf niemanden. Danach saß er im Auto und las den Ordner, den er von Hansson bekommen hatte, noch einmal durch. Was sehe ich nicht? dachte er. Es gibt einen Zusammenhang zwischen diesem Arzt und Göran Alexandersson. Nur ich sehe ihn nicht.

Er fuhr nach Ystad zurück und nahm den Ordner mit nach Hause in die Mariagata. Seit sie vor vierzehn Jahren nach Ystad gezogen waren, wohnten sie in derselben Dreizimmerwohnung.

Er versuchte, sich zu entspannen, aber der Ordner ließ ihm keine Ruhe. Spät am Abend, als es schon auf Mitternacht zuging, setzte er sich an den Küchentisch und ging das Ganze noch einmal durch.

Obwohl er inzwischen sehr müde war, fiel ihm jetzt plötzlich ein Detail auf. Er war sich dessen bewußt, daß es bedeutungslos sein konnte. Doch er beschloß, es gleich am nächsten Morgen zu untersuchen.

In dieser Nacht schlief er schlecht.

Kurz vor sieben war er wieder im Präsidium. Über Ystad fiel ein leichter Nieselregen. Wallander wußte, daß der Mann, den er jetzt aufsuchen wollte, ein ebenso früher Vogel war wie er selbst. Er ging hinüber in den Flügel des Gebäudes, in dem die Staatsanwaltschaft untergebracht war, und klopfte an Per Åkesons Tür. Wie üblich herrschte dort drinnen große Unordnung. Åkeson und Wallander arbeiteten seit vielen Jahren zusammen und hatten großes Vertrauen in das Urteilsvermögen des anderen. Åkeson schob die Brille in die Stirn und betrachtete Wallander.

»Du hier?« sagte er. »So früh? Das bedeutet, daß du mir etwas Wichtiges zu sagen hast.«

»Ob es wichtig ist, weiß ich nicht«, entgegnete Wallander. »Aber ich brauche deine Hilfe.«

Er nahm einen Aktenstapel vom Besucherstuhl und legte ihn auf den Fußboden. Dann setzte er sich und berichtete Åkeson in knappen Worten von Alexanderssons Tod.

»Hört sich reichlich seltsam an«, sagte Åkeson, nachdem Wallander geendet hatte.

»Manchmal passieren seltsame Dinge«, sagte Wallander. »Das weißt du ebensogut wie ich.«

»Aber du bist doch kaum um sieben Uhr in der Frühe hergekommen, um mir das Ganze zu erzählen? Ich nehme an, du möchtest vorschlagen, daß wir diesen Arzt festnehmen?«

»Ich brauche deine Hilfe wegen seiner Frau, Kajsa Stenholm«, sagte Wallander. »Sie ist deine Kollegin gewesen. Sie hat viele Jahre in Nynäshamn gearbeitet. Aber ein paarmal war sie beurlaubt. In diesen Perioden hat sie manchmal kurzzeitige Vertretungen übernommen. Vor sieben Jahren hatte sie eine Vertretung in Stockholm. Diese Vertretung fällt in die Zeit, als Göran Alexanderssons Sohn überfallen und getötet wurde. Und ich brauche deine Hilfe, um herauszufinden, ob zwischen diesen beiden Ereignissen eine Verbindung besteht.«

Wallander blätterte in seinen Papieren, bevor er fortfuhr.

»Der Sohn hieß Bengt. Bengt Alexandersson. Er war achtzehn Jahre alt, als er starb.«

Per Åkeson balancierte auf zwei Beinen seines Stuhls und betrachtete Wallander stirnrunzelnd.

»Was stellst du dir eigentlich vor?« fragte er.

»Ich weiß nicht«, antwortete Wallander. »Aber ich will trotzdem untersuchen, ob es eine Verbindung gibt. Ob Kajsa Stenholm in irgendeiner Weise mit der Ermittlung von Bengt Alexanderssons Tod befaßt war.«

»Und ich nehme an, du möchtest die Antwort so schnell wie möglich?«

Wallander nickte.

»Du kennst mich doch inzwischen gut genug, um zu wissen, daß Geduld für mich ein Fremdwort ist«, sagte er und stand auf.

»Ich will sehen, was ich tun kann«, sagte Åkeson. »Aber erwarte nicht zuviel.«

Als Wallander kurz darauf an der Anmeldung vorüberkam, sagte er zu Ebba, daß sie Rydberg und Hansson in sein Zimmer schicken sollte, sobald sie kämen.

»Wie geht es dir eigentlich?« fragte Ebba. »Bekommst du nachts genug Schlaf?«

»Manchmal habe ich das Gefühl, ich schlafe zuviel«, sagte Wallander ausweichend. Ebba war in der Anmeldung sozusagen ein Fels in der Brandung und hatte ein wachsames Auge auf das Wohlbefinden aller. Wallander mußte sich dann und wann in aller Freundlichkeit ihrer Fürsorge erwehren.

Um Viertel nach acht kam Hansson, kurz darauf Rydberg. In knappen Worten referierte Wallander, was er in »Hanssons Papieren«, wie er sie inzwischen nannte, entdeckt hatte.

»Wir müssen abwarten, was Per Åkeson herausfindet«, schloß er. »Vielleicht ist es eine sinnlose Vermutung meinerseits. Aber wenn es sich auf der anderen Seite zeigt, daß Kajsa Stenholm zur gleichen Zeit, als Bengt Alexandersson getötet wurde, eine Vertretung hatte, und wenn sie mit der Ermittlung befaßt war, dann haben wir wirklich einen Zusammenhang hergestellt.«

»Hast du nicht gesagt, daß sie auf den Tod liegt?« fragte Rydberg.

»Das behauptet ihr Mann«, antwortete Wallander. »Sie selbst habe ich nicht gesehen.«

»Mit allem Respekt vor deiner Fähigkeit, dich durch komplizierte Verbrechensermittlungen zu manövrieren, kommt mir dies alles doch sehr vage vor«, sagte Hansson. »Nehmen wir an, du hast recht. Daß Kajsa Stenholm als Leiterin der Voruntersuchung im Fall des gewaltsamen Todes von Bengt Alexandersson tätig war. Was bedeutet das heute? Sollte eine krebskranke Frau einen Mann ermordet haben, der von irgendwoher aus ihrer Vergangenheit auftaucht?«

»Es *ist* sehr vage«, räumte Wallander ein. »Laßt uns einfach abwarten, was Åkeson eventuell herausbekommt.«

Nachdem die beiden anderen gegangen waren, saß Wallander lange unschlüssig da. Er fragte sich, was Mona und Linda wohl gerade machten. Und worüber sie redeten. Um kurz vor halb zehn holte er sich eine Tasse Kaffee, um halb elf noch eine. Er kam gerade in sein Zimmer zurück, als das Telefon klingelte.

Es war Per Åkeson.

»Es ging schneller, als ich dachte«, sagte er. »Hast du was zum Schreiben?«

»Ich schreibe«, antwortete Wallander.

»Zwischen dem 10. März und dem 9. Oktober 1980 hatte Kajsa Stenholm eine Vertretung als Staatsanwältin in Stockholm. Mit Hilfe eines tüchtigen Archivars beim Landgericht bekam ich auch eine Antwort auf deine zweite Frage, inwieweit sie mit der Ermittlung im Fall des Todes von Bengt Alexandersson befaßt war.«

Er verstummte. Wallander wartete gespannt.

»Du hattest tatsächlich recht«, sagte Åkeson. »Sie leitete die Voruntersuchung und sie war es auch, die die Ermittlung schließlich auf Eis legte. Ein Täter wurde nie gefaßt.«

»Danke für die Hilfe«, sagte Wallander. »Ich laß mir das alles durch den Kopf gehen. Ich melde mich später wieder.«

Als er aufgelegt hatte, stand er auf und trat ans Fenster. Die Scheibe war beschlagen. Es regnete jetzt stärker als am frühen Morgen. Es gibt nur eins, dachte er. Hingehen und herausfinden, was eigentlich passiert ist. Er beschloß, nur Rydberg mitzunehmen. Über das Haustelefon rief er ihn und Hansson zu sich. Er erzählte ihnen, was Åkeson gesagt hatte.

»Donnerwetter!« sagte Hansson.

»Ich dachte, du und ich fahren hin«, sagte Wallander zu Rydberg. »Drei ist einer zuviel.«

Hansson nickte. Er verstand.

Sie fuhren schweigend in Wallanders Wagen nach Svarte. Wallander parkte hundert Meter hinter Stenholms Haus.

»Was erwartest du von mir?« fragte Rydberg, als sie durch den Regen gingen.

»Daß du dabei bist. Sonst nichts.«

Plötzlich wurde es Wallander bewußt, daß Rydberg zum erstenmal ihm assistierte und nicht umgekehrt. Rydberg hatte sich nie formell als sein Vorgesetzter verhalten, es paßte nicht zu seinem Temperament, Chef zu sein, sondern sie hatten immer Seite an Seite gearbeitet. Aber seit Wallander in Ystad war, hatte er Rydberg als seinen Lehrer betrachtet. Das berufliche Können, über das Wallander heute verfügte, verdankte er hauptsächlich Rydberg.

Sie traten durch die Gartenpforte und gingen zum Haus.

Wallander klingelte. Als habe er sie erwartet, öffnete der alte Arzt ihnen fast auf der Stelle die Tür. Wallander schoß der Gedanke durch den Kopf, wie merkwürdig es war, daß der Labrador sich nicht zeigte.

»Ich hoffe, ich störe nicht«, sagte Wallander. »Aber ich habe noch einige Fragen, die leider nicht warten können.«

»Was für Fragen?«

Wallander merkte, daß jede Freundlichkeit bei dem Mann jetzt verschwunden war. Er wirkte verängstigt und zugleich gereizt.

»Nach dem Mann, der am Strand spazierenging«, sagte Wallander.

»Ich habe Ihnen doch schon gesagt, daß ich ihn nicht gesehen habe.«

»Wir würden auch gern mit Ihrer Frau sprechen.«

»Ich habe Ihnen schon gesagt, daß sie todkrank ist. Was hätte sie denn sehen sollen? Sie liegt im Bett. Ich begreife nicht, warum Sie uns nicht in Frieden lassen können!«

Wallander nickte.

»Dann werden wir nicht mehr stören«, sagte er. »Jedenfalls im Moment nicht. Aber ich bin ziemlich sicher, daß wir wiederkommen werden. Und dann werden Sie uns hereinlassen müssen.«

Er nahm Rydberg am Arm und ging mit ihm zur Gartenpforte. Hinter ihnen wurde die Tür zugeschlagen.

»Warum hast du so schnell nachgegeben?« fragte Rydberg.

»Das hast du mir doch beigebracht«, antwortete Wallander. »Daß es nicht schadet, die Leute zum Nachdenken zu bringen. Außerdem brauche ich von Åkeson einen Durchsuchungsbefehl.«

»Hat wirklich er Alexandersson getötet?« sagte Rydberg.

»Ja«, sagte Wallander. »Ich bin mir sicher. Er war es. Aber wie das Ganze zusammenhängt, weiß ich noch immer nicht.«

Am gleichen Nachmittag bekam Wallander seinen Durchsuchungsbefehl. Er beschloß, bis zum nächsten Morgen damit zu warten. Um sich abzusichern, ließ er sich von Björk die Zustimmung dazu geben, das Haus solange zu bewachen.

Als Wallander in der Morgendämmerung des folgenden Tages, es war der 7. Mai, aufwachte und das Rollo hochschnappen ließ, war die Stadt in Nebel getaucht. Bevor er duschte, tat er etwas, was er am Abend zuvor vergessen hatte. Er schlug den Namen Stenholm im Telefonbuch nach. Es gab darin weder eine Kajsa noch einen Martin Stenholm. Als er die Auskunft anrief, wurde ihm mitgeteilt, die Nummer sei geheim. Er nickte stumm, als habe er genau das erwartet.

Während er Kaffee trank, überlegte er, ob er Rydberg mitnehmen oder allein nach Svarte fahren sollte. Erst als er sich ins Auto setzte, entschied er sich dafür, allein zu fahren. Über der Küste lag dichter Nebel.

Wallander fuhr sehr langsam. Kurz vor acht Uhr hielt er unmittelbar vor Stenholms Haus. Er ging durch die Gartenpforte und klingelte. Erst beim dritten Klingeln wurde aufgemacht. Als Martin Stenholm sah, daß es Wallander war, versuchte er, die Tür zuzuschlagen. Wallander konnte jedoch einen Fuß dazwischen schieben und drückte die Tür auf.

»Was gibt Ihnen das Recht, hier einzudringen?« rief der alte Mann mit gellender Stimme.

»Ich dringe nicht ein«, sagte Wallander. »Ich habe einen

Hausdurchsuchungsbefehl. Es ist das beste, Sie akzeptieren es sofort. Können wir uns irgendwo setzen?«

Stenholm schien plötzlich zu resignieren. Wallander folgte ihm in ein Zimmer, dessen Wände voller Bücher waren. Wallander setzte sich in einen Ledersessel, der alte Mann ihm direkt gegenüber.

»Haben Sie mir wirklich nichts zu sagen?« fragte Wallander.

»Ich habe keinen Mann hier am Strand spazierengehen sehen. Und meine Frau, die schwer krank ist, auch nicht. Sie liegt oben.«

Wallander beschloß, ohne Umschweife zur Sache zu kommen. Es gab keinen Grund mehr zu zweifeln.

»Ihre Frau ist Staatsanwältin gewesen«, begann er. »Den größeren Teil des Jahres 1980 hatte sie eine Vertretung in Stockholm. Sie leitete unter anderem die Voruntersuchung der Umstände, die zum Tod des damals achtzehnjährigen Bengt Alexandersson geführt hatten. Und sie war es auch, die nach einigen Monaten das Verfahren einstellte. Erinnern Sie sich an dieses Ereignis?«

»Natürlich nicht«, sagte Stenholm. »Wir hatten es uns zur Gewohnheit gemacht, zu Hause Gespräche über unsere Arbeit zu vermeiden. Weder sprach sie von Angeklagten noch ich von Patienten.«

»Der Mann, der hier am Strand spazierenging, war der Vater des toten Bengt Alexandersson«, fuhr Wallander fort. »Er wurde außerdem vergiftet und starb auf der Rückbank eines Taxis. Finden Sie, daß dies nach Zufall aussieht?«

Stenholm antwortete nicht. Wallander meinte plötzlich, den gesamten Verlauf des Geschehens vor sich sehen zu können.

»Nach Ihrer Pensionierung ziehen Sie von Nynäshamn hier herunter nach Schonen«, sagte er langsam. »In eine kleine, anonyme Gemeinde mit Namen Svarte. Sie stehen nicht einmal im Telefonbuch, denn ihre Nummer ist geheim.

Natürlich kann der Grund dafür sein, daß Sie im Alter ungestört und anonym sein wollen. Aber vielleicht kann man sich auch eine andere Möglichkeit denken. Daß Sie in aller Heimlichkeit wegziehen, um etwas oder jemanden loszuwerden. Vielleicht einen Mann, der es nicht versteht, warum eine Staatsanwältin nicht mehr Mühe darauf verwendet, den sinnlosen Mord an seinem einzigen Kind aufzuklären. Sie ziehen fort, doch er findet Sie. Wie ihm das gelingt, werden wir wohl nie erfahren. Plötzlich steht er hier draußen am Strand. Sie begegnen ihm eines Tages, als Sie mit dem Hund gehen. Es ist natürlich ein schwerer Schock. Er wiederholt seine Anklagen. Vielleicht stößt er sogar Drohungen aus. Im Obergeschoß liegt Ihre schwerkranke Frau. Ich bezweifle nicht, daß es so ist. Der Mann am Strand kommt Tag auf Tag wieder. Er läßt nicht locker. Sie sehen keine Möglichkeit, ihn loszuwerden. Sie sehen überhaupt keinen Ausweg. Da bitten Sie ihn ins Haus. Wahrscheinlich versprechen Sie ihm, daß er mit Ihrer Frau sprechen kann. Sie geben ihm ein Gift, vielleicht in einer Tasse Kaffee. Dann bitten Sie ihn plötzlich, am nächsten Tag wiederzukommen. Ihre Frau hat starke Schmerzen, oder vielleicht schläft sie. Aber Sie wissen, er wird nie wiederkommen. Das Problem ist gelöst. Göran Alexandersson wird an etwas sterben, das aussieht wie ein Herzinfarkt. Niemand hat Sie zusammen gesehen, niemand kennt die Verbindung zwischen Ihnen. War es nicht so?«

Stenholm saß unbeweglich da.

Wallander wartete. Durchs Fenster konnte er sehen, daß der Nebel noch immer sehr dicht war. Dann hob der Mann den Kopf.

»Meine Frau hat keine Fehler gemacht«, sagte er. »Aber die Zeiten änderten sich, die Verbrechen nahmen zu und wurden schlimmer. Polizei und Staatsanwaltschaft und Gerichte waren überfordert und kämpften einen aussichtslosen Kampf. Das sollten Sie als Polizeibeamter wissen. Deshalb war es zutiefst ungerecht, daß Göran Alexandersson meiner Frau zum Vorwurf machte, daß der Mord an seinem Sohn nie aufgeklärt wurde. Er hat uns sieben Jahre lang verfolgt und bedroht und terrorisiert. Und er tat das auf eine Art und Weise, daß ihm nie beizukommen war.«

Stenholm verstummte. Dann stand er vom Stuhl auf.

»Gehen wir hinauf zu meiner Frau. Sie kann es selbst erzählen.«

»Das ist nicht mehr nötig«, sagte Wallander.

»Für mich ist es nötig«, sagte der Mann.

Sie stiegen die Treppe ins Obergeschoß hinauf. In einem großen und hellen Raum lag Kajsa Stenholm in einem Krankenbett. Auf dem Boden daneben lag der Labrador.

»Sie schläft nicht«, sagte der Mann. »Gehen Sie zu ihr und fragen sie, was Sie wollen.«

Wallander trat ans Bett. Ihr Gesicht war so abgemagert, daß die Haut sich über dem Schädel spannte.

Im gleichen Augenblick sah Wallander, daß sie tot war. Er wandte sich heftig um. Der alte Mann war in der Türöffnung stehengeblieben. Er richtete eine Pistole auf Wallander.

»Ich wußte, daß Sie kommen würden«, sagte er. »Deshalb konnte sie ebensogut sterben.«

»Legen Sie die Pistole fort«, sagte Wallander.

Stenholm schüttelte den Kopf. Wallander spürte, wie die Angst ihn lähmte.

Dann ging alles sehr schnell. Stenholm richtete plötzlich die Waffe auf seine eigene Schläfe und drückte ab. Der Knall hallte im Raum wieder. Von der Wucht des Schusses wurde der Mann fast durch die Tür hinausgeschleudert. Das Blut war über die Wände gespritzt. Wallander war nahe daran, in Ohnmacht zu fallen. Dann stürzte er durch die Tür und die Treppe hinunter. Er wählte die Nummer des Polizeipräsidiums. Ebba nahm ab.

»Hansson oder Rydberg«, sagte er. »Und zwar verdammt schnell.«

Rydberg nahm ab.
»Es ist vorbei«, sagte Wallander. »Kleine Besetzung in da. Haus in Svarte. Ich habe zwei Tote hier.«

»Hast du sie getötet? Was ist passiert?« fragte Rydberg. »Bist du verletzt? Warum bist du allein da hinausgefahren, verdammt noch mal?«

»Ich weiß nicht«, sagte Wallander. »Macht schnell. Ich bin unverletzt.«

Wallander ging aus dem Haus, während er wartete. Der Strand war nebelverhangen. Er dachte an das, was der alte Arzt gesagt hatte, über die Verbrechen, die mehr wurden und immer gröber. Wallander hatte ähnliche Überlegungen angestellt. Er kam sich mehr und mehr wie ein Polizeibeamter vor, der eigentlich einer anderen Zeit angehörte. Und das, obwohl er gerade mal vierzig war. Vielleicht brauchte die Gegenwart eine andere Sorte Polizisten?

Er wartete im Nebel, daß die Kollegen aus Ystad kamen. Er fühlte sich elend. Wieder einmal war er gegen seinen Willen gezwungen gewesen, in einer Tragödie mitzuspielen. Er fragte sich, wie lange er das noch aushalten würde.

Als die Kollegen kamen und Rydberg aus dem Wagen stieg, entdeckte er Wallander als schwarzen Schatten in dem weißen Nebel.

»Was ist passiert?« fragte Rydberg.

»Wir haben den Fall des Mannes gelöst, der im Fond von Stenbergs Taxi gestorben ist«, sagte Wallander einfach.

Er sah, daß Rydberg auf eine Fortsetzung wartete, die nicht kommen würde.

»Das ist alles«, sagte er. »Das ist alles, was wir getan haben.«

Dann drehte Wallander sich um und ging hinunter zum Strand. Nach kurzer Zeit hatte der Nebel ihn verschluckt.

Binnie Kirshenbaum

r die Kunst, ein Auto zu fahren

Ich stelle mir folgendes vor: *ein langgestreckter Highway, der Kornfelder durchschneidet. Kansas. Die Straße ist eben. Der Himmel darüber blau wie das Ei eines Rotkehlchens. Ich sitze hinterm Steuer einer Corvette, die dieselbe Farbe hat wie der Himmel. Meine Corvette ist ein Kabrio, weiße Innenausstattung. Ich gleite mit siebzig, fünfundsiebzig dahin. Ich trage eine Sonnenbrille mit Schutzrahmen.*

»Leg 'n bißchen zu«, sagt Manny. »Du mußt dein' Fuß aufs Gas tun.« Manny, mein Fahrlehrer, kommt aus der Dominikanischen Republik. Ich habe bisher nicht Autofahren gelernt, weil ich von der Upper West Side komme. Mit sieben kannte ich sämtliche öffentlichen Verkehrsmittel ganz genau. Ich glaubte, das äußerste Ende von Queens sei das Ende der Welt. Jetzt ist es nicht so, daß ich aus irgendeinem Grund fahren müßte, aber ich will es unbedingt lernen, und zwar einfach deshalb, weil ich nicht aufhören kann, davon zu träumen. »Gas«, wiederholt Manny. »Du mußt wenigstens fünfzehn fahren.«

Ich drehe meinen Schlüssel in der Tür rum, als wär' es die Zündung eines Alpha Romeo. *Wrumm.*

»Bist du es?« ruft mein Mann. Man kann nie wissen, ob Julian da ist oder nicht. Er ist Professor für Ökonomie, und letzthin ist er meist zu Hause, weil er sich einem Hobby widmet. Ohne sich umzudrehen und mich anzusehen, fragt Julian: »Wie war deine Stunde?«

»Toll«, sage ich. »Ich habe meinen Fuß aufs Gas getan. Manny glaubt, daß ich bald für die Fahrprüfung reif bin.«

Um ehrlich zu sein, Manny sagt das schon seit meiner ersten Stunde, die darin bestand, den Schlüssel ins Zündschloß zu kriegen, den Spiegel einzustellen, meinen Sicherheitsgurt anzulegen und das Gas- vom Bremspedal zu unterscheiden. Manny hatte gesagt: »Du bist ein Naturtalent. Du wirst die Fahrprüfung eher heute als morgen machen.«

Ich spähe über Julians Schulter. Auf einer seiner sechs Staffeleien befindet sich eine Leinwand mit gelben Streifen. Nicht ein Gelbton, sondern alle: zitronengelb, cadmiumgelb, lichtgelb, blasses Hellgelb, dunkelgelb, neapolitanisches Gelb, ockergelb, Siena. Diese Gelbs gehören zu einer Serie. Julian hat das Ganze auch in Blau gemacht: himmelblau, kobaltblau, preußischblau, ultramarinblau. Und in Rot auch. Als nächstes kommt entweder Grün oder Braun. Dies sind keine Gemälde. Es sind Übungen, um Farben zu sehen, um ihren Weg von der Tube auf die Palette und vom Pinsel auf die Leinwand zu erleben. All das ist ein wirkliches Abenteuer für Julian, und er staunt über die Farben, als sei er von Geburt an blind gewesen und jetzt durch ein Wunder sehend geworden.

Man hat ihm als Stammkunden bei »Pearl Paint« eine Discount-Karte angeboten, obwohl er bisher noch nichts anderes als seine Farbstreifen gemalt hat. Er hat jedoch Material gekauft, das für zwei Deckenfresken von Michelangelo reichen würde. Und er hat Bücher gekauft, um sich über Malerei zu belesen. Julian hat Bücher mit Titeln wie: ›Bäume und Blumen malen‹, ›Portraits in Öl‹, ›Wetter malen‹, ›Landschaftsmalerei‹, ›Die menschliche Form‹, ›Abstrakt malen‹, ›Die pointillistische Methode nach Seurat‹ und die ›Vollständige Enzyklopädie der Ölmalerei‹. Als er die nach Hause schleppte, sagte ich: »Also, das reicht jetzt. Mehr Bücher über Malerei wirst du nicht brauchen.« Aber ich habe mich geirrt. Ich hatte ganz vergessen, daß es auch noch Wasserfarben, Acrylfarben, Tuschen und Spritzpistolen gab.

Julian spielt weiter mit seinen Farben, und ich gehe ins

Schlafzimmer. Ich mache die Tür hinter mir zu, stelle den Fernseher an, aber ich schließe die Augen.

Ich stelle mir folgendes vor: *Der Freeway. Der Los Angeles Freeway. Auf der einen Seite ist die Stadt, sich ausbreitende Hochhäuser und Shopping-Center. Auf der anderen Seite ist der Ozean. Der Pazifische Ozean voller blonder Surfer mit Bermudas im Hawaii-Look. Ich fahre einen Mustang. Einen '67er Mustang. Rot. Meine Fingernägel sind im selben Rotton lackiert, ein poppiger Kontrast zum schwarzen Leder des Lenkrades. Ich schalte das Radio ein. Die Beach Boys singen von »fun, fun, fun, 'till my daddy took the T-bird away«.*

»Ist dir eigentlich klar«, sage ich zu Mark, »daß ich noch nie in einem Autokino war? Nie einen Burger und einen Shake bei einem Typen auf Rollerblades bestellt habe? Und ich hatte noch nie Sex auf einem Autorücksitz.«

»Da hast du nichts verpaßt.« Mark läßt seine Hand meinen Rücken entlanggleiten. »Sex auf einem Autorücksitz ist totaler Krampf, und man schlägt sich den Kopf an den Türgriffen an.«

Wir liegen in Marks Bett. Marks und Sallys Bett, aber Sally ist nicht in der Stadt. Sie wird drei Wochen weg sein, in denen ich noch vier-, fünfmal in ihrem Bett liegen werde. Sally ist Schauspielerin in einer Shakespeare-Theatertruppe, die häufig auf Tournee geht. Diesmal sind sie in New Hampshire und geben ›Macbeth‹ im Kabuki-Make-up. Das Stück wurde bearbeitet, es ist alles in Haiku. »Klingt absolut dämlich«, hatte ich gesagt.

Davor war Sally in Maryland gewesen und hatte die Cordelia in einer Rock'n'Roll-Version von ›King Lear‹ gespielt. Als sie zurückkam, sagte sie zu Mark: »Ich rieche Parfum auf meinen Laken. Ich benutze kein Parfum.« Als er heute morgen anrief, erinnerte mich Mark: »Vergiß nicht, kein Parfum.«

»Gut«, hatte ich gesagt. Kein Parfum, aber als ich hier ankam und wir gegenseitig an unseren Klamotten herumzerrten, sprang ein roter Knopf in der Größe eines Vierteldollars von meiner Bluse und flog unter die Kommode. Wenn Sally jemals dort hinten kehrt, wird sie ihn finden.

Zehn vor vier steht Mark aus dem Bett auf und steigt in seine Jeans. »Ich bin gleich zurück«, sagt er. »Ich muß das Auto umparken.« Dienstags und donnerstags ist das Auto vor seinem Haus geparkt, bis er es um vier auf die andere Straßenseite fahren muß. Es ist ein stahlblaues Auto mit Heckklappe; nicht direkt ein Mini-Van, aber ein Auto, das mit dieser Option spielt, ohne wirklich von ihr Gebrauch zu machen. Kein Auto, von dem ich träume. Ich hätte trotzdem nichts dagegen, damit zu fahren, aber als ich zu Mark sage: »Ich park ihn für dich um«, schüttelt er den Kopf. »Es ist schließlich Sallys Auto. Nicht meins.«

»Ach ja? Na und?« Angesichts der übrigen Umstände ist es absurd, daß ihr Auto für mich tabu sein sollte. Als Mark zurückkommt, bin ich angezogen und sitze im Wohnzimmer. Sein Gesicht drückt eine Frage aus, aber angezogen sprechen wir nie viel. »Ich habe um fünf eine Fahrstunde«, erkläre ich.

Ich stelle mir folgendes vor: *Ich fahre in einem Jeep Cherokee die schmutzigen Straßen von Appalachia entlang. Mein Jeep Cherokee bewegt sich wie ein Panzer über Schlaglöcher und durch Dornengestrüpp.*

»Paß auf den Weg auf«, schreit Manny.

»Welchen Weg?«

»Der Weg. Der Weg.« Manny verliert die Geduld mit mir. Das Auto bäumt sich auf und setzt mit einem Schlag auf. Oh. Er meinte den Gehweg. Den Gehsteig, obwohl Mannys Englisch normalerweise nicht der Grund dafür ist, daß ich ihm nicht folge. Es liegt daran, daß ich nicht zuhöre. Wie jetzt, wo er mir etwas über die Entfernung zwischen dem Auto und dem Gehweg erzählt, aber für mich ist alles statisch, wie ein Auto im Leerlauf.

Nachdem er Gelb abgeschlossen hat, wendet sich Julian Grün zu. Braun hebt er sich bis zum Schluß auf, weil er gelesen hat, daß Braun eine vertrackte Farbe beim Malen sei. Er will geübter sein, bevor er diese Tuben öffnet. »Weißt du, was ich wirklich brauche?« fragt er, aber bevor ich eine Vermutung äußern kann, sagt er: »Einen Malerstock.«

Ein Malerstock wird benutzt, um den Arm des Malers zu stützen und ruhigzuhalten, und er ist beim Malen schwieriger Details von Nutzen. Julian braucht keinen Malerstock. Julian braucht überhaupt keine weiteren Malutensilien. Er hat zweiundsechzig Pinsel, elf Spachtel und fünf Varianten Leinöl. Haufenweise aufgespannte Belgische Leinwände reihen sich an unseren Wänden, als warteten sie auf eine Ausstellung, nur daß sie leer sind. Während Julian untersucht, was passiert, wenn man Chromgrün mit Terre Verte mischt, schlage ich die Zeitung auf und blättere zu den Autoverkaufsanzeigen. Ich überfliege Familienautos, überspringe Kombi- und Lieferwagen und schaue mir die Spalte der *Classic Cars* genauer durch. Ich bin fest entschlossen, mir ein Auto zu kaufen, auch wenn Julian total dagegen ist.

»He«, ich lese laut. »Ein Aston Martin DB4, 1960. Nur 72 000 Dollar.« Ich sage es so, daß es klingt wie ein Schnäppchen.

»Die Anschaffungskosten sind das Geringste«, sagt Julian. »Da ist die Versicherung. Ein neuer Fahrer zahlt sich dumm und dämlich für die Versicherung. Und Unterhaltskosten. Reparaturen kosten auch ein Vermögen. Du müßtest auch für eine Garage bezahlen, oder du kannst deine Tage mit Parkplatzsuchen verbringen.«

Ich will ihm sagen, wie unrecht er damit hat; daß Mark aufsteht, um Sallys Auto umzuparken, und zurück ist, bevor die Laken abgekühlt sind, aber alles, was ich sagen kann, ist: »Es ist nicht so schwierig, wie du tust.«

»Ich verstehe nicht«, sagt Julian, »warum du dir nicht einfach ein Auto mietest, wann immer du irgendwo hinwillst«, und ich kontere: »Aus demselben Grund, aus dem du dir keinen Malerstock mieten würdest.« Eingeschnappt trage ich die Zeitung ins Schlafzimmer und male einen Kreis um traumhaft klingende Autoanzeigen.

»Heute«, verkündet Manny großtönend, »wirst du Wenden auf der Straße lernen.« Er nimmt ein Matchbox-Auto aus seiner Sakkotasche und stellt es aufs Armaturenbrett. »Sssind vier Schritte. Paß auf.« Manny rollt das Auto fünfundvierzig Grad nach links, zieht es dieselbe Strecke zurück, die Räder haben sich zur anderen Seite gestellt – noch mal vor und zurück, und ab geht's. »Jetzt du.« Manny legt das Auto in meine Hand. Es liegt in meiner geöffneten Handfläche, und ich betrachte es, als wäre es eine Überraschung, so etwas wie ein Ei. »Du willst was fragen?« fragt Manny.

»Ja«, sage ich. »Ist das eine Corvette?«

»Nein«, erklärt Manny. »Es iss ein Buick.«

Julian hat mit seinem ersten richtigen Gemälde begonnen. ›Malen nach der Natur‹ liegt aufgeschlagen da, eine Szene mit einem See, im Vordergrund ein Baum, ein schneebedeckter Berg dahinter. Mit einem Kreidestift kopiert er das Bild Strich für Strich. ›Malen nach der Natur‹ ist wie all die anderen Bücher, die Julian gekauft hat, eine Schritt-für-Schritt-Anleitung, eine Erwachsenenvariante des Zeichensets zum Lernen, das ich als Kind gehabt hatte. Zwei durch Linien verbundene Kreise ergeben einen Zylinder für eine Lokomotive. Ein Paar sich über das Blatt hin annähernder Linien sind sich entfernende Gleise.

»Was hältst du davon?« Julian hält das Buch neben seine Skizze.

»Sieht absolut gleich aus«, sage ich. Das freut Julian, deshalb erwähne ich nicht, daß das Geheimnis des Malens darin besteht, etwas in ein Bild hineinzulegen.

Als ich erstmals den Traum vom Fahren hatte, mir aber

noch nicht klar war, daß ich diejenige hinter dem Steuer sein würde, sagte ich zu Julian: »Laß uns ein Auto kaufen und das Wochenende damit verbringen, Landstraßen entlangzujagen.«

»Und wer soll dieses Auto fahren?« fragte Julian. Er hat einen Führerschein, ist aber seit über zehn Jahren nicht mehr gefahren. Er war nicht mit mir der Meinung, daß er sich schon an alles erinnern würde, wenn er erst mal hinterm Steuer saß.

Julian mischt Dunkelblau und Zinkweiß auf seiner Palette, um für den Himmel denselben Ton hinzukriegen wie in dem Buch. »Du mußt ein bißchen Schwarz dazutun«, sage ich zu ihm.

»Wirklich? Woher weißt du das?« fragt Julian.

Bevor ich Julian heiratete, das heißt, um genau zu sein, am Morgen vor unserem ersten Treffen, sammelte ich meine Farben zusammen, meine Pinsel, meine Spachtel, meinen Malerstock, meine Staffelei, und trug alles raus zu den Mülltonnen. Ich wartete auf dem Gehsteig, bis die Müllabfuhr kam und alles einsammelte, um sicher zu sein, daß sich diese Gegenstände nicht irgendwie zurück in mein Apartment, in mein Leben stehlen würden.

»Versuch mal einen Tupfer Chromgelb in diesem Weiß«, gebe ich Julian einen anderen Tip, und er sieht mich an, als traue er mir nicht recht.

»Wenn du dir einen Gebrauchtwagen kaufen willst«, rät Mark, »vergiß nicht, auf Rost zu achten. Und aufs Getriebe.«

Das macht mich plötzlich unheimlich an. Mein Atem geht schneller, und ich wage zu sagen: »Sag das noch mal.«

»Vergiß nicht, auf Rost zu achten?« Mark ist sich nicht sicher, was ich hören will, und ich stoße hervor: »Nein, nein, das andere.«

»Getriebe?«

»Ja, ja«, seufze ich. Dann möchte ich, daß Mark Kurbelwelle sagt, aber ich weiß nicht, wie ich das angehen soll.

Wir sitzen in einem Verkehrsstau in der Sixth Avenue Ecke 33rd Street fest. Meine Stunde ist fast um, und wir sind eingeklemmt. »Bleib auf der rechten Spur«, sagt Manny, als könnte ich die Spur wechseln, ohne in den Laster neben mir zu donnern. Außerdem hat Manny mir strikt verboten, in die linke Spur einzufallen, es sei denn, ich muß links abbiegen. Die linke Spur ist die Überholspur, wo man an den Schleichern vorbeizieht, an den Fahrschülern, denen, die sich nichts trauen. Wenn ich vom Fahren träume, bin ich immer auf der linken Spur.

Da ich nichts anderes zu tun habe, als darauf zu warten, daß der Stau sich wieder auflöst, nehme ich Blickkontakt mit dem Lastwagenfahrer neben mir auf. Er wirft einen kurzen prüfenden Blick auf mein Auto, als wäre das Fahrschulzeichen auf dem Autodach das Äquivalent für Pferdeschwänze mit Gummiband, ein Zeichen, daß ich so was wie eine minderjährige Puppe bin, programmierter Ärger, der es nicht wert ist.

Ich stelle mir folgendes vor: *Mein deLorean sieht aus wie das Auto, das George Jetson fuhr. Er ist schwarz, und ich bin irgendwo im Südwesten und brause durch die Wüste. Mein deLorean rast durch das Ödland, peitscht Wüstengras auf, es regnet Kaktusstacheln, die bleichen Knochen eines Ochsen klappern. Wolken goldenen Staubs hängen hinter mir in der Luft.*

»He«, der Lastwagenfahrer beugt sich rüber und ruft mir zu, »wenn du's aus diesem Schlamassel rausschaffst, kannst du überall auf der Welt fahren.« Das ist, als wollte er mir sagen, komm wieder, wenn du älter bist, und ich schenke ihm ein Lächeln.

»Auf der Straße«, Manny wird patzig, »sollst du deine Augen auf der Straße haben.«

Julian ruft abermals nach mir. »Wie ist es jetzt?« Er tritt von seiner Staffelei zurück und kaut versonnen am Pinselstiel.

»Toll«, sage ich. »Du bist ein Naturtalent.«

»Aber der Baum? Der Stamm? Die Struktur der Rinde? Schau, hier.« Er deutet auf eine feine, ungleichmäßige Linie in Dunkelbraun.

»Als könnte ich die Hand ausstrecken und es berühren«, sage ich zu ihm. »Läßt du mich jetzt, damit ich mich fertigmachen kann?«

Der Staat New York verlangt, daß ich einen fünfstündigen Theoriekurs absolviere, bevor man mich die Fahrprüfung machen läßt. Nicht daß ich reif für die Fahrprüfung wäre, aber ich will unbedingt in den Kurs, weil ich mir vorstelle, daß der Lehrer ein muskulöser junger Mann mit engen Jeans und T-Shirt ist, der mit mir über Motoren spricht. Er wird Begriffe wie *Pferdestärke, Ölwechsel* und *Kolbenring* benutzen.

Ich bin schon halb aus der Tür, als Julian sagt: »Wart eine Sekunde.« Er ist im Begriff, Blätter an seinen Baum zu malen. Er ist nervös. »Was, wenn ich's ruiniere?« fragt er.

»Die Schönheit der Ölfarbe«, erkläre ich ihm, »besteht darin, daß nichts unwiderruflich ist, es sei denn, du willst es.«

Zwölf Fahrschüler sind im Büro meiner Fahrschule in einen Behelfsklassenraum gestopft. Ich sitze in der ersten Reihe, Notizbuch offen, Bleistift gespitzt, die Beine übergeschlagen. Mein Rock rutscht hoch. Ich will mich als Musterschülerin beweisen. Neben mir sitzt ein puertoricanischer Junge, grade mal siebzehn, wenn überhaupt, und anbetungswürdig.

Unser Lehrer bahnt sich seinen Weg nach vorne. Er trägt keine engen Jeans, sondern graue Polyesterhosen mit Schlag, deren Bund näher an den Achseln als an der Taille sitzt. Er schreibt seinen Namen an die Tafel: Herman Bergman. Unter seinen Namen schreibt er seine Titel. Herman Bergman besitzt eine Menge Auszeichnungen und Urkunden in Fahrerziehung. »Fahrerziehung«, belehrt er uns, »läuft auf ein Wort hinaus: Sicherheit!« Herman schlägt mit der Faust auf die Tischplatte.

Sieht nicht so aus, als würde ich hier ein Wort über Motoren lernen. Ich werde nicht hören, wie der puertoricanische Junge *Kolbenring* und *Schaltknüppel* sagt. Herman klebt am Sicherheitsgang, als bestünde der einzige Zweck des Fahrens darin, unbeschädigt von Punkt A nach Punkt B zu kommen.

Herman entwirft Szenarien, in denen Nichtbeachtung der Sicherheitsvorschriften katastrophale Folgen hat: Ein Vater von vier Kindern, der sich auf dem Weg zur Arbeit nicht angeschnallt hatte, eine Familie, die es wagte, auf der Schnellstraße sechzig Meilen zu fahren, und niemals am Strand ankam. Alles, was von ihnen übrigblieb, war der orangefarbene Plastikeimer samt Schaufel zum Sandburgenbauen, die man hundert Meter von dem zertrümmerten Kombi entfernt entdeckte. Da war der Jugendliche, der nicht anhielt, ein Lastwagenfahrer, der die Vorfahrt nicht beachtete, und ein Arzt, der auf der Fahrt zu einer Blinddarm-Notoperation bei Rot über eine Ampel fuhr. Sowohl der Arzt als auch der Patient starben. Ein anderes Unglück ereignete sich mit sechs Nonnen. Die Nonne, die fuhr, war vorsichtig, aber keine defensive Fahrerin. Am Ende waren die Nonnen Krüppel, »weil sie nicht auf diesen anderen Typen achtgab, und *bumm!*« Herman schlägt seine Hände zusammen, als führte er die Explosion eines Vulkans vor.

Bumm! Ich stelle mir folgendes vor: *Mein großer alter Cadillac hat beim Start eine Fehlzündung. Mein Cadillac ist zitronengelb mit einem weißen Vinyldach und Heckflossen. Am Rückspiegel baumelt ein Paar rosafarbener Schaumstoffwürfel. Es ist drei, vielleicht vier Uhr morgens, und ich bin in der Bronx und fahre auf dem breiten, von Bäumen gesäumten Grand Concourse. Straßenlaternen, anmutig wie Schwanenhälse, bilden einen Lichtbogen, der mich geleitet –*

so, wie der Lichtkegel eines Leuchtturms einem Schiff den Weg weist. Mein Caddy ist in Anbetracht der Stunde, und weil ich es mir so vorstelle, der einzige Wagen auf der Straße.

Die Ampelschaltung ist mir zu Willen. Ich habe keinen Grund, anzuhalten.

Herman will, daß wir uns im Raum verteilen und unsere Fahr-Erfahrungen in die Gruppe tragen. Ein Mädchen mit vielen Haaren erzählt, was ihr Freund alles mit ihr anstellt, wenn er mit ihr Einparken übt. Ich stöhne auf und sehe den süßen Jungen neben mir an. Daraufhin schießt er ein Papierkügelchen auf Herman.

Zwischen Küssen auf Marks Hals und Brust sage ich: »Laß uns zusammen abhauen. Laß uns in dein Auto steigen und davonfahren.«

Ich stelle mir folgendes vor: *Eine Allee in Neuengland. Vermont. Es ist Winter. Der Himmel ist bewölkt, und obwohl die Straße frei ist, bedeckt den Kirchhof jungfräulicher Schnee. Grabsteine aus dem achtzehnten Jahrhundert ragen empor, kreuz und quer wie ein Mund voller schiefer Zähne. Als ich fünfzehn war, küßte ich einmal einen Jungen mit solchen Zähnen. Ich fuhr mit meiner Zunge die unebenen Flächen entlang. Ich will Mark davon erzählen, aber als ich zum Beifahrersitz hinüberschaue, ist er leer. Ich bin allein, fahre meinen Porsche, meinen silbernen Porsche, den man aus der Ferne mit einem Meteoriten verwechseln könnte.*

»Na, na«, erinnert mich Mark, »du weißt, daß das Auto nicht meins ist«, aber wieso das eine Rolle spielen soll, ist mir nach wie vor unklar. Mark berührt mein Gesicht mit einer Zärtlichkeit, die so aufrichtig ist wie mein Vorschlag, zusammen abzuhauen. Ich würde nie mit Mark abhauen und habe es nur vorgeschlagen, weil ich weiß, daß er es nicht täte.

Diese Affäre war niemals so gut, wie ich es erwartet hatte, nie so, wie ich sie mir vorstellte, bevor sie begann. Manchmal ist es schwierig, mich genau an das zu erinnern, was ich mir vorgestellt habe, aber ich weiß, daß es mit phantastischem Sex, Besessenheit, Hingabe und zügelloser Leidenschaft zu tun hatte. Oh, doch, pro forma exerzieren wir das alles durch. Wir reißen uns die Kleider vom Leib. Wir keuchen und stöhnen und schreien auf, wo und wenn es angemessen scheint, aber man kann es auf folgenden Punkt bringen: Mark denkt, das Vorspiel sei etwas, was ich mit ihm mache, und ich komme nicht recht darüber weg, daß er mich nicht mit Sallys Auto fahren läßt.

Manny greift sich ans Herz, im Anschluß an eine kleinere Beinahe-Kollision. »Du mußt schaun, bevor du rausfährst! Du mußt aufpassen! Konzentrier dich auf das, was du tust. Wo bist du mit deinen Gedanken?«

»Sag mir die Wahrheit, Manny«, fordere ich. »Wann kann ich zur Fahrprüfung?«

Manny zuckt die Achseln.

»Schau. Ich hab's versaut.« Julian hat Zustände, wie ein Kind, das über die Linie hinausgemalt hat. Er hält mir sein Buch vor die Nase, damit ich sehen kann, daß auf dem Berg da drin kein Patzer ist.

»Mir gefällt deins besser«, sage ich. »Dein Patzer bringt Tiefe, eine Art Zweifel hinein.« Das Gemälde mit dem See, dem Baum, dem Berg – das Original – hängt vermutlich in der Lobby eines Ramada Inn.

Julian läßt sich von meiner Beobachtung nicht trösten. Er will, daß sein Berg genau so aussieht wie der Berg in ›Malen nach der Natur‹, also zeige ich ihm, was zu tun ist. Mit der Spitze des Spachtels kratze ich das Grau weg. Ist nicht viel. Julian malt dünn. Ein bißchen Terpentin entfernt den letzten Rest seines Patzers.

»Du kannst jetzt hier mit Weiß malen«, erkläre ich ihm.

Julian ist überglücklich damit beschäftigt, sein Gemälde

zu vollenden, als das Telefon klingelt. Ich gehe in die Küche, um abzuheben.

»Kannst du sprechen?« Es ist Mark, der mich anruft, um mich wissen zu lassen, daß der Kabuki-Macbeth ein derartiger Erfolg war, daß er noch eine weitere Woche gegeben wird. Mark und ich können früher als erwartet wieder zusammen kuscheln. »Also«, fragt er, »was machst du morgen?«

Morgen. Was mache ich morgen? Ich halte inne, um darüber nachzudenken, und stelle mir folgendes vor: *Ich fahre einen Jaguar. Dunkelgrün. Ich gleite über eine Paßstraße. Vielleicht in den Adirondacks. Oder den Alpen. Oder auf dem Berg in Julians Gemälde. Die Straße ist schmal. Auf beiden Seiten geht es steil hinunter. Zu meiner Linken ist der See, zu meiner Rechten ein Tal mit verstreuten Autos, die eine Kurve nicht gekriegt haben. Sie sehen aus wie Abfall, wie Limonadendosen, die aus Autofenstern geworfen wurden. Mein Jaguar nimmt die Kurven präzise. Er ist mit der Straße verschmolzen wie im Liebesakt, umarmt die Windungen, als wären Wagen und Straße wie durch eine Liebkosung miteinander verbunden. Sacht drücke ich meinen Fuß auf dem Gaspedal nach unten, wie ein Blitz sause ich davon und bin nicht mehr zu sehen.*

T. Coraghessan Boyle

Moderne Liebe

Körperflüssigkeiten wurden keine ausgetauscht bei der ersten Verabredung, und das war uns beiden nur recht. Ich holte sie um sieben ab, ging mit ihr ins »Mee Grop«, wo sie sorgfältig jede einzelne Fleischfaser aus ihrem Phat Thai entfernte, sah zu, wie sie vier Flaschen Singha zu je drei Dollar leerte, und strich ihr dann im Kino des Circle-Einkaufszentrums sanft über das nach Balsam duftende Haar, während sie beim ›Terminator‹ ruhig schlummerte. Danach nahmen wir noch einen Drink in »Rigoletto's Pizza Bar« (und zweimal Pizza vom Blech, nur mit Käse belegt), und dann setzte ich sie zu Hause ab. Kaum hielten wir vor ihrer Wohnung, hatte sie die Tür schon aufgestoßen. Sie wandte mir das lange, elegante, melancholische Gesicht ihrer puritanischen Vorfahren zu und streckte die Hand aus.

»Hat Spaß gemacht«, sagte sie.

»Ja«, antwortete ich und gab ihr die Hand.

Sie trug Handschuhe.

»Ich ruf dich an«, sagte sie.

»Gut«, sagte ich und bedachte sie mit meinem strahlendsten Lächeln. »Und ich ruf dich an.«

Bei der zweiten Verabredung lernten wir einander näher kennen.

»Ich kann dir gar nicht sagen, was für ein Streß das neulich abends für mich war«, sagte sie, während sie in ihren Schoko-Mokka-Karamelbecher starrte. Es war früher Nachmittag, wir saßen in »Helmut's Olde Tyme«, einer Eisdiele in Mamaroneck, die Sonne strömte durch die dicken Milchglasscheiben und erhellte das Lokal, daß es aussah wie ein Genesungsheim. Die Armaturen hinter der Theke blitzten, das Messingrohr an der Bar war auf Hochglanz poliert, und alles roch nach Desinfektionsmittel. Wir waren die einzigen Gäste.

»Wie meinst du das?« fragte ich. In meinem Mund klebten geschmolzene Marshmallows und Karamel.

»Ich meine das Thai-Restaurant, die Sitze im Kino, die *Damentoilette* in diesem Lokal da, um Himmels willen ...«

»Das Thai-Restaurant?« Ich kam nicht ganz mit. Dann erinnerte ich mich an ihr Herumgefummel mit dem Schweinefleisch und daran, wie penibel sie die Glasnudeln seziert hatte. »Bist du Vegetarierin?«

Sie blickte verärgert auf und richtete dann die ganze Entrüstung ihrer weit aufgerissenen, eisblauen Augen auf mich. »Hast du dir schon mal die Statistiken des Gesundheitsministeriums über die sanitären Verhältnisse in ausländischen Spezialitätenrestaurants angesehen?«

Das hatte ich nicht.

Ihre Stirn legte sich in Falten. Sie meinte es ernst. Sie hielt einen Vortrag. »Diese Leute sind Flüchtlinge. Sie haben – nun ja, andere Maßstäbe. Die sind nicht mal geimpft.« Ich sah zu, wie sie mit dem schmalen Löffel in die Tiefen ihres Bechers fuhr und die Lippen für ein ordentliches viereckiges Stückchen Eiscreme mit Karamel öffnete.

»Die Illegalen jedenfalls nicht. Und die Hälfte von ihnen ist illegal hier.« Sie schluckte mit einer fast unmerklichen Bewegung, einem Schauer, bei dem ihr Kehlkopf sich hob und senkte wie der einer Gazelle. »Ich habe mich vor Angst richtig betrunken«, sagte sie. »Aus blinder Panik. Ich mußte dauernd daran denken, daß ich mir vielleicht Hepatitis oder Dysenterie oder Dengue-Fieber einfangen könnte.«

»Dengue-Fieber?«

»Normalerweise habe ich im Kino immer ein Hygienetuch zum Wegwerfen dabei – denk bloß mal nach, wer da alles vor dir auf diesem Stuhl gesessen hat und wie oft, und was alles für üble kleine Kulturen von diesem und jenem da in diesen uralten Rückständen von Sirup und Coke und Popcorn mit extra viel Butter gedeihen – aber ich wollte nicht, daß du bei unserer ersten Verabredung findest, ich wäre zu extrem oder so was, deshalb hab ich's mir nicht hingelegt. Aber dann diese *Damentoilette* … Du findest doch wohl nicht, daß das eine Überreaktion war, oder?«

Im Grunde fand ich das schon. Natürlich fand ich das. Ich mochte das Essen in Thai-Restaurants – und Sushi und Krabben in Ingwer und fettiges Souvlaki von einer Bude am Straßenrand auch. Ihr Blick war der einer irren Heiligen, einer besessenen Asketin, die ihr Fleisch kasteit, aber das war mir egal. Sie sah gut aus, nicht mehr ganz jung, helläugig und rein, so kühl und einzigartig, als wäre sie gerade aus dem Gemälde eines Präraffaeliten herausgetreten, und ich war verliebt. Außerdem waren mir solche Anwandlungen nicht fremd. Hypochondrie. Anale Verklemmtheit. Geordnete Verhältnisse und alphabetische Reihenfolge. Ich war dreiunddreißig und unverheiratet, ich hatte ein paar Narben, und ich las Zeitung – Herpes, Aids, der asiatische Tripper, gegen den kein Antibiotikum der Welt eine Chance hatte. Ich war bereit, es ruhig angehen zu lassen. »Nein«, sagte ich, »ich finde überhaupt nicht, daß es eine Überreaktion war.«

Ich atmete so tief ein, daß es wie ein Seufzer klang. »Es tut mir leid«, sagte ich ganz leise und sah sie mit zerknirschtem Hundeblick an. »Ich hab es nicht gewußt.«

Da streckte sie den Arm aus, ergriff meine Hand – berührte sie, Haut auf Haut – und murmelte, es sei schon in Ordnung, sie habe schon Schlimmeres mitgemacht. »Wenn du es genau wissen willst«, sagte sie mit tiefer Stimme, »ich mag Lokale wie dieses hier.«

Ich sah mich kurz um. Das Eiscafé war immer noch leer, bis auf Helmut in seinem blendendweißen Overall und mit gestyltem Haarschnitt, der gewissenhaft die gefliesten Wände blankputzte. »Ich weiß, was du meinst«, sagte ich.

Wir gingen einen Monat lang miteinander aus – Museen, Autofahrten aufs Land, französische und deutsche Restaurants, Eissalons, Farn-Bars –, ehe wir uns das erste Mal küßten. Und als wir uns küßten, nach einer Aufführung von ›David und Lisa‹ in einem Repertoirekino draußen in Rhinebeck und in einer Nacht, die so kalt war, daß kein Wald-und-Wiesen-Bakterium oder herkömmliches Virus eine Überlebenschance gehabt hätte, da streiften sich unsere Lippen nur ganz flüchtig. Sie trug einen Webpelzmantel mit wattierten Schultern und eine tief in die Stirn gezogene Strickmütze, und sie hatte sich bei mir untergehakt, als wir aus dem Kino in die bitterkalte Nacht hinaustraten. »Mein Gott«, sagte sie, »hast du gesehen, als er brüllte: ›Du hast mich berührt!‹? War das nicht einmalig?« Ihre Augen waren weit aufgerissen, und sie schien seltsam erregt. »Klar«, sagte ich, »ja, es war toll.« Und dann zog sie mich dicht an sich und küßte mich. Ich spürte, wie ihre Lippen sanft über die meinen strichen. »Ich liebe dich«, sagte sie, »glaube ich.«

Ein Monat Ausgehen und ein trockener, hingetupfter Kuß. Ab da könnte man wohl langsam anfangen, sich über mich zu wundern, aber es machte mir wirklich nichts aus. Wie gesagt, ich war bereit zu warten – ich hatte die Geduld eines Sisyphus –, und es genügte mir, nur so mit ihr zusammen zu sein. Wozu die Dinge überstürzen? dachte ich. Es ist gut so, es ist angenehm, wie das langsame, bezaubernde Entstehen einer Romanze in einem Frank-Capra-Film, in denen stets Zauber und Licht dominieren. Sicher, sie hatte ihre Idiosynkrasien, aber wer hat die nicht? Ehrlich gesagt, mir hatte die Drei-Drinks-Abendessen-und-dann-ins-Bett-Tour nie so recht gefallen: Mädchen, die auf einen losgehen, als wären sie sechs Jahre im Gefängnis gewesen und gerade noch rechtzeitig entlassen worden, um ihr Make-up aufzulegen und einem auf den Beifahrersitz zu hüpfen. Breda – so hieß sie, Breda Drumhill, und allein dieser Klang, diese Silbenfolge ließen mich dahinschmelzen – war anders.

Endlich, zwei Wochen nach der Exkursion nach Rhinebeck, lud sie mich in ihre Wohnung ein. Cocktails, sagte sie. Abendessen. Ein ruhiger Abend vor dem Fernseher.

Sie wohnte in Croton, im Erdgeschoß eines renovierten Altbaus, eine halbe Meile vom Bahnhof entfernt, wo sie jeden Morgen in den Pendlerzug nach Manhattan stieg und zu ihrem Job als Redakteurin von ›Ethnologie heute‹ fuhr. Den Job hatte sie, seit sie vor sechs Jahren am Barnard College ihr Examen gemacht hatte (Doppelhauptfach in Rhetorik und Fremden Kulturen), und er paßte hervorragend zu ihrem Temperament. Ethnologen, die für ihre Feldstudien unter den Fluß-Dayak auf Borneo oder bei den Kurden in Kurdistan lebten, schickten ihr grammatikalisch haarsträubende Rohfassungen ihrer Beobachtungen, und sie gab den Texten den Schliff, den eine populärwissenschaftliche Zeitschrift erforderte. Natürlich spielten Schmutz und exotische Krankheiten in diesen Artikeln eine ebenso wichtige Rolle wie fremdartige Sitten und widerwärtige Bräuche. So etwa jeden zweiten Tag rief sie mich aus der Arbeit an und teilte mir mit einer Stimme, die ihre Erregung kaum verbergen konnte, die Details irgendeiner gräßlichen neuen Seuche mit, über die sie gerade las.

Als sie mich an der Tür empfing, trug sie einen Seidenkimono, der durch seinen tief geschwungenen Ausschnitt und zwei Drachen mit verschlungenen Schweifen auffiel. Das Haar hatte sie hochgesteckt, als wäre sie gerade aus der Badewanne gestiegen, und sie roch nach Desinfektionsmittel und pH-neutraler Seife. Sie küßte mich auf die Wange, nahm mir die Flasche Vouvray ab, die ich ihr entgegenhielt, und führte mich ins Wohnzimmer. »Chagas-Krankheit«, sagte sie mit einem breiten Lächeln, das ihre makellosen, ziemlich großen Zähne freilegte.

»Chagas-Krankheit?« sprach ich ihr nach und wußte nichts Rechtes mit mir anzufangen. Der Raum war spartanisch wie eine Mönchszelle. Zwei Stühle, ein kleines Sofa mit Beistelltischchen, alles aus Glas, Chrom und schwarzem Hartplastik. Keine Pflanzen (»Der Himmel weiß, was für Insekten darauf herumkriechen – und dann die *Erde,* in der muß es ja vor Bakterien nur so wimmeln, ganz zu schweigen von Spinnen und Würmern und solchem Zeug«) und kein Teppich (»Eine Brutstätte für Flöhe, Zecken und Milben«).

Immer noch lächelnd geleitete sie mich zu dem Hartplastiksofa und setzte sich neben mich, den Vouvray im Schoß. »Südamerika«, flüsterte sie, und ihre Augen funkelten vor Erregung. »Im Dschungel. Man kriegt es von Wanzen – Raubwanzen heißen die, ist das nicht scharf? Diese Wanzen beißen einen, und dann, nachdem sie eine Weile gesaugt haben, machen sie dicht neben dem Einstich ihr großes Geschäft. Wenn man sich kratzt, kommt es in die Blutbahn, und irgendwann, etwa ein bis zwanzig Jahre später, kriegt man dann so eine Art Mittelding zwischen Malaria und Aids.«

»Und dann stirbt man«, sagte ich.

»Und dann stirbt man.«

Ihre Stimme klang jetzt düster. Sie lächelte nicht mehr. Was konnte ich sagen? Ich tätschelte ihre Hand und grinste sie an. »Schmatz«, sagte ich und zog eine Grimasse. »Was gibt's denn zum Essen?«

Sie servierte eine kalte Tofucreme-Suppe mit Karotten und kleine Sandwiches mit einem Linsenaufstrich als Hors-d'œuvre und ein Knoblauchsoufflé mit biologisch angebautem Gemüse als Hauptspeise. Danach kam ein Gläschen Cognac, der Großbild-Farbfernseher und ein Film mit dem Titel ›Jugend unter Glas‹ über einen Jungen, der in vollkommen antiseptischer Umgebung aufwuchs, weil er ohne Immunsystem zur Welt gekommen war. Niemand konnte ihn berühren. Selbst das leiseste Niesen eines anderen Menschen hätte ihn umgebracht. Während der ersten halben Stunde schniefte Breda leise vor sich hin, dann drückte sie meine Hand und schluchzte lauthals, als der Junge endlich doch unter der Glasglocke hervorkroch, sich etwa siebenunddreißig verschiedene Krankheiten einfing und noch vor dem nächsten Werbeblock starb. »Ich sehe diesen Film jetzt zum sechsten Mal«, sagte sie und rang um Beherrschung, »und er nimmt mich immer wieder mit. Was für ein Leben«, sagte sie und deutete mit ihrem Cognacschwenker auf den Fernseher, »was für ein vollkommenes Leben. Beneidest du ihn nicht darum?«

Ich beneidete ihn nicht. Was ich beneidete, war der Jadeanhänger, der zwischen ihren Brüsten lag, und das sagte ich ihr auch.

Darauf hätte sie kichern oder tief Luft holen oder die Augen niederschlagen können, doch sie tat nichts dergleichen. Sie sah mich lange und bedächtig an, als träfe sie eine Entscheidung, dann errötete sie leicht, und das Blut verlieh ihrem Hals ein herrliches Fleckenmuster aus Rosa und Weiß. »Laß mir eine Minute Zeit«, bat sie geheimnisvoll und verschwand im Bad.

Ich war elektrisiert. Es war soweit. Endlich. Nach all den Schwüren, dem Händchenhalten, den kleinen Scherzen und Spielchen, nach all den zurückgelegten Meilen, verzehrten Mahlzeiten, durchmessenen Museen und gesehenen Filmen sollten wir uns nun endlich, ganz natürlich und würdevoll, vereinigen im höchsten Akt von Intimität und Liebe.

Mir war heiß. Auf meiner Stirn standen Schweißtropfen. Ich wußte nicht, ob ich aufstehen oder sitzen bleiben sollte. Und dann wurde das Licht schwächer, und da stand sie am Dimmerschalter.

Sie trug immer noch den Kimono, aber ihr Haar war nun noch fester hochgesteckt, in einem festen Knoten auf den Kopf gebunden, als hätte sie sich für eine Schlacht gerüstet. Und sie hielt etwas in der Hand – ein flaches, in Plastik gewickeltes Päckchen. Es raschelte in ihrer Hand, als sie durchs Zimmer kam.

»Wenn man verliebt ist, dann liebt man sich«, sagte sie

und ließ sich neben mir auf dem steinharten Sofa nieder, »das ist ganz natürlich.« Sie reichte mir das Päckchen. »Ich möchte nicht, daß du einen falschen Eindruck von mir bekommst«, sagte sie mit heiserer, rauher Stimme, »nur weil ich vorsichtig und zurückhaltend bin und weil es auf der Welt so viel, na ja, Dreck gibt, aber ich habe auch meine leidenschaftliche Seite. Wirklich. Und ich liebe dich. Glaube ich.«

»Ja«, sagte ich und faßte nach ihr. Das Päckchen hatte ich fast wieder vergessen.

Wir küßten uns. Als ich ihr über den Nacken strich, fühlte ich etwas Seltsames, etwas sonderbar Reibendes, Faltiges, als wäre ihre Haut plötzlich zu Frischhaltefolie geworden, und dann lag ihre Hand auf meiner Brust.

»Warte«, raunte sie, »das, das Ding.«

Ich fuhr hoch. »Was für ein Ding?«

Trotz des gedämpften Lichtes sah ich, wie sie jetzt errötete. Sie war einfach süß, meine kleine Freundin, meine viktorianische Prinzessin. »Es kommt aus Schweden«, sagte sie.

Ich blickte auf das Päckchen in meinem Schoß. Es war eine durchsichtige, hauchdünne Plastikfolie, die in dem transparenten Päckchen zusammengefaltet lag wie eine Tüte für gefährlichen Sondermüll. Ich hielt es in die Höhe, vor ihre großen, unruhigen Augen. Ein verrückter Gedanke schoß mir durch den Kopf. Nein, dachte ich.

»Es ist das Neueste«, sagte sie und sprach jetzt ganz schnell, »das Sicherste … ich meine, da kann einfach gar nichts mehr –«

Mein Gesicht brannte. »Nein«, sagte ich.

»Es ist ein Kondom«, erklärte sie mit ersten Tränen in den Augen, »mein Arzt hat sie für mich bestellt, sie … sie sind aus Schweden.« Ihr Gesicht legte sich in Falten, und sie begann zu weinen. »Es ist ein Kondom«, weinte sie, und sie schluchzte so heftig, daß ihr Kimono aufging und ich die

Konturen des Dings auf der Rundung ihrer Brustwarzen sehen konnte, »ein Ganzkörperkondom.«

Ich war beleidigt. Das gebe ich zu. Es lag weniger an ihrer Angst vor Keimen und Ansteckung als daran, daß sie mir nach so langer Zeit noch nicht traute. Ich war sauber. Von Grund auf sauber. Ich war ein Mann von gemäßigten Gewohnheiten und guter Gesundheit, ich wechselte Unterwäsche und Socken täglich – bisweilen zweimal täglich –, und ich arbeitete mit sauberen, glasklaren, unzweideutigen Ziffern in einem Büro, von dem aus ich die Schuhhandelskette meines verstorbenen Vaters managte (und der war seinerseits sauber gestorben, an Herzinfarkt, mit fünfundsiebzig). »Aber Breda«, sagte ich und streckte die Hand nach ihr aus, um sie zu trösten und dabei ihre weiche, plastikumhüllte Brust zu streicheln, »vertraust du mir denn nicht? Glaubst du nicht an mich? Ich meine, liebst du mich etwa nicht?« Ich packte sie an den Schultern, hob ihren Kopf hoch und zwang sie, mir in die Augen zu sehen. »Ich bin sauber«, sagte ich. »Vertrau mir.«

Sie blickte beiseite. »Tu es für mich«, sagte sie ganz leise, »wenn du mich wirklich liebst.«

Letztendlich tat ich es. Ich sah sie an, wie sie weinte, für mich weinte, und ich sah auf die dünne Plastikschicht, die an ihr klebte, und ich tat es. Sie half mir in das Ding hinein, piekte zwei Atemlöcher für die Nase hinein, machte den Reißverschluß auf dem Rücken zu und zog es mir fest über den Kopf. Es paßte wie ein Taucheranzug. Und alles in allem – das Streicheln und die Zärtlichkeit und das allmähliche Nachgeben – war es genau so, wie ich es mir erhofft hatte.

Fast.

Am nächsten Tag rief sie mich von der Arbeit aus an. Ich tüftelte gerade mit den Verkaufszahlen herum und dachte an sie. »Hallo«, sagte, vielmehr hauchte ich in den Hörer.

»Du mußt dir etwas anhören.« Ihre Stimme überschlug sich vor Begeisterung.

»Du«, unterbrach ich sie in leidenschaftlichem Flüsterton, »gestern abend, das war wirklich etwas Besonderes.«

»Ach ja«, sagte sie, »gestern abend. Ja, das war es. Und ich liebe dich, ja, schon ...« Sie machte eine Pause und atmete tief durch. »Aber jetzt hör dir das hier an: Gerade vorhin kam ein Text von einem Mann an, der mit seiner Frau in Niger bei den Tuareg lebt – das sind diese Leute, die mit ihrem Vieh herumziehen und den Dung für ihre Kochfeuer aufsammeln, ja?«

Ich zeigte meine Aufmerksamkeit mit einem leisen Brummen.

»Also, die bauen auch ihre Hütten aus Dung – ist das nicht irre? Und jetzt paß auf: Wenn die Zeiten hart sind, wenn die Ernte verdorrt und die Rinder fast umfallen vor Schwäche, weißt du, was sie dann essen?«

»Laß mich raten«, sagte ich. »Dung?«

Sie stieß einen Juchzer aus. »Ja! Ja! Ist das nicht einfach unglaublich? Die *essen* Dung!«

Ich hatte mir etwas für sie aufgespart, eine Krankheit, von der mir ein befreundeter Arzt erzählt hatte. »Onchozerkose«, sagte ich. »Weißt du, was das ist?«

Ihre Stimme klang gespannt. »Erzähl's mir!«

»Gibt's in Südamerika und auch in Afrika. Eine winzige Mücke sticht einen, ihre Eier gelangen in die Blutbahn, und wenn die Eier schlüpfen, dann wandern die Larven – das sind so kleine weiße Würmer – zu den Augen hinauf, bis in die Bindehaut, so daß man direkt sehen kann, wie sie sich da drin ringeln.«

Am Ende der Leitung war es völlig still.

»Breda?«

»Das ist ekelhaft«, sagte sie. »Das ist wirklich ekelhaft.«

Aber ich dachte doch –? Ich brach rasch ab. »Entschuldige«, sagte ich.

»Hör mal«, begann sie mit neuer Schärfe, »weswegen ich dich anrufe: Also, weil ich dich liebe, ich glaube, ich liebe dich, und ich möchte, daß du mit jemandem redest.«

»Klar«, sagte ich.

»Ich möchte, daß du mit Michael redest. Michael Maloney.«

»Klar. Wer ist das?«

Sie zögerte, überlegte einen kurzen Moment, so als wüßte sie, daß sie damit zu weit ging. »Mein Arzt«, sagte sie.

In die Liebe muß man investieren. Man muß sich fügen, sich unmerklich anpassen, Opfer bringen – die Liebe ist nichts ohne Opfer. Ich ging also zu Dr. Maloney. Warum nicht? Ich hatte Tofu gegessen, hatte Witze über Lepra und Bilharziose gerissen, als wäre ich immun, hatte in einer Plastiktüte gevögelt. Wenn es Breda glücklich machte – wenn es die nagende Furcht besänftigte, die sie Tag und Nacht quälte –, dann war es die Mühe wert.

Die Praxis war in Scarsdale in seinem Privathaus, einem zweifarbigen Gebäude im pseudoklassischen Stil mit gewundener Auffahrt und von Eichen umgeben, die so alt waren wie der Chrysler meines Großvaters. Maloney war ein junger Mann – ich schätzte ihn auf Ende Dreißig – mit rotem Bart, kahlrasiertem Kopf und einer übergroßen Brille mit durchsichtigem Plastikgestell. Er gab mir sofort einen Termin – noch am Tag meines Anrufs – und empfing mich selbst an der Tür. »Breda hat mir von Ihnen erzählt«, sagte er, während er mich in das flutlichterhellte Gewölbe seiner Praxis geleitete. Er sah mich einen Augenblick lang prüfend an, murmelte dabei »Ja, ja« in seinen Bart und jagte mich dann, mit Hilfe seiner zwei Arzthelferinnen, Miss Archibald und Miss Slivovitz, durch eine ganze Serie von Tests, die einen Astronauten in Verlegenheit gebracht hätten.

Zuerst wurde ich überall vermessen, einschließlich Fingergelenke, Oberkiefer, Schädeldecke, Penis und Ohrläppchen.

Als nächstes kamen Rektaluntersuchungen, EEG und Urinprobe. Und dann die Tests selbst. Streßtests, Epikutantests, Reflextests, Vitalkapazitätstests (ich blies gelbe Luftballons auf, bis sie platzten, dann pustete ich in eine Maschine von der Größe einer Hammondorgel), dann Röntgen, Spermaauszählen und ein eng bedruckter, vierundzwanzigseitiger Fragebogen mit Abschnitten über Träume, Abstammung, Logik und Denkvermögen. Natürlich nahm er mir auch Blut ab – um meine Organfunktionen zu überprüfen und frühere Erkrankungen zu verifizieren. »Wir testen Sie auf Antikörper gegen mehr als fünfzig Krankheiten«, sagte er, und seine Augen wichen mir hinter den Glaswänden seiner Brille aus. »Sie würden staunen, wie viele Leute sich anstecken, ohne es überhaupt zu merken.« Ich war mir nicht sicher, ob er scherzte oder nicht. Beim Hinausgehen ergriff er mich am Arm und sagte, er hätte die Ergebnisse in einer Woche.

Diese Woche war die glücklichste meines Lebens. Ich verbrachte jede Nacht mit Breda, und übers Wochenende fuhren wir nach Vermont in ein Hygiene-Zentrum, von dem ihr eine Cousine erzählt hatte. Wir aßen bei Kerzenlicht zu Abend – richtiges Essen –, und später zogen wir uns die Frischhaltefoliendinger über und liebten uns beschwingt und keimfrei. Ich wollte natürlich mehr – die Berührung von Haut auf Haut –, doch ich gab mich zufrieden, und ich war glücklich. Keine Eile, sagte ich mir. Alles zu seiner Zeit. Eines Nachts, als wir aneinandergekuschelt in der großen weißen Festung ihres Bettes lagen, zog ich mir die Kapuze des Plastikanzugs vom Kopf und fragte sie, ob sie irgendwann einmal genügend Vertrauen in mich haben würde, um auf die jahrhundertelang bewährte Weise mit mir zu schlafen, nackt und ungeschützt. Sie machte sich mühsam aus ihrer eigenen Hülle frei und sah zur Seite, wobei sie mir das unvergleichliche Patrizierprofil zuwandte. »Ja«, sagte sie ganz leise, »ja, natürlich. Sobald die Ergebnisse da sind.«

»Ergebnisse?«

Sie drehte sich zu mir und sah mir prüfend in die Augen. »Erzähl mir nicht, daß du das vergessen hast.«

Hatte ich aber. So hingerissen, so fieberhaft und leidenschaftlich, vor Liebe übersprudelnd, wie ich war, hatte ich es vergessen.

»Du Dummerchen«, murmelte sie und fuhr mit dem schmalen, plastikgeschürzten Finger die Linie meiner Lippen nach. »Sagt dir denn der Name Michael Maloney nichts?«

Und dann brach alles über mir zusammen.

Ich rief sie an, und niemand hob ab. Ich versuchte es in der Redaktion, und die Sekretärin sagte, sie sei ausgegangen. Ich hinterließ Nachrichten für sie. Sie rief nie zurück. Es war, als hätten wir einander nie gekannt, als wäre ich ein Fremder, ein Vertreter an der Haustür, ein Bettler auf der Straße.

Ich begann mit der Überwachung ihrer Wohnung. Eine volle Woche lang saß ich in meinem Auto und beobachtete ihre Haustür mit der fanatischen Inbrunst eines Pilgers vor dem heiligen Schrein. Nichts. Weder kam sie noch ging sie. Ich ließ ihr Telefon stundenlang klingeln, quetschte ihre Freunde aus, suchte den Fahrstuhl, den Korridor und das Vorzimmer in ihrer Redaktion heim. Sie war verschwunden.

Verzweifelt rief ich schließlich bei ihrer Cousine in Larchmont an. Ich hatte sie einmal kennengelernt – ein biederes Hausmütterchen mit ausgebeulten Pullovern und finsterer Miene, bei der in den Genen ganz offenkundig alles schiefgelaufen war, was in Breda so glänzende Vollendung erlangt hatte – und wußte nicht, was ich zu ihr sagen sollte. Ich hatte mir eine Ansprache zurechtgelegt, in der meine Mutter in Phoenix im Sterben lag und die Firma kurz vor dem Konkurs stand, ich selbst zuviel trank und mich düsteren Gedanken an Selbstmord, Zerstörung und das Jüngste Gericht hingab, so daß ich einfach noch ein letztes Mal mit Breda sprechen müsse, ehe alles vorbei sei, und ob sie vielleicht zufällig etwas über ihren Verbleib wisse? Wie sich herausstellte, konnte ich auf die Ansprache verzichten. Breda hob den Hörer ab.

»Breda, ich bin's«, stieß ich gepreßt hervor. »Ich habe dich wie ein Verrückter gesucht.«

Schweigen.

»Breda, was ist denn los? Hast du meine Nachrichten nicht bekommen?«

Ihre Stimme klang zögernd und fern. »Ich kann mich nicht mehr mit dir treffen«, sagte sie.

»Nicht mehr mit mir treffen?« Ich war durcheinander, verletzt, wütend. »Wieso denn nicht?«

»All die vielen Füße«, sagte sie.

»Füße?« Ich brauchte eine Weile, bis mir klar wurde, daß sie meine Schuhfirma meinte. »Aber ich habe doch überhaupt nichts mit Füßen zu tun – ich arbeite in einem Büro. Wie du. Mit Klimaanlage und luftdichten Fenstern. Ich habe keinen fremden Fuß mehr angefaßt, seit ich sechzehn war.«

»Fußfäule«, sagte sie. »Schuppenflechte. Ekzeme. Hautmykose.«

»Was ist denn los? Die Untersuchung?« Meine Stimme überschlug sich vor Empörung. »Bin ich bei dieser blöden Untersuchung durchgefallen? Ist das der Grund?«

Sie antwortete einfach nicht.

Ein Schauer durchfuhr mich. »Was hat er gesagt? Was hat der Dreckskerl gesagt?«

In der Leitung ertönte ein fernes Ticken, der Puls von Zeit und Raum, das leise Schwingen von hundert Millionen Meilen Draht der Bell Telephone Company.

»Hör zu«, flehte ich, »treffen wir uns noch einmal, nur ein einziges Mal – mehr verlange ich nicht. Wir reden über alles. Wir könnten ein Picknick machen. Im Park. Wir könnten eine Decke ausbreiten und, und da könnten wir jeder auf einer Seite sitzen –«

»Lyme-Arthritis«, sagte sie.

»Lyme-Arthritis?«

»Durch Zecken übertragen. Von denen wimmelt es nur so im Gras. Später kriegt man Fazialislähmung und Meningitis: die Außenhaut des Gehirns geht auf wie Hefeteig.«

»Na, dann im Rockefeller Center«, schlug ich vor. »Beim Springbrunnen.«

Ihre Stimme war tonlos. »Tauben«, sagte sie. »Das sind praktisch fliegende Ratten.«

»Bei Helmut. Wir können uns in Helmuts Eisdiele treffen. Bitte. Ich liebe dich.«

»Tut mir leid.«

»Breda, bitte hör mich an. Wir waren uns doch so nahe –«

»Ja«, sagte sie, »wir waren uns nahe«, und ich dachte an jene erste Nacht in ihrer Wohnung, an ›Jugend unter Glas‹ und an den Plastikfolienanzug, dachte an das ganze wirbelnde Spektakel unserer Romanze, als ihre Stimme wie ein Hammer den Nachsatz anfügte: »Aber so nahe nun auch wieder nicht.«

Günter Grass

1961

Auch wenn das heute kaum jemand mehr juckt oder überhaupt von Interesse ist, sage ich mir, genau besehen, war das deine beste Zeit. Du warst gefragt, wurdest gefordert. Über ein Jahr lang hast du riskant gelebt, hast dir vor Angst die Fingernägel abgebissen, hast dich Gefahren ausgesetzt, ohne viel zu fragen, ob dabei auch noch das nächste Semester draufgeht. Ich war nämlich Student an der TU und schon damals an Fernheiztechnik interessiert, als von einem Tag auf den anderen querdurch die Mauer gebaut wurde.

Gab das ein Geschrei! Viele liefen auf Kundgebungen, haben vorm Reichstag oder sonstwo protestiert, ich nicht. Noch im August holte ich Elke rüber, die drüben Pädagogik studiert hat. Ziemlich einfach ging das mit einem westdeutschen Paß, der, was den Datenkram und das Foto betraf, für sie problemlos war. Doch schon Ende des Monats mußten wir Passierscheine frisieren und in Gruppen arbeiten. Ich war Kontaktläufer. Mit meinem Bundespaß, der in Hildesheim ausgestellt worden war, wo ich eigentlich herkomme, klappte das bis Anfang September. Ab dann mußten beim Verlassen des Ostsektors die Passierscheine abgegeben werden. Womöglich hätten wir auch die hingekriegt, wenn uns jemand rechtzeitig das typische Zonenpapier geliefert hätte.

Aber davon will heutzutage keiner was wissen. Meine Kinder schon gar nicht. Hören einfach weg oder sagen: »Schon gut, Papa. Ihr wart damals ne Klasse besser als wir, weiß doch jeder.« Na, vielleicht später mal meine Enkel, wenn ich denen erzähle, wie ich ihre Oma, die ja drüben festsaß, rübergeholt und dann im »Unternehmen Reisebüro«, wie wir zur Tarnung hießen, mitgemacht habe. Gab Spezialisten bei uns, die beim Stempelfälschen mit hartgekochten Eiern operierten. Andere schworen auf die Friemelei mit angespitzten Streichhölzern. Wir waren fast alle Studenten, ganz linke, aber auch Burschenschaftler und solche, die sich, wie ich, überhaupt nicht für Politik erwärmen konnten. Liefen zwar Wahlen im Westen, und Berlins Regierender kandidierte für die Sozis, aber ich hab weder für Brandt und Genossen noch für den alten Adenauer mein Kreuzchen gemacht, denn mit Ideologie und große Töne spucken lief bei uns nix. Nur Praxis zählte. Wir mußten nämlich Paßbilder, wie das hieß, »umhängen«, auch in ausländische Pässe, schwedische, holländische. Oder es wurden welche mit ähnlichen Fotos und Daten – Haarfarbe, Augenfarbe, Größe, Alter – über Kontaktleute organisiert. Dazu passende Zeitungen, Kleingeld, alte Fahrkarten, der typische Krimskrams, den jemand, zum Beispiel eine junge Dänin, in der Tasche hatte. War ne Heidenarbeit. Und alles umsonst oder zum Selbstkostenpreis.

Aber heute, wo es nix umsonst gibt, glaubt einem das keiner mehr, daß wir als Studenten nicht abkassiert haben. Sicher, da gab es welche, die später beim Tunnelbau die Hand aufgehalten haben. Lief deshalb auch ganz blöd, das Projekt Bernauer Straße. Das war, als sich eine Dreierclique von einer amerikanischen Fernsehgesellschaft für das Filmen im Tunnel, ohne daß wir davon wußten, mit 30 000 Mark löhnen ließ. Vier Monate lang haben wir gebuddelt. Märkischer Sand! Über hundert Meter lang war die Röhre. Und als dann gefilmt wurde, während wir an die dreißig Leute, Omas und Kinder darunter, in den Westen geschleust haben, dachte ich mir, das wird bestimmt ein Dokumentarfilm für später. Aber nein, lief schon bald im Fernsehen und hätte die Schleuse prompt auffliegen lassen, wäre der Tunnel, trotz teurer Abpumpanlage, nicht kurz davor abgesoffen. Aber wir haben trotzdem anderswo weitergemacht.

Nein, Tote gab's keine bei uns. Weiß schon. Solche Geschichten geben mehr her. Die Zeitungen waren voll davon, wenn jemand aus dem Fenster von einem Grenzhaus drei Stockwerk tief absprang und unten, wo die Feuerwehr das Sprungtuch gespannt hatte, haarscharf daneben aufs Pflaster knallte. Oder als ein Jahr später Peter Fechter am Checkpoint Charlie rüber wollte, angeschossen wurde und, weil keiner half, verblutet ist. Mit so was konnten wir nicht aufwarten, weil wir auf Nummer Sicher gingen. Und trotzdem könnt ich Ihnen Geschichten erzählen, die uns schon damals manch einer nicht glauben wollte. Zum Beispiel, wie viele Leutchen wir durch Abwasserkanäle rübergeholt haben. Und wie es da unten nach Ammoniak gestunken hat. Einen der Fluchtwege, der von Stadtmitte nach Kreuzberg lief, nannten wir »Glockengasse 4711«, weil alle, die Flüchtlinge und wir, durch kniehohe Jauche mußten. Ich war später Deckelmann und habe, sobald alle Leute weg und unterwegs waren, den Einstiegsdeckel eingepaßt, weil die letzten Flüchtlinge meistens in Panik gerieten und das Dichtmachen vergaßen. So war das bei dem Regenwasserkanal unter der Esplanadenstraße im Norden der Stadt, als einige, kaum waren sie im Westen, einen Heidenlärm gemacht haben. Aus Freude, na klar doch. Aber so ist den Vopos, die drüben Wache schoben, ein Licht aufgegangen. Haben dann Tränengasbomben in den Kanal geworfen. Oder die Sache mit dem Friedhof, dessen Mauer ein Teil der Gesamtmauer war und zu dem wir einen abgestützten Kriechtunnel durch den Sandboden gebuddelt haben, direkt zu den Urnengräbern, so daß unsere Kundschaft, alles harmlos wirkende Leute mit Blumen und sonstigem Grabschmuck, plötzlich verschwunden war. Das lief ein paarmal ganz gut, bis eine junge Frau, die mit Kleinkind rüber wollte, neben dem abgedeckten Einstieg ihren Kinderwagen stehenließ, was prompt auffiel …

Mit solchen Pannen mußte man rechnen. Doch jetzt,

wenn Sie wollen, ne andere Geschichte, bei der alles geklappt hat. Reicht Ihnen? Verstehe. Bin ich gewohnt, daß man genug davon kriegt. Vor ein paar Jahren, als die Mauer noch stand, war das anders. Da haben manchmal Kollegen, mit denen ich hier im Fernheizwerk tätig bin, Sonntag früh beim Schoppen gefragt: »Wie war das, Ulli? Erzähl mal, wie das ablief, als du deine Elke rübergeholt hast ...« Aber heut will davon keiner irgendwas hören, hier in Stuttgart sowieso nicht, na, weil die Schwaben schon einundsechzig so gut wie nix mitbekommen haben, als in Berlin querdurch ... Und als die Mauer dann weg war, plötzlich, noch weniger. Eher wären die froh, wenn's die Mauer noch gäbe, na, weil dann der Soli wegfiele, den sie berappen müssen, seitdem die Mauer fehlt. Also red ich nicht mehr davon, auch wenn es meine beste Zeit war, als wir kniehoch durch die Jauche im Kanalsystem ... Oder durch Kriechtunnel ... Jedenfalls hat meine Frau recht, wenn sie sagt: »Damals warst du ganz anders. Damals haben wir richtig gelebt ...«

Axel Hacke

Wutbomben und Liebesraketen

Neulich bog ich mit dem Auto in eine kleine, sehr schmale Straße ein, in der nicht zwei Autos nebeneinander Platz hatten. Mir kam niemand entgegen. Ich fuhr also, war schon hundert Meter tief in die Straße eingedrungen, als plötzlich am anderen Ende ein aufgemotzter, tiefer gelegter Ford erschien und nicht etwa stehen blieb, um mich vorbeizulassen. Sondern weiterfuhr. Obwohl er mich sah. Obwohl ich schon fast am Ende der Straße war.

Wir standen Kühler an Kühler. Ich wedelte mit den Armen, um dem Fahrer zu bedeuten, er solle das kleine Stück zurücksetzen, das er bereits hinter sich hatte. Aber er, ein Kaugummi kauender Halbstarker, blieb stehen. Ließ mich nicht vorbei. Ich rang die Hände. Fluchte. Schrie. Hinter mir stand ein weiteres Auto. Dem Halbstarken war es egal. Er ließ es drauf ankommen. Schaltete seinen Motor aus. Es war eine der Situationen, in denen man den Gang einlegen und Gas geben müsste. Vor und zurück. Vor und zurück. Sein Auto und das eigene zertrümmern. Sein blödes Gesicht genießen. Die Türverriegelung schließen. Ihn toben lassen. Lachen. Auf dic Polizei warten. Alles bezahlen. Alles in Kauf nehmen – für diesen Moment unwiederholbaren Vergnügens.

Aber ich tat etwas anderes. Um das zu erklären, muss ich eine Geschichte erzählen. Sie geht so: Oft will Luis neuerdings Schach spielen. Er kann fast alle Züge, weiß, wie der Turm sich bewegen muss, der Läufer. Aber natürlich verliert er trotzdem. So schlecht Schach spielen kann nicht mal ich, dass ich gegen einen Sechsjährigen verlöre.

Manchmal bekommt der Luis, wenn er verloren hat, einen

Wutanfall, wirft das Schachbrett auf den Boden, rennt aus dem Zimmer, schmeißt sich aufs Bett und brüllt: »Immer muss ich verlieren, immer musst du gewinnen, nie gewinne ich, nie, nie, nie!!!«

Das erinnert mich an eine Karikatur, die ich mal irgendwo sah. Da sitzen zwei Männer vor einem Schachbrett. Der eine sagt: »Wie soll ich mit Ihnen Schach spielen, wenn Sie mir meine ganzen Figuren wegnehmen?«

Luis schreit also und schreit. Paola eilt, um ihn zu trösten. Ich eile auch, um ihn zu trösten. Wir reden mit ihm über das Verlieren und das Wuthaben und darüber, wie sauwütend Luis vor Monaten war, als er seine Plüschrobbe im Kindergarten vergessen hatte und sie am nächsten Tag im Mülleimer wiederfand, wohin sie der Rudi geworfen hatte. Genau wusste niemand, ob es der Rudi gewesen war. Aber Luis hatte ihm vorsichtshalber eine reingehauen. Natürlich hatte Rudi zurückgehauen. Darüber redeten wir jetzt. Paola sagte zu Luis, wenn man so eine schreckliche Wut habe, sei es am besten, man gehe, beruhige sich, warte, dass die Wut kleiner werde – statt zuzuhauen oder das Schachbrett auf den Boden zu werfen.

Am Tag nach diesem Gespräch war ich mit Luis auf dem Spielplatz. Rudi war auch da. Ich sah, dass die beiden Streit bekamen. Aber sie prügelten sich nicht. Luis rannte zu einem Sandkasten in der Ecke, setzte sich auf eine Bank und blieb zehn Minuten dort. Dann kam er zurück. Und spielte weiter.

»Was hast du da hinten gemacht, Luis?«, fragte ich.

Luis sagte: »Ich hatte eine große Wutbombe im Bauch, und ich hatte Angst, dass sie explodiert. Da habe ich mich eine Weile hingesetzt und habe mir lauter Liebesraketen vorgestellt. Die habe ich auf die Wutbombe abgeschossen, bis sie kaputt war und nicht mehr explodieren konnte. Als die Liebesraketen die Wutbombe zerstört hatten, bin ich zurückgekommen und habe weitergespielt.«

Daran dachte ich jetzt, als ich im Auto saß. Ich dachte an die Wutbombe in meinem Bauch. Ich beschoss sie mit Liebesraketen, bis sie nur ein Haufen Schrott war. Dann stieg ich aus dem Auto, bat den Fahrer des Wagens hinter mir zurückzusetzen, setzte selbst bis zum Ende der Straße zurück und ließ den Fahrer des aufgemotzten, tiefer gelegten Ford vorbei. Ich war ruhig. Gelassen. Absolut wutbombenfrei.

Als der Ford genau neben mir war, sah ich, dass der Halbstarke die Fensterscheibe unten hatte. Er hatte den Ellenbogen ins Fenster gelegt und grinste mich an.

Ich griff nach rechts auf den Beifahrersitz, wo Luis seine Wasserpistole liegen gelassen hatte, sandte einen fetten Strahl mitten ins dämliche Grinsen des Halbstarken und fuhr davon.

Scott Snyder

Das Luftschiff

für Jeanie

Das Luftschiff kam zuerst vorbei. Silbern, mit sechs weißen Schwanzflossen schwebte es wie eine große Gewehrkugel langsam über den Himmel. Es flog über das Zuckererbsenfeld, zu hoch, als dass sich die Blätter gerührt hätten; sein langer Schatten glitt über die Schotterstraße zwischen den hellgrünen Pflanzen und die Scheune auf der anderen Seite, dann war es verschwunden und einen Augenblick war alles wieder wie zuvor: Die langen Pflanzenreihen kräuselten sich in der Sonne, ein Kaninchen hoppelte auf die Straße, schnupperte und flüchtete hastig zurück in den Schutz der Spaliere, als das Automobil in einer mächtigen Staub- und Kreidewolke vorbeidonnerte. Es war ein verbeulter Ford Modell T. Der rechte Scheinwerfer fehlte, der linke war gesprungen und beinahe blind, die Reifen waren mehrfach geflickt, und auf der rauhen Schotterstraße lösten sich Flokken von Rost aus der Karosserie und segelten seitwärts davon. Aber der Wagen schoss vorwärts, hinter dem Zeppelin her, fegte mit solcher Gewalt die Straße hinunter, dass sich die Stengel der Zuckererbsen wie Klaviertasten senkten, über die am Ende eines Liedes die Finger noch einmal hinwegstreichen.

Preston hatte das Gaspedal voll durchgetreten und drückte mit dem linken Fuß auf den rechten, um es noch mehr durchzutreten. Mit zusammengekniffenen Augen starrte er durch die im Sonnenlicht spiegelnde Windschutzscheibe nach oben zum Luftschiff hinauf. Noch immer konnte er es nicht ganz als realen Himmelskörper erfassen, sondern fragte sich, ob es nur ein Staubkorn in seinem Auge war, das seine Sicht trübte.

Er hatte das Luftschiff in einem goldglänzenden Wolkenturm über der Grenze nach Arkansas verloren und seit über einer Woche nichts mehr von ihm gehört, und jetzt war es plötzlich wieder da und trudelte eine Viertelmeile vor ihm dahin. Pres sah den schwarzen Saum seines Schattens über die Kühe auf der Weide hinter dem Erbsenfeld hingleiten. Er konnte die Fenster der Kabine sehen, die Fenster! Er versuchte Claire hinter einem davon zu entdecken, aber wie immer waren die Vorhänge zugezogen. Pres war nie im Inneren des Luftschiffs gewesen – näher als jetzt, also zwei- bis dreihundert Meter entfernt, war er nie daran herangekommen –, dennoch konnte er sich den leeren Speisesaal, die mit rotem Samt ausgeschlagenen Séparées und den golden glänzenden Ahorntanzboden vorstellen, auf dem sie hinter den geschlossenen Vorhängen tanzen musste, während ein Mann ihr seinen harten, blonden Schnurrbart ins Ohr drückte. Pres warf einen Blick auf den Hut neben sich, unter dem sein vernickelter 38er lag, und fragte sich, ob irgend jemand da oben versuchen würde, Claire am Nachhausekommen zu hindern. Er streckte den Kopf aus dem Wagen und versuchte, ihre Stimme zu hören, einen Hilferuf, einen Schrei.

»Claire!« brüllte er in den Himmel. »Claire, ich komme!« Aber es dröhnte ihm nur der Wind in den Ohren.

Als das Erbsenfeld zurückblieb und das kleebestandene Weideland anfing, schob sich die Nase des Automobils in den Schatten des Luftschiffs. Pres spürte, wie eine Freudenbö durch ihn hindurchwehte. Diesmal würde er es erwischen. Er hatte es praktisch schon. Als ob sie ihm zustimmen wollte, fing seine mit einem großen Stein beschwerte Landkarte auf dem Rücksitz an, heftig gegen das Lederpolster zu klatschen.

Beim größten Teil der Verfolgungsjagd hatte Pres weit zurückgelegen, meist mehrere Tage, und hatte ständig Leute fragen müssen, wohin das Schiff geflogen war und wo der nächste Hangar sein könnte. Jetzt brauchte er nur noch darauf zu achten, dass es da oben in der Windschutzscheibe blieb, und zu warten, dass es zur Erde herabkam. Aber er war müde und alle Glieder taten ihm weh. Seit Januar 1923 raste er jetzt hinter dem Schiff her, und obwohl der Sommer gerade erst begonnen hatte, kamen ihm die vergangenen Monate wie ein Kanonenrohr vor, aus dem er als junger Mann von 25 Jahren abgefeuert worden war, um direkt im schlaffen Netz des Alters zu landen. Seine Hände waren geschwollen und die Fingerknöchel schmerzten. Sein Rücken war über das Lenkrad gekrümmt. Als er sich letzte Woche vor dem ins Bett gehen auszog, hatte er zum ersten Mal einen silbernen Schimmer in seinen schwarzen Haaren bemerkt. Er fragte sich, ob Claire ihm wohl anders vorkommen würde, ob diese lange Luftreise eine irgendwie geartete Veränderung bei ihr ausgelöst hatte, und während der Wagen durch eine ganze Serie von tief eingefressenen Pfützen auf dem Schotterweg spritzte, stellte er sich vor, dass sie noch strahlender als zuvor aus dem Luftschiff herabsteigen würde: goldbraun wie ein mit Sommersprossen überzuckerter Pfannkuchen, mit leuchtenden grünen Augen, die so hell wie die Streifen in einer Glasmurmel waren. Er fragte sich, was er wohl zu ihr sagen würde, wenn er sie wiedersah, wie es sein würde, wenn er sie berührte. Sie war seit einem Jahr seine Frau und seine beste und einzige Freundin, und doch hatte er keine Ahnung, was er tun sollte, wenn er sie wiedertraf. Sollte er sie küssen? Sollte er sie an sich pressen? Vielleicht würde sie zuerst sprechen? Vielleicht würde sie ihn an den Ohren packen und an seinem Hals weinen und ihm genau erklären, was geschehen war, warum sie weggegangen war.

Eine Wolkenbank erschien vor dem Luftschiff, eine riesige Wolkeninsel, die zunächst nur ein Dunstschleier war, sich aber bald zu einem Baumwollfeld verdichtete und schließlich zu einem grünschwarzen Wald von Gewitterwolken auftürmte. Trauer erfasste Preston so heftig, dass er kaum zu atmen vermochte. Bitte nicht, dachte er, die Augen fest auf das Luftschiff gerichtet, das sich doch schon den ersten Dunstschleiern näherte. Er war nahe genug, um den kleinen Doppeldecker betrachten zu können, der im Frachtraum unterhalb der Passagierkabine abgestellt war. Er war sogar so nahe, dass er die rot-weißen Streifen auf den Spitzen des Propellers erkannte. Er griff nach seinem Revolver, der auf dem Sitz neben ihm lag. Er würde das Luftschiff in Fetzen schießen und vom Himmel holen, ehe es abhauen konnte. Aber noch während er nach dem Hut griff, wurde ihm klar, dass der Revolver zu klein war, um das Luftschiff zum Absturz zu bringen, und nicht nur das: Auch er selbst war ein kleines harmloses Etwas. Und dann begann das Schiff zu verschwinden. Preston sah, wie die Wolkenbank den silbrigen oberen Teil des Luftschiffs verschluckte, in dem sich die Traggaszellen befanden, dann verschwanden die Passagier- und die Frachtdecks, bis schließlich nur noch die Führergondel unter den Wolkenkissen dahinglitt.

Noch lange nachdem das Luftschiff sich aufgelöst hatte, hielt Preston den Wagen auf derselben Straße und starrte zur dichten Wolkendecke hinauf, um Löcher und Risse zu finden, die ihm vielleicht einen Blick auf das Luftschiff erlaubt hätten. Wieviel Zeit er auf diese Weise verbrachte, vermochte er nicht zu sagen – eine Stunde, oder zwei? Aber als die Wolke sich schließlich hob wie das Seidentuch eines Zauberkünstlers im Varieté und nichts als einen blauen Himmel enthüllte, der so blank und leer wie eine Tischplatte war, hörte Preston bald auf, nach oben zu starren, und suchte stattdessen nach Spuren am Boden. In der Vergangenheit hatte er immer wieder aus dem Luftschiff heruntergeworfene Gegenstände gefunden, Dinge, die Claire gehört hatten. In Cayuga zum Beispiel hatte er einen ihrer Schuhe gefunden, der mitten auf der Straße im Schlamm steckte wie ein Pfeil, und als er ihn herausgezogen hatte, war ihr Fußabdruck darin noch zu sehen gewesen, eine weiche Mulde, wo sich ihre Ferse ins Leder gepresst hatte. Er hatte den

Schuh in Stücke gerissen, auf der Suche nach einer Nachricht von ihr, nach einem in den Absatz geritzten oder ins Futter geschriebenen Wort. Außerhalb von Pittsburgh fand er ihren blumenbesetzten Hut, der in einem Teich trieb, halb von Vögeln zerfressen. Mehrfach hatte er die zerschmetterten Überreste von Cola-Flaschen gefunden, Claires Lieblingsgetränk, Dapper Pop. Die Verschlüsse waren immer fest auf die geborstenen Flaschenhälse geschraubt, was Preston als Beweis dafür nahm, dass Claire versucht haben musste, ihm in den Flaschen eine Nachricht zukommen zu lassen: Sie hatte eine verzweifelte Botschaft geschrieben, in die Flasche gesteckt und aus dem Luftschiff geworfen, in der Hoffnung, sie würde unversehrt landen. Jedesmal, wenn er so einen Flaschenhals fand, hatte er die Umgebung sorgfältig abgesucht, um den Zettel mit dieser Botschaft zu finden. Er hatte die Wiesen und Büsche und Bäume durchkämmt, aber die Zettel schienen immer schon weggeflogen zu sein, wenn er danach suchte.

Preston hatte Claire in einem Wachsfigurenkabinett in der Nähe von Albany kennengelernt. Er war zweiundzwanzig, er hatte gerade seine Eltern verloren und etwas Geld. Sie war neunzehn, und ihr Job hatte darin bestanden, vollkommen reglos unter den Wachsfiguren zu stehen und dann plötzlich »lebendig zu werden«, um das Publikum zu erschrecken. Am ersten Tag, als Preston das Museum besuchte, hatte der Direktor Claire auf einer Bank mit Figuren sitzen lassen, die aussehen sollten, als ob sie auf einen Zug warteten. Sie hatte einen runden Koffer mit exotischen Hotelaufklebern neben sich stehen und trug einen weit ins Gesicht gezogenen Hut, der eins ihrer Augen verdeckte. Neben ihr saß ein kleiner Junge im Overall, der aufgeregt auf seiner Fahrkarte herumkaute, und auf der anderen Seite ein Mann in einem weißen Anzug, der seine aufgeklappte Taschenuhr durch ein Monokel studierte und dabei heftig die Stirn runzelte. Preston hatte noch nie so ein hübsches Mädchen gesehen. Ihre Haare waren sehr kurz, fast noch kürzer als seine eigenen, und endeten in einer Locke über dem Ohr, die aussah, als ob sie ihn auffordern wollte, näher zu kommen. Auch sie drängte offensichtlich zum Aufbruch, saß vorgebeugt und spähte mit gerecktem Hals die Schienen entlang. Ihre Lippen waren leicht geöffnet, als ob sie ihrem ganzen bisherigen Leben den Abschiedskuss geben wollte. Und als Preston sich über die Absperrung beugte, sah er im flackernden Licht der Lampen sogar ihre feuchte rosa Zunge im Inneren schimmern. Er hätte sie gerne geküsst, aber vor allem wäre er gern das gewesen, worauf sie wartete und was sie mitnehmen würde. Er versuchte sich so hinzustellen, dass ihr Blick auf ihn, das heißt auf sein Gesicht fiel, aber irgendwie schien ihm das nicht zu gelingen. Sie hielt nämlich die Augen nicht still, sondern bewegte sie vorsichtig, so dass sie jedesmal an seinem Ohr vorbei oder über seinen Kopf hinweg schaute, wenn er sie fixierte. Erst als sie es gar nicht mehr aushielt und laut lachend herausplatzte, merkte er, dass sie ein wirkliches, lebendiges Mädchen war, das mit ihm spielte.

Preston wurde knallrot, und sie lachte so heftig, dass sie ihren Hut festhalten musste.

»Schon gut, mein Täubchen! Ich hab schon gemerkt, dass du echt bist«, sagte er.

»Sicher«, sagte sie und rollte die Augen. »Das glaub ich dir sofort.«

»Ich hab's wirklich gesehen. Du hast gewackelt. Als Denkmal wärst du nicht zu gebrauchen.«

»Na, dann verzieh dich, damit ich hier weiter unbrauchbar sein kann«, sagte sie und begann sich wieder so zurechtzusetzen, wie es zu ihrer Rolle gehörte. Ein Angstblitz durchzuckte Preston, als sie sich über den Rock strich, mit den Händen die Vorderkante der Bank packte und wie eine Lehmfigur in einem Feuerofen erstarrte. Seine Angst war so groß, dass er fast die Hand ausgestreckt hätte, um sie daran zu hindern.

»Ist mir recht, ich muss sowieso arbeiten gehen«, sagte er ein bisschen zu laut, als ob sie schon außer Hörweite wäre. »Ich habe einen richtigen Job. Ich bin bei der neuen Patrouille an den Niagarafällen. Wir passen auf, dass sich die Leute nicht mit Fässern die Wasserfälle hinunterstürzen.«

Sie klapperte mit den Augenlidern und starrte ihn an, als ob sie ihn eben erst bemerkt hätte. »Bist du immer noch da? Jetzt geh schon! Es kommt jemand!«

Preston hörte Schuhe über den Teppich des nächsten Raums scharren. Er wollte das Mädchen zum Lachen bringen. »Sie nehmen solche jungen Typen wie mich, weil wir gute Augen haben, weißt du?« sagte er und schielte dabei aus Leibeskräften.

»Sehr schön, du Blödmann. Und jetzt halt die Klappe. Ich muss mich konzentrieren.«

Ein Schatten kam um die Ecke und näherte sich ihnen beiden. »Wenn ich dem Mann mit dem Haken nicht rechtzeitig Bescheid sage, ehe das Fass in die Stromschnellen treibt, ist es zu spät.«

»Schhhh«, zischte sie aus dem Mundwinkel. »Ich kann nicht richtig stillsitzen, wenn du mich vollquatschst. Wegen dir werde ich noch gekündigt.« Sie reckte wieder den Hals, um die Geleise hinunter zu sehen.

»Ich meine, dann sind sie tot. Werden die Fälle –«

Aber da hatte sie ihn schon an den Händen gepackt, neben sich auf die Bank gezerrt, neben den Mann mit der Uhr, und küsste ihn heftig. Ein guter Kuss war das nicht, sie quetschte ihm einfach ihr ganzes Gesicht auf Stirn, Nase und Mund, und er spürte ihre Zähne unter den Lippen. Aber es gefiel ihm doch ganz ungeheuer, es gefiel ihm, mit ihr zusammengestoßen zu sein. Es gefiel ihm, wie sie sich an ihn presste. Er wollte sie gerade zurück küssen, als ihm bewusst wurde, dass noch jemand anderes im Raum war, und so erstarrte er in seiner Haltung. Er hielt seine Lippen an ihre gepresst, fühlte seinen Pulsschlag in ihren Händen und wartete, dass der

Besucher sich wieder entfernte. Wer immer ihnen da zuschaute, dachte er, musste annehmen, dass dies ein Abschiedskuss war und Claire gleich in den Zug steigen würde. Bestimmt war der Betreffende traurig darüber und wusste gar nicht, dass dies eigentlich ein Willkommenskuss war.

In den hellen Nächten dieses Sommers, wenn das ganze Land vom Mondlicht bestrahlt war, fuhr Preston regelmäßig von seiner Pension zum Haus von Claires Großmutter. Kurz ehe er den Garten erreichte, ließ er den Wagen ausrollen und stieß die Beifahrertür auf. Dann kam Claire aus der Hecke gekrochen und sprang in das wartende Auto. Ohne Licht preschten sie durch die Stadt, bis sie auf unbeleuchteten Seitenstraßen und Fahrwegen die Wälder am nördlichen Stadtrand erreichten. Dort versteckte Preston das Auto hinter einem Schutzschild von Büschen, sie stiegen aus und folgten den Eisenbahngeleisen zwei Meilen weit durch den Wald, bis sie die Lichtung mit der alten Schirmfabrik erreichten, wo jetzt die Luftschiffe gebaut wurden.

Ein hohes Tor versperrte den Zugang zum Hangar, der aus der Entfernung wie eine gigantische gläserne Steppdecke aussah, aber durch die Lücken in den Bäumen konnten sie das Feuerwerk der Schweißbrenner sehen. Es war wie ein Schattenspiel. Preston und Claire breiteten ihre Decke am Zaun aus wie die anderen Pärchen, die man immer nur sah, wenn ein besonders heller farbiger Funkenregen aufsprühte, und immer wieder verschwanden, ehe man ihre Gesichter richtig erkannte. Claire brachte meist einen kleinen Imbiss mit, während Preston immer nur ein Marmeladenglas mit Apfelwein beisteuern konnte, den einer seiner Mitbewohner in seiner Badewanne in der Pension braute, und während sie aßen und tranken, spekulierten sie darüber, wer die anderen Paare wohl sein mochten. Wer rauchte die Zigaretten, die man in der Dunkelheit aufleuchten sah? Wer war die Frau, die sich küssen ließ, während ihre Finger hoch über ihrem Kopf im Zaun festgekrallt waren? Preston ging davon aus, dass alle auf der Lichtung Leute irgendwo aus der Umgebung waren, die er kannte, aber Claire war fest überzeugt, dass sie von weither und von Orten kamen, die ihr nur aus Reiseprospekten bekannt waren. »Ich wette, sie kommt aus Spanien. Siehst du, wie sie ihr Haar trägt? Das ist der spanische Stil.« Oder: »Der Mann da unter den Bäumen ist fett wie ein Russe. Sie brauchen das wegen der Tundra.« Sie wusste Dinge, von denen er nie gehört hatte. Sie redete von Städten, in denen sie Flüsse hatten statt Straßen, von Ländern, in denen das halbe Jahr lang die Sonne nicht unter den Horizont sank und jeder Tag wochenlang dauerte. Preston konnte sich solche Orte kaum vorstellen. Und noch weniger konnte er sich vorstellen, dass er dort sein könnte; nur wenn er sich vorstellte, dass Claire zuerst dort wäre, konnte er sich manchmal einen schwachen Umriss seiner selbst neben ihr vorstellen. Irgendwann Anfang des Sommers hatte Claire nicht mehr »ich« gesagt, wenn sie vom Reisen sprach, von der Küste Brasiliens und den Bergdörfern in der Schweiz, sondern »wir«. Es erregte ihn gewaltig, sowohl in seinem Herzen als auch körperlich, wenn er das hörte. »Wir.« Für Preston verwandelte dieses kleine Wort die Zukunft in ein heißes kleines Geheimnis, das nur sie beide sich teilten.

Der ganze Sommer war voller Geheimnisse. Hier, im mondbeschienenen Wald wurden im Auftrag der Marine Zeppeline gebaut, und obwohl die Gründe dafür von den Marineoffizieren in der Stadt immer wieder erklärt wurden, schien das Ganze doch ein Geheimnis. Alle paar Monate wurde ein Zeppelin fertig, stieg über dem Wald auf, glitt über das Rathaus hinweg zum Sportplatz der High School, wo eine kurze Feier stattfand, und flog dann nach Lakefield, New Jersey. Die Zeppeline trugen sommerliche Namen wie *Mayfly, Honeysuckle Rose* oder *The Raindrop,* der klein genug war, um sich in einer Wolke zu verstecken, und eine Beobachtungsgondel besaß, die an Kabeln abgesenkt werden konnte wie ein Periskop. Ein anderes, *The Roost,* war mit einem Gerüst aus einem neuen, glänzenden Metall ausgestattet, das »Duralium« hieß, und von seiner Kabine hingen Leitern herab, an denen – wie Trapezkünstler – Flugzeuge in der Luft festmachen konnten.

Die Erbauer der Luftschiffe waren aus Deutschland gekommen, aber obwohl die Marineoffiziere sie im Frühjahr mitten in der Stadt, in einem Haus an der Jemmison Street, untergebracht hatten, ließen sich die Deutschen kaum je in der Öffentlichkeit sehen. Es waren alles eckige, hochgewachsene Männer mit breiten Schultern wie Baseball-Schiedsrichter und schienen doch schrecklich hilflos und ständig verwirrt. Sie erschraken beim Hufgeklapper der Polizeipferde, und wenn jemand auf der Straße *Hello* sagte, reagierten sie mit ängstlichem Nicken und Winken.

Einer von ihnen hieß Heitmeyer und ging nie ohne Schirm aus, um sich vor der Sonne zu schützen. Preston kannte seinen Namen, weil er einmal direkt hinter Heitmeyer in den Diner gekommen war und gesehen hatte, wie er sich ins Gästebuch eintrug. Während Preston sein Frühstück aß, warf er immer wieder flüchtige Blicke zu Heitmeyer hinüber, der in einer Nische saß und irgendwelche Blaupausen studierte, die vor ihm auf dem Tisch lagen. Ab und zu nahm er einen Bleistift und arbeitete an seinen Unterlagen. Dabei beugte er sich dicht übers Papier und legte seinen Arm wie eine Festung darum herum. Schließlich wurde Preston so neugierig, dass er so tat, als müsste er mal aufs Klo, bloß um einen Blick zu erhaschen. Aber was er im Vorbeigehen sah, waren gar keine Blaupausen, sondern eine Phantasie-Zeichnung: ein Himmel voller Zeppeline in allen Größen und Formen, ganze Flotten von Luftschiffen, die sich bis weit hinauf in die Atmosphäre verteilten. Verbunden durch ein elegantes Netzwerk von Leitern, Kabeln und schlanken Glasröhren, bildeten sie eine schwebende Stadt, eine himmlische Metropole, die von einem großen blauen

Burgwall geschützt wurde. In so einer Stadt zu wohnen, dachte er, wirklich irre! Aber schon als die Zeichnung unter Heitmeyers Armen verschwand, begann sich Preston zu fragen, ob es tatsächlich so toll wäre. Was wäre, wenn eins der Luftschiffe durch Blitzschlag zerstört wurde? Wenn das Essen knapp würde? Wenn jemand aussteigen wollte?

Es gab noch andere Geheimnisse in diesem Sommer. In den vergangenen Monaten hatten sich mehr Menschen als je zuvor die Fälle hinuntergestürzt. Jahrelang hatte niemand dergleichen getan, war niemand in ein Fass gestiegen und hatte sich in die Stromschnellen tragen lassen, aber jetzt wurden ständig neue Fälle gemeldet. Prestons Patrouille war jetzt erst sechs Monate alt, aber sie hatten schon vier Fässer gestoppt, die auf dem Weg waren. Das Erschreckende war, dass die Springer alles Ortsansässige waren. Keine Draufgänger aus Buffalo oder Albany, keine Stars oder Stuntmen, die scharf auf Publicity waren, sondern Leute, die er seit Jahren kannte – Gideon Wells zum Beispiel, der Milchmann, oder die hübsche Laura, die im Rathaus das Protokoll führte. Niemand wusste, warum sie es taten, und jeder in der Stadt fragte sich, wer wohl der nächste sein würde.

Claire liebte es, wenn Preston von seiner Patrouille erzählte. Sie mochte es so sehr, dass er in der Dunkelheit errötete, wenn sie im kiefernholzduftenden Wald saßen. Immer wieder erzählte er von Pipe Island, einem schmalen Inselchen oberhalb der Fälle, das wie eine Tabakspfeife geformt war. Er erzählte von dem plumpen Steinturm am flussaufwärts gelegenen Ende, wo er seine Tage damit verbrachte, dem Tosen der Wasserfälle zu lauschen und den Fluss nach Fässern abzusuchen, die auf die Stromschnellen zutrieben. Er erklärte ihr ausführlich, wie man die Springer entdeckte. Das erste war, dass man das Ufer im Auge behielt, sagte er und legte seinen Kopf auf ihr Bein. Fässer waren sperrig, und das Buschwerk am Ufer versperrte den Zugang zum Fluss. Deshalb konnte man die Springer oft schon entdekken, wenn sie noch hundert Fuß weit vom Ufer entfernt waren. Das kam immer wieder vor, sagte er: Er beobachtete erst das amerikanische, dann das kanadische Ufer mit seinem Feldstecher, entdeckte eine Bewegung in den Büschen über dem Ufer, und plötzlich rollte eine Lady im Badeanzug und gekräuselter Badekappe ein dickes braunes Fass von der Böschung herunter ins flache Wasser. Gelegentlich waren die Fässer aber schon im Wasser, wenn er sie sah, und trieben rasch auf ihn zu. Ich wette, du denkst, die Fässer schwimmen wie Korken im Wasser, sagte er. Aber das ist nicht so, ganz im Gegenteil. In Wirklichkeit, sagte er, wälzen sie sich unter Wasser dahin, kommen kaum je zur Oberfläche. Wie Mäuse unter dem Teppich schoben sie sich auf ihn zu, kleine Wirbel in der grünen Strömung, nichts weiter. Im Winter war es noch schlimmer. Die Fässer trieben unter die Eisschollen und waren nur als dunkle Schatten darunter erkennbar.

Preston lag in ihrem Schoß, blickte hoch über ihrem Kopf in die Sterne und erzählte ihr alles: Sein Partner war Dexter, ein Felsklotz von einem Mann, der immer rauchend auf der Spitze des Inselchens saß und Preston den Rücken zukehrte. Dexters Sohn war im Krieg gefallen, und Dexter sah traurig aus, wenn er mit seinem langen, eisernen Enterhaken griffbereit in der Hand auf das rauschende Wasser hinausstarrte. Wenn er ein Fass kommen sah, läutete er seine Glocke, sprang auf, stellte sich ans felsige Ufer der Insel und hielt den Enterhaken in seinen klobigen Fäusten bereit, die so lederig und stark wie Baseball-Handschuhe waren. Dann wartete er, während Preston auf alle Fälle über Funk die Mannschaft der *Maid of the Mist* alarmierte, damit sie ihr Rettungsgerät fertig machten. Dexter wartete breitbeinig mit seiner Stange am Ufer, bis er das torkelnde Fass richtig sehen konnte, das unter der Oberfläche herantaumelte, hob den Arm übers Wasser, schlug den Haken in einer einzigen raschen Bewegung ins Holz und zog dann den Mann oder die Frau aus dem Inneren heraus.

»Wie macht er das genau, wie nimmt er sie auf den Haken? Komm, zeig's mir!« sagte Claire scheinbar ernsthaft, ehe sie Preston die Finger in die Rippen stieß und ihn so lange durchkitzelte, bis er sich lachend und keuchend an ihrem Rücken ausruhen musste.

Sie verbrachten Stunden damit, darüber nachzudenken, warum sich die Leute über die Fälle hinabzustürzen versuchten. Sie lagen ohne Hemd oder Bluse so dicht aufeinander, dass gelegentlich kleine Luftblasen zwischen ihnen zerplatzten. Vielleicht stürzten sich die Leute hinunter, weil sie unglücklich waren, sagte sie und küsste sein Kinn. Vielleicht wollten sie auch berühmt werden, sagte Preston und streichelte ihr den Rücken hinauf und hinunter. Vielleicht starren sie zu lange ins Wasser und werden hypnotisiert wie von einem Schlangenbeschwörer, sagte sie kichernd und pustete ihm auf den Bauch.

Sie verbrachten ungefähr jeden dritten Abend auf diese Weise in diesem Sommer, und eines Tages, als schon die ersten Blätter fielen, ging Preston noch einmal in die Stadt, nachdem er sie abgesetzt hatte. Er roch das Gas der alten Laternen und den Pferdemist auf den Straßen. Er war viel zu aufgeregt, um schon nach Hause zu gehen. Seine Lippen waren vom Küssen geschwollen, er spürte den Druck ihres Körpers an seiner Hüfte und die Wärme in seiner Hand, wo eben noch ihre Finger gewesen waren.

Im Stadtpark gab es eine Ausstellung über hydro-elektrische Energie-Erzeugung, und Preston betrat eins der Zelte, die zu dieser späten Stunde noch geöffnet waren. Im ersten lagen zwei Kupferstäbe neben einem großen Wasserbehälter auf einem Tisch. Wenn man sie ins Wasser tauchte, konnte man damit ein kleines Spielzeugboot auf der Oberfläche im Kreis fahren lassen. Im nächsten Zelt stand ein gläserner Mann voller Wasserräder und Eimerketten im Inneren. Wenn man ihm Wasser in den Kopf schüttete, setzte die Maschinerie in seinem Inneren sich in Bewegung – die Räder drehten sich, und die Treibriemen bewegten die kleinen Eimer –, und dann begannen die Glühbirnen in seinen Armen und Beinen zu leuchten wie Sternbilder oder Laternen, bis schließlich ein großes gläsernes Herz in seiner Brust zu flakkern begann. Sein Licht überstrahlte die anderen Lichter, so dass Preston die Augen zukneifen musste, um nicht geblendet zu werden, aber er konnte den Blick auch nicht abwenden, denn er fühlte sich, wie er sich schon den ganzen Sommer über mit Claire gefühlt hatte: von innen her glühend.

Preston erwachte mit der erleuchteten Landkarte vor dem Gesicht. Sie war vom Rücksitz gegen die Windschutzscheibe geweht worden und wurde jetzt wie ein farbiges Fenster von der Sonne durchschienen. In Gum City hatte er keinerlei Spuren des Luftschiffs gefunden. Er war jetzt zwei Tagereisen entfernt von der Stadt, wusste aber nicht genau, wo. Er war mehrfach eingeschlafen beim Fahren, und weil er nicht an einem Baum oder in einer Schlucht landen wollte, hatte er angehalten und eine Zeitlang auf die Karte gestarrt. Jeder der achtundvierzig Staaten hatte seine eigene Farbe, Arkansas war karmesinrot und Texas pfefferminzpuddinggrün, und die Sonne projizierte die Farben auf seinen Körper und sein Gesicht. Er hob seinen Bleistift vom Boden auf und machte dort, wo er Gum Junction, Arkansas, vermutete, ein Kreuz auf die Karte. Dann lehnte er sich zurück und studierte den bisherigen Kurs des Luftschiffs, um herauszufinden, wo es jetzt sein könnte. Die wenigen Stellen, wo er es selbst gesehen hatte, waren mit dicken Kreuzen gekennzeichnet; die Stellen, wo es andere gesehen haben wollten, waren mit Fragezeichen markiert, aber ein klares Muster konnte er nicht erkennen. Aufgrund von Gerüchten hatte er das Luftschiff die kalte Küste von New Jersey hinunter verfolgt, und an der Grenze von Virginia hatte er es aus einem schwimmenden Hangar kommen sehen, der in der Mitte eines Sees vertäut war. Er hatte angenommen, dass es nach North und South Carolina und vielleicht sogar nach Florida fliegen würde, und war weiter nach Süden gerast. Dabei war er übers Ziel hinausgeschossen und zwei Wochen lang durch die üppig bewaldete Wildnis der Smokey Mountains geirrt, ehe er in der Nähe von Nashville wieder Witterung aufnahm und es schließlich mitten in der Nacht selbst erblickte: Wie ein Walfisch zog es über den Sternenhimmel, und die Schwanzflossen leuchteten bläulich im Mondlicht. Bei den sprudelnden heißen Quellen der Ozarks hatte er es dann wieder verloren.

Preston verfolgte die Markierungen mit dem Finger. Wenn man sie miteinander zu verbinden versuchte, bildeten sie eine Art »V«. Sie fingen hoch oben im Nordosten an, tauchten weit in die Sonnenstaaten hinunter und stiegen dann wieder auf in die Mitte des Landes. Aber wie ging es weiter? Würde das Luftschiff nach Norden in die Dakotas weiterfliegen? Oder in die rot-gelben Cañons der westlichen Wüsten eintauchen? Was, wenn er seine Spur nicht wieder aufnehmen konnte? Da draußen war das Land nicht mehr so dicht besiedelt. Bald kamen die Berge, und die waren größtenteils unpassierbar. Es konnte passieren, dass er nur eine Meile entfernt an dem Luftschiff vorbeifuhr, ohne es hinter den Bergen zu sehen. Er konnte von einem Felssturz begraben werden oder eine Windbö fegte ihn in eine Schlucht. Viel schlimmer allerdings war seine Angst, das Luftschiff könnte die Westküste vor ihm erreichen und dann über den Pazifik davonfliegen, nach Asien oder Europa, irgendwohin, wo er nicht folgen konnte. Und irgendwie wusste er, dass dies seine Absicht sein musste, dass es versuchen würde, über den Ozean zu entkommen, so dass es für immer außerhalb seiner Reichweite war.

Er raffte sich zusammen, nahm die Landkarte von der Windschutzscheibe und stellte fest, dass er in einem unendlichen Meer von gelbem Gras parkte. Es erstreckte sich in alle Richtungen, keine Bäume, keine Gebäude, nur Grasland, flach und golden wie die Oberfläche einer Gitarre.

Eine plötzliche Angst zitterte in seinem Magen: Das musste Oklahoma sein, so weit westlich waren sie schon. Er warf den Motor an, fuhr so lange herum, bis er eine Staubstraße fand, und lenkte den Wagen nach Westen in den glühenden Nachmittag, ohne dass er eine Spur von Claire fand.

Die Welt war unendlich flach. Preston hatte das Gefühl, über ein endloses Schachbrett zu kriechen. Alle paar Minuten erschien ein einsames Farmhaus in der Entfernung wie die Hinterlassenschaft eines weit überlegenen Gegners. Bei jedem Haus an der Straße hielt er an und erkundigte sich nach dem Luftschiff. Er fragte in Türen hinein, die nur gerade so weit geöffnet wurden, dass man die geängstigten Augen einer Frau dahinter hinausspähen sah. Er fragte Männer mit schweren Handschuhen, die neben der Straße Stacheldraht an die Zaunpfosten nagelten. Er fragte Kinder, die einen gesprenkelten Frosch an ein Tuch gebunden hatten und das zappelnde Tier in die Luft warfen, so dass es wie ein Fallschirmspringer zur Erde zurück segelte.

Allmählich hörten die Häuser ganz auf und es gab nur noch Gegend und manchmal einen Präriehund, der ihn fragend ansah, ehe er wieder in seine Erdhöhle hinabtauchte. Mit ihren bärtigen Gesichtern erinnerten sie Preston an die Männer, mit denen er in Gum Junction gesprochen hatte. Benachbarte Städte in den Bergen wie Holly und Bonanza Springs waren dank ihrer Mineralquellen reich geworden, sie protzten mit Pfirsichbäumen und Marmor, deshalb war Preston überrascht, dass Gum Junction selbst so schäbig und trostlos war. Der Berg, auf dem die Stadt lag, sah aus wie ein spitzes Knie, über das die Stadt gebrochen war. Das einzige offene Gebäude, als Preston am Abend eintraf, war das öffentliche Bad. Als Preston die Tür öffnete, fand er einen einzigen dampfigen Saal mit Umkleidekabinen ringsum und einem Bretterboden mit großen runden Löchern, aus denen die heißen Quellen heraussprudelten. In jedem der Löcher steckte ein alter Mann. Manche waren bis zum

Kinn eingetaucht und ihre weißen Bärte hüpften im Wasser. Andere kippten sich Wasser aus großen Marmeladengläsern über den Kopf, für Preston sahen sie wie ein Garten zerbrochener Springbrunnen aus.

»Entschuldigen Sie, Sir«, sagte Preston zu dem alten Mann, der ihm am nächsten war. Seine Stimme wurde vom Zischen und Blubbern der heißen Quellen fast übertönt. »Haben Sie hier zufällig eine Flugmaschine gesehen? Ist hier ein Luftschiff vorbeigekommen in letzter Zeit?«

Der Mann war schwächlich, die Zeit hatte ihm die Brust eingetreten, und seine Schultern waren von einem grauen Haarflaum bedeckt. »Die solltest du mal richtig einweichen, Junge!« sagte er und zeigte auf Prestons Hände. Als Preston sie ansah, stellte er fest, dass seine Finger am Lenkrad zu Krallen erstarrt waren. »Keine Sorge«, sagte der alte Mann. »Geld kostet es nur, wenn du es mitnehmen willst.«

»Sechs Cent die Flasche«, sagte der Mann in einem Loch in der Nähe des Fensters.

Preston kniete sich hin und tauchte die Hände ins Wasser. Es war mindestens 45° warm, und er spürte augenblicklich, wie die Spannung in seinen Fingerknöcheln sich löste.

»Fühlt sich gut an, nicht wahr?« rief einer aus den hinteren Reihen, der nur ein Schatten hinter den Dampfschwaden war. »Da wirken Arsen und Eisen auf deine Hände!«

Pres nickte. Es fühlte sich so gut an, dass er fast geweint hätte.

»Wie sieht dieses Luftschiff denn aus?« fragte der Mann neben ihm.

»Es ist ein langer Ballon mit einer Art Haus unten dran«, sagte Preston.

»Ein Haus, das an einem Ballon hängt?« rief der Mann vom Fenster herüber. Er feixte so hämisch, dass Prestons Herz sank. Er spürte, dass diese Männer gleich loslachen würden. Es hatten ihn schon so viele Leute in so vielen verschiedenen Städten ausgelacht, dass er immer schon vorher wusste, wann es losgehen würde. Er erkannte das Lachen in den Körpern der Menschen lange, ehe es ausbrach.

»Nein, Sir, es ist an der Unterseite des Ballons festgemacht.«

»Warum suchst du es überhaupt? Erzähl mal.«

»Ja, genau. Was kümmerst du dich um ein Luftschiff?«

»Das möchte ich lieber nicht sagen«, sagte Preston.

»Wahrscheinlich ist es sein Haus, das da an dem Ballon hängt, Jasper«, höhnte der Mann am Fenster, und die anderen begannen zu kichern. »Irgendein Schweinehund ist mit dem Haus des Herrn weggeflogen!«

»Und sein kleiner Hund sitzt auf der Veranda und schaut auf die Welt runter.«

»Und seine Frau steht in der Küche, um sein Abendessen zu kochen, pfeift ein Liedchen und hat überhaupt noch nicht aus dem Fenster geguckt.«

»Vielleicht ist ja seine Frau mit dem Haus abgehauen? Hat es oben am Ballon festgebunden und los!«

Überall, wo er hinkam, sagten die Leute so etwas zu Preston. Auch als er längst aufgehört hatte, Claire überhaupt zu erwähnen, hatten die Leute immer angenommen, dass ihn seine Frau verlassen hatte, dass sie da oben am Steuer des Luftschiffes stand und es immer weiter weg von ihm lenkte.

Aber so war es nicht, dachte Preston, während die Prärie zur Wüste und das Gras unter den Rädern zu feinem rosa Sand wurde. Er konnte nicht sagen, warum sie weggegangen war, aber er war fest überzeugt, dass sie im tiefsten Innersten ihres Herzens wollte, dass er sie heimholte. Seit jenem ersten Sommer auf Pipe Island hatte er mehrfach beobachtet, wie Springer lebend aus ihren Fässern herausgeholt worden waren. Der Vorgang war immer der gleiche: Als erstes wurde der Deckel geöffnet, was ein saugendes Geräusch verursachte, so als ob jemand stöhnte. Dann griff Dex hinein und versuchte den Körper des Springers zu lockern, der sich hineingeklemmt hatte. Behutsam fasste er sie an den Ellbogen und zog sie heraus, bis sie mit kalten blauen Lippen ins Sonnenlicht blinzelten. Dann schlug er ihnen mit seinen großen Händen *klatsch!* ins Gesicht. Und dann gleich noch einmal: *klatsch!* Und dann hielt Dexter sie mit den Fäusten aufrecht und ließ sie auf wackeligen Füßen in ihren Fässern stehen, bis sie endlich zu heulen anfingen. Manchmal mussten Dex und Preston eine Weile warten, aber irgendwann kam das Schluchzen der Springer immer. Blubbernd stieg es aus der Kehle hoch, bis es endlich über die zitternde Unterlippe hinaus ins Freie gelangte. Es kam in wüsten, erschöpfenden Ausbrüchen, und die Tränen und Heulkrämpfe waren so heftig, dass Preston jedesmal wieder Angst kriegte, obwohl er den letztlich harmlosen Verlauf der Dinge nun schon ein Dutzendmal beobachtet hatte. Die Leute wurden eben schmerzhaft in ihre Haut zurückgeschüttelt, so wie man Kissen in ihren Bezug schüttelt.

Auch wenn sie sich noch so sehr angestrengt hatten, um in den Wasserfall zu gelangen, waren die Leute doch immer sehr dankbar, dass man sie erwischt hatte. Ein paar Tage später, wenn sie sich erholt und entschlossen hatten, wieder Chemieunterricht zu erteilen oder Streifendienst auf den Straßen zu machen, erhielten Dexter und Preston unweigerlich ein Dankschreiben, ein Geschenk oder sogar einen Besuch von den geretteten Springern. Joe Greeble hatte ihnen zwei schicke Hüte aus seinem Laden geschickt, die sie auch dann trugen, wenn es für irische Wolle zu heiß war. Mrs Mishara dagegen war persönlich gekommen und hatte sich auf der wackeligen Hängebrücke mit ihnen getroffen, die nach Pipe Island hinausführte. Über dem Auge waren noch die Nähte zu sehen, wo ihre Haut in den Stromschnellen aufgeplatzt war. Sie hatte sie beide geküsst, ihre Hände genommen und sie gesegnet, direkt über dem Wasser, das sie fast umgebracht hatte und kaum drei Meter unter den knarrenden Planken dahinschoss.

Als Preston seine Gedanken auf die Straße zurückholte, stellte er fest, dass die endlosen Grasebenen zu Sand geworden waren, überall Sand. Der Himmel war taubenblau, aber viel zu hell zum Hinaufsehen. Überall schien sich grelles Licht auszubreiten. Ein heißer Wind schlug an den Wagen und ließ die Karosserie erschrocken schwanken und quietschen. Preston wurde bewusst, dass er wohl zu lange ins Licht gestarrt hatte, denn am Rande seines Gesichtsfelds regnete es farbige Flecken, blaue, rote und schwarze Tropfen. Er versuchte, sich nicht davon irritieren zu lassen, zog den Hut in die Stirn und fuhr weiter, bis ihm auffiel, dass einer der Flecken unbeweglich in seinem Augenwinkel verharrte. Er fasste ihn genauer ins Auge, weil er dachte, er würde sich auflösen, aber der Fleck blieb am Horizont stehen. Er lenkte den Wagen in seine Richtung, und der Fleck blieb immer noch da.

Die Luft flirrte in der Hitze, aber der Fleck nahm Gestalt an, als Preston herankam: eine große, schachtelförmige Halle mit spitzem Dach. Das Gelände war eingezäunt und ein Schild besagte, es handle sich um eine Baustelle, aber das Tor stand weit offen und Preston fuhr einfach hinein. Als er erkannte, um was es sich handelte, kroch ihm ein Kälteschauer die Rückenwirbel hinauf. Er hatte zwar schon zwei Luftschiff-Hangars gesehen, war aber nie nahe genug herangekommen, um sie genauer zu untersuchen. Aus der Entfernung sahen sie alle gleich aus: wie Scheunen aus schwerer gebleichter Leinwand. Aber das Fernglas hatte ihm keinen Eindruck von ihrer gewaltigen Größe verschafft, und als er sich jetzt dem Eingang näherte und die wahren Proportionen erkannte, musste er mehrfach die Augen öffnen und schließen, um seine Überraschung und seinen Schock wegzublinzeln. Der Hangar war mindestens zehn Stockwerke hoch, das höchste Gebäude, das er je gesehen hatte. Zuerst dachte er, die gewaltigen Ausmaße seien eine von der Hitze oder vom grellen Sonnenlicht hervorgerufene optische Täuschung. Außer ein paar Baracken gab es sonst keine Gebäude in der Umgebung. Auch Bäume fehlten, außer einigen Nyktaginazeen und Kakteen gab es überhaupt keine Pflanzen.

Kurz vor dem höhlenartigen Maul des Hangars kam Preston schliddernd zum Stehen. Spinnenhafte Gerüste kletterten an den Innenwänden auf beiden Seiten empor, und obwohl dort im Augenblick niemand arbeitete, sah Preston auf den Planken Eimer und Wischlappen stehen. Ein Overall hing über einem Geländer und flatterte leicht in der Brise. Preston zog sich die Hosenträger über sein Unterhemd, schob die 38er in die Tasche und machte sich auf den Weg.

Sobald er in den Schatten des Hangars getreten war, traf ihn ein feines Nieseln. Er suchte nach einer tropfenden Wasserleitung oder nach einem Arbeiter, der eine Maschine mit Wasser abspritzte, aber erst als er nach oben sah, fand er die Ursache: Während der Himmel draußen wolkenlos blau war, hing unter der Decke des Hangars ein feuchter Nebel, aus dem es herabnieselte. Dexter hatte ihm Feldpostkarten gezeigt, die ihm sein Sohn aus Europa geschickt hatte. Da war von Kirchen die Rede, die so hoch waren, dass sich in den höchsten Gewölben Kondenswolken bildeten, aber Preston hatte sich das einfach nicht vorstellen können.

Auf den Gerüsten im oberen Teil des Hangars standen mehrere Ventilatoren. Offensichtlich machten die Arbeiter Pause und warteten, dass die Wolke sich auflöste. Preston musterte den Ausgang am anderen Ende, aber außer einem rechteckigen Stück blauer Himmel, ein paar in der Sonne glänzenden Baracken und Zelten war dort niemand zu sehen. Er fragte sich, ob der Hangar überhaupt schon in Betrieb war. Er sah weder Wasserstoff- noch Heliumtanks und auch keine Zuleitungen. In den Zementboden waren eiserne Ringe eingelassen, um das Luftschiff daran zu vertäuen, aber es waren keine Leinen daran befestigt. Eine kalte Furcht griff nach seinem Herzen, als ihm klar wurde, dass das Luftschiff hier womöglich gar nicht vorbeigekommen war und auch nicht vorbeikommen würde. Wieder einmal, wie schon so oft in den letzten drei Monaten, schob sich das schreckliche Bild vor sein inneres Auge, wie es sein würde, wenn er allein, ohne Claire, nach Hause zurückkehren müsste: Er würde den Türknopf drehen, aber das Haus wäre dunkel, im Schrank hingen noch ihre Kleider, aber ihre Seite des Bettes war leer und auf dem Kopfkissen lag noch eins ihrer lockigen Haare. Er verbannte die Vorstellung aus seinem Kopf und marschierte durch den Nieselregen zum anderen Ende des Hangars. Er würde sich von den Leuten, die hier arbeiteten, schon die nötigen Informationen beschaffen. Einer musste ihm ja etwas erzählen. Er spürte das kalte Gewicht des Revolvers in seiner Tasche. Und im Regenwasser, das ihm übers Gesicht lief, schmeckte er seinen Schweiß.

Ein Lichtblitz zog seine Aufmerksamkeit an sich. Preston ging darauf zu und fand Claires Puderdose am Boden. Er hob sie auf und hielt sie einen Augenblick in der Handfläche. Er hatte sie ihr vor einem halben Jahr gekauft, als ihre eigene ihr gestohlen worden war im Museum. Claire hatte wie immer auf ihrer Bank gesessen und sich gerade die Stirn gepudert, als plötzlich ein Mädchen um die Ecke gebogen war und sie überrascht hatte. Claire hatte abrupt erstarren müssen, mit dem Puder noch in der Hand, und dieses Mädchen war auf sie losgegangen, hatte ihr die Puderdose aus der Hand gerissen und war weggerannt, ehe Claire irgend etwas dagegen tun konnte. Daraufhin hatte ihr Preston eine neue Puderdose gekauft. Sie war weiß mit goldenem Netzwerk und hatte die Form eines Handschuhs. Er hatte sie ausgesucht, weil sie ihn an den Winter erinnerte, in dem sie geheiratet hatten. Als er die Dose jetzt öffnete, stäubte etwas Puder heraus und er glaubte Claires Aura hier bei sich im Hangar zu spüren. Unter dem Puderwölkchen sah er eine Art Muster. Zuerst dachte er, es sei eine zufällige Fingerspur in der Oberfläche des Puders, aber dann sah er, dass es ein Buchstabe war, ein V oder vielleicht auch ein W. Aber noch ehe er das Zeichen genau untersucht hatte, traf ein großer Tropfen das Puder und bald darauf noch einer, und ehe er die Dose zuklappen konnte, war der Puder nur noch eine einzige nasse Schmierei. Ganz egal, dachte er, während er zum Auto zurückrannte. Die Botschaft war ganz klar: ein großes W. Das bedeutete *Westen,* daran gab es gar keinen Zweifel. Diese Spur im seidigen Puder war so unmissverständlich wie ein Fußabdruck.

An dem Nachmittag, an dem Claire verschwand, hatte Preston an den Wasserfällen gearbeitet. Der Tag war klar und bitterkalt, aber im dunklen Wasser wirbelten Eiswolken. Er hatte mit Dexter an der felsigen Spitze der Insel gesessen und darauf gewartet, dass der Unfallwagen über die Brücke kam und Dexter ins Krankenhaus brachte. Dexter war ins Wasser gefallen, als er ein vorbeitreibendes Mädchen ans Land zu ziehen versucht hatte, und obwohl er ganz ruhig war, konnte er unter seiner schweren Decke doch nicht aufhören zu zittern. Er weigerte sich aber, als ihn Preston in den Beobachtungsturm bringen wollte. »Es geht mir gut«, sagte er mit rauher, keuchender Stimme. Frost glitzerte in seinem Bart. »Lass uns hier am Wasser warten.«

»Na schön, es ist deine Beerdigung«, sagte Preston und schlug ihm auf den Rücken. Er wusste, dass das Wasser hier flach war und Dexter ein viel zu guter Schwimmer, als dass er sich weit vom Ufer hätte wegreißen lassen, aber es ängstigte ihn doch jedesmal, wenn Dexter in die Stromschnellen fiel. Es war immer der erste Augenblick, wenn Dexter von der Strömung so stark an den Felsen gedrückt wurde, als hätte man *ihn* an den Haken genommen, was Preston erschreckte. Aber so waren die Fälle nun mal, dachte Preston und sah ans südliche Ufer der Insel, wo das Eis einen Baum mit allen Wurzeln aus dem Boden gerissen und fünfzig

Meter flußabwärts wieder abgesetzt hatte. Manchmal, wenn er dort saß, hörte er die mahlenden Zähne der Eisschollen und das Krachen der Wurzeln.

»Ich hab ziemlich viel Wasser geschluckt, und ich spüre, wie es da drinsitzt«, sagte Dexter und zeigte mit der zitternden Hand auf seinen Bauch. »Es liegt wie ein gefrorener Tümpel in meinem Magen.« Auf dem Schoß hatte er das gerettete Mädchen, das allerdings gar kein Mädchen war, sondern nur eine Puppe. Sie hatte langes Haar und drei verschiedene Gesichter: glücklich, traurig und müde mit halbgeschlossenen Augen.

Jetzt, wo sie an Land war, konnte Preston gar nicht mehr verstehen, warum er sie nicht als Puppe erkannt hatte. Aber er hatte in der Nacht zuvor lange mit Claire gestritten, seine Augenhöhlen schmerzten und er war ziemlich erschöpft. Der Streit war wegen eines Geschenks. Ihr erster Hochzeitstag näherte sich, und Claires alter Arbeitgeber, Lester Flatt, hatte vorgeschlagen, sie als Modelle für zwei neue Wachsfiguren zu nehmen, die er in seinem Museum ausstellen wollte. Es sollte eine Art Huldigung sein, und Claire war sehr begeistert von der Idee.

»Du solltest mal sehen, wieviel Mühe er sich damit gibt«, flüsterte sie. »Jedes einzelne Haar wird mit einer heißen Nadel eingepflanzt. Es zischt wie ein Teekessel.« Flüstern musste sie, weil sie in Prestons Zimmer in der Pension waren. Sie lagen in seinem schmalen Bett und sahen sich an. »Die Augen sind so echt, obwohl sie aus Glas sind. Er kriegt sie aus dem Krankenhaus. Eigentlich sind sie für Leute, die ihre richtigen verloren haben.«

»Nein«, flüsterte Preston. »Dein neuer Job gefällt mir besser. Ich will nicht, dass du noch mit irgendwem da redest.« Das Wachsfigurenkabinett war im Winter geschlossen, und Claire arbeitete in einer Werkstatt, wo sie kleine Schildkröten aus Glas machte. Becca, die alte Frau, der die Werkstatt und der Laden gehörten, hatte versprochen, ihr jede Woche einen neuen Gegenstand beizubringen – Segelboote, kleine Häuser und sogar eine Kutsche, deren Zugpferd einen Huf in der Luft hatte –, aber vorerst durfte sie nur Schildkröten machen, weil die das Einfachste waren, was der Laden verkaufte. Preston konnte die Hitze des Gasbrenners auf ihrer Haut riechen, als sie neben ihm lag.

»Aber es wäre romantisch«, sagte Claire und fuhr ihm über die Hüfte. »Wie ein Porträt am Anfang von allem, das wir später anschauen können, wenn wir einmal alt sind.«

»Soll ich dir was sagen?« flüsterte er beinahe zischend. »Das kommt überhaupt nicht in Frage.« Er war überrascht von seiner eigenen Wut.

»Aber warum denn nicht?« fragte sie. Und er sagte ihr, dass die Figuren oft merkwürdig wären, regelrecht hässlich. Das stimmte. Flatt mischte oft zuviel Fett in das Wachs, und dann wurden die Gesichter irgendwie unheimlich, eigenartige Lichter schimmerten durch die wässerige Haut.

»Diesmal macht er sie besser«, sagte sie. »Er hat den Bogen jetzt raus.« Männerlachen schallte über den Korridor und verstummte.

»Ich will nicht, dass du auch nur in seine Nähe gehst oder in die Nähe dieses kaputten Museums. Verstehst du?«

»Warum nicht?«

»Darum. Weil ich es nicht will.«

Claire wandte sich ab. »Manchmal bist du ein Spinner.«

»Manchmal wünschte ich, du würdest verschwinden. Lass mich in Ruhe«, sagte er und starrte auf den weichen Schwung ihrer Hüfte. Schon jetzt vermisste er ihre Umarmung. Nachdem sie eingeschlafen war, drängte er sich näher an sie heran, in der Hoffnung, sie würde ihn wieder finden, aber sie blieb auf Distanz, und er starrte die kleine Herde schiefer gläserner Schildkröten auf seinem Nachttisch an, bis er einschlief.

»Jetzt brennen meine Füße, sie kommen wieder zurück«, sagte Dexter und bewegte seine blaugefrorenen Zehen, die

Preston zuvor mit einem Messer aus den vereisten Schuhen herausgetrennt hatte. »Es war alles so wunderbar ruhig, als ich betäubt im Wasser lag und den Fluss hinunter getrieben bin, weißt du. Ich hatte die Puppe in meinen Händen und dachte an meinen Sohn, Dennis. Als er fünf oder sechs war, hat ihm ein Mädchen auch so eine Puppe geschenkt. Wochenlang hat er sie mit sich herumgeschleppt.« Dexter drehte die Puppe in seinen Händen. »Es war sehr friedlich, so in der Strömung zu treiben.«

»Du meinst abgetrieben zu werden. Du hast Glück gehabt, dass du rechtzeitig wieder zu Verstand gekommen bist«, sagte Preston, nahm Dexter die Puppe aus der Hand und schleuderte sie in den Fluss, wo sie bald im dunklen Wasser versank. Preston hätte das Ganze gern hinter sich gehabt. Er starrte die zackigen Eiszapfen an, die am Rand der Wasserfälle hingen. Es hatte dieses Jahr einen *Blue Yodel* gegeben, so nannten es die Leute, wenn Fische zu nahe an die Fälle gerieten und gegen das Eis gedrückt wurden, das sich an der Abbruchkante gestaut hatte. Die Strömung hielt die Fische fest, bis sie gefroren waren und langsam mit dem Eis über die Kante geschoben wurden und in spiralenförmigen, durchsichtigen Säulen hinabwanderten. Alle möglichen Fischarten waren in der riesigen Säule aus Eis gefangen, die neben Pipe Island herabhing. Flussbarsche, Regenbogenforellen und schwarze, ölige Störe, die wie Gewehrläufe glänzten. Keiner sah alt oder krank aus. Es waren große Fische mit kräftigen roten Kiemen. Preston hatte den Eindruck, dass sie der Strömung leicht hätten entkommen können, wenn sie gewollt hätten, aber stattdessen steckten sie da im Eis. Die Nachmittagssonne hatte den Nebel weggebrannt, und Preston konnte die kanadischen *Horseshoe*-Fälle bis zum Ufer hin überblicken. Ein glitzernder Lichtbogen spannte sich über der Wasserwand, und einen Augenblick lang konnte er sich beinahe vorstellen, dass ein Fisch oder ein Mensch ganz einfach von dieser gewaltigen, donnernden

Schönheit bezaubert sein könnte. Es hatte etwas Romantisches, sich dieser ursprünglichen Anziehungskraft hinzugeben. Claire erschien vor seinem inneren Auge, wie sie das Glas in der blauen Flamme erhitzte und dann mit ihrem Zauberstab erst einen und dann noch einen Fuß und schließlich den Schildkrötenkopf aus dem Glasklümpchen hervorzauberte, und plötzlich wusste er, warum ihn die Vorstellung so wütend gemacht hatte, dass sie in Wachs gegossen werden könnten. Gestern Abend hatte er noch gedacht, es seien lediglich die unangenehmen Begleitumstände, was ihn abgeschreckt hatte – eine Stunde lang nassen Gips auf dem Gesicht zu haben, war kein Vergnügen. Aber jetzt wusste er, dass er nicht daran erinnert werden wollte, wie Claire gewesen war, ehe er sie kennengelernt und begriffen hatte, dass sie aus Fleisch und Blut war. Als er sich so bemüht hatte, ihren Blick einzufangen, und ihre Augen doch immer an ihm vorbeigeschaut hatten.

Unterhalb der Fälle hatten sich die Eisschollen zu einer großen Brücke zusammengeschoben, die den ganzen Fluss überspannte, und auch jetzt wanderten die Leute aus der Stadt über diese neue Promenade aus glitzerndem Eis. Die Kinder schlidderten von der Mitte zum Ufer hinunter, und hier und da verkauften Mädchen heiße Schokolade und Apfelwein aus eilig aufgestellten Pappkartonständen. Preston beschloss, dass er nach der Arbeit mit Claire dort unten hingehen würde. Er würde ihr eine kandierte Zitrone kaufen, sie um Verzeihung bitten und ihr erklären, warum er sich so aufgeregt hatte. Vielleicht war es ja wirklich romantisch, sich als Wachsfigur gestalten zu lassen, wenn es richtig gemacht wurde. Es wäre nett, wenn man jederzeit hingehen und sich selbst in einem Zustand ansehen könnte, als man noch jung und verliebt und die Herzen noch grün waren.

Ein Schatten fiel über die Insel, und als Preston den Kopf hob, sah er ein Luftschiff zum Baseballplatz gleiten. Er fröstelte; ohne Sonne war die Kälte schwer zu ertragen.

»Das ist aber ein schönes Schiff«, sagte Preston. »Manche gefallen mir gar nicht, aber das da hat wirklich Stil.«

»Ja, aber nur so lange, bis es dir eine Bombe auf den Kopf fallen lässt«, sagte Dexter. Aber Preston wusste, dass Dexter das Luftschiff mit seinem silbrigen Leib und seinen kremweißen Schwanzflossen ebenfalls schön fand. Er überlegte, ob er heute früher Schluss machen und zum Festplatz gehen sollte – Claire und ihre Freundinnen würden bestimmt hingehen –, entschied sich dann aber dagegen. Auf dem Baseballplatz würde es voll sein und laut. Seit einiger Zeit erlaubten die Marineoffiziere, dass Leute aus dem Publikum an Bord gehen und das Innere des Zeppelins besichtigen durften. Bei einer der Schiffstaufen hatten sie sogar einer Gruppe von Männern und Frauen erlaubt, auf den Schwanzflossen Tennis zu spielen. Und neuerdings boten sie einigen ausgewählten Zuschauern sogar Rundfahrten über der Stadt an.

Preston hörte Stimmen von unten und sah, dass die Leute auf der Eisbrücke dem Luftschiff winkten und zujubelten. Er wandte sich um und fing ebenfalls an zu winken, bis es hinter den Bäumen verschwand.

Preston fuhr durch das rote Felsentheater von Arizona. Das Land war in die Farben der Sonnenuntergänge getaucht, und der Himmel zeigte ein tiefes Grün. Manchmal schien es Preston, als hätte er mit dem Luftschiff die Rollen getauscht, als kreuzte er zwischen roten Wolkenbänken herum, während das Luftschiff auf grünen Weiden dahinglitt.

Die Tage waren wie Lehmöfen. Preston spürte, wie seine Wahrnehmung der Dinge sich in der Hitze aufzulösen begann.

Obwohl das Land um ihn herum völlig unbeweglich erschien, tauchten regelmäßig ausgebleichte und zersplitterte Städte vor ihm auf, und allmählich war Preston fest überzeugt, dass er sich zwar nicht bewegte, dass die Räder aber durch ihre Umdrehung die Städte heranzogen und die Landschaft unter sich abspulten. Die Landschaft war aber keineswegs wie eine geglättete Stoffbahn, sondern wie eine pokkennarbige Obstschale, und er kam sich wie eine Ameise vor, die an einer großen Orange hochkrabbelte. Oder wie eine Krabbe am Boden des Meeres. Überall lagen rote Korallenblöcke herum, und weit oben trieben riesige weiße Quallen durchs grüne Wasser, die lange Regenfäden hinter sich herzogen.

Dann sah er es, und plötzlich wurde ihm alles klar. Er war im westlichen Arizona. Das da oben waren Wolken, und das andere waren orangefarbene Felstürme, nichts weiter. Und hinter einem von ihnen lugte die silberne Nase des Luftschiffs hervor. Sein Mund öffnete sich, er wollte schreien und lachen, aber kein Ton kam heraus; seine Kehle war zu ausgetrocknet. Er richtete die Kühlerhaube in Richtung des Felsturms und trat aufs Gas. Der Wagen sprang vorwärts. Claires Puderdose rutschte vom Armaturenbrett und fiel ihm in den Schoß. Er würde sich von hinten an das Luftschiff anschleichen. Er würde es überraschen! Das Lenkrad rüttelte in seinen Händen, als er um den Felsturm herumfuhr. Er konnte das Luftschiff, das dicht über der gesprungenen, roten Erde hing, deutlich erkennen. Die an schwarzen eisernen Ringen befestigten Haltetaue schimmerten in der Sonne wie Goldfäden. Wie die Saiten einer goldenen Harfe, dachte er.

Unter der Nase des Luftschiffs stand eine Baracke und daneben ein Brunnen, aus dem eine kleine Gruppe von Männern gerade Wasser gezapft hatte. Preston sah, wie einige den Schlauch einer elektrischen Pumpe einrollten, während andere große, wackelnde Wassersäcke über die Schulter nahmen, um sie an Bord des Luftschiffs zu tragen. Er wusste nicht, ob das Wasser als Ballast, zum Kühlen oder einfach zum Trinken gebraucht wurde, aber er wusste, dass er nicht zulassen würde, dass es an Bord ging. Er riss den Revolver vom Beifahrersitz und feuerte aus dem Fenster. Der Schuss hallte an den Felstürmen wider, und die Männer ließen ihre Wassersäcke fallen und rannten zur Treppe des Luftschiffs.

Er war jetzt nur noch dreihundert Meter entfernt, nein, zweihundertfünfzig. Ja, er war nahe genug, um die erschrokkenen Gesichter der Männer unter ihren schiffchenförmigen Mützen und die goldenen Streifen an ihren Uniformjacken zu sehen, während sie die Treppe hinaufdrängten. Jetzt konnte er sogar schon die Farben der Halstücher ausmachen. Der letzte verschwand gerade im Inneren des Luftschiffs, als Preston unter den riesigen Schwanzflossen stoppte. Er sprang hinaus und rannte mit schmerzenden Beinen zwischen den Haltetauen zur Treppe, die gerade eingezogen wurde, als er herankam.

»Ich bin da!« schrie er, als die Treppe in ihrem Gehäuse unter der Gondel verschwand. »Claire!« Er schlug mit dem Revolverknauf gegen die Luke und zerkratzte damit das Holz. Er rannte zu einem der Fenster, konnte aber durch den Vorhang nichts sehen, und in diesem Augenblick sprangen die Motoren an und der Luftstoß warf ihn zu Boden. Er versuchte seine Augen vor dem Sandsturm zu schützen, den die Propeller aufwirbelten, aber der Sand peitschte ihm Hals und Arme. Dann kam das schreckliche Geräusch, als die Halteleinen sich aus dem Boden losrissen. Preston spähte nach oben, seine Hände begannen zu zittern, als er die Gondel abheben sah. Er klammerte sich an eins der Taue. Die Nase des Luftschiffs senkte sich leicht, und es glitt vorwärts. Preston rannte hinter ihm her, das Halteseil immer noch fest in den Händen. Das Luftschiff nahm Fahrt auf, und ehe er sichs versah, wurde Preston über den Boden geschleift. Kleine Steinchen rissen ihm die Haut von den Armen. Es tat so weh, dass er dachte, er müsse loslassen, aber dann löste sich das Luftschiff vom Boden und zog ihn mit sich hinauf.

Er umklammerte das Tau mit Armen und Beinen, während er zusah, wie die rotverkrustete Erde und die ausgeglühten Felswände unter ihm wegsanken. Er sah sein verbeultes Auto immer kleiner und kleiner werden, bis es hinter einer sandigen Bodenwelle verschwand. Zwischen ihm und dem Tod, das wurde ihm plötzlich bewusst, stand nur sein Klammergriff um das Seil, aber er war nicht in Panik. Eine eigenartige Ruhe war über ihn gekommen, eine Gelassenheit, die fast erholsam erschien. Er konnte jetzt nichts mehr machen, er wurde dem Ende seiner Reise und seines Schicksals von diesem Luftschiff entgegengetragen. Der Name stand in feinen Goldbuchstaben über dem hinteren Fenster der Gondel: *The August* hieß das Schiff.

Die Luft schien dünner und kühler zu werden, und Preston spürte, dass ihm schwindlig zu werden begann. Einer seiner Schuhe fiel von ihm ab, torkelte durch die Luft und verschwand. Das Atmen wurde zur Anstrengung. Bald arbeitete sein Herz so heftig, dass er das Blut unter seinem Gesicht pochen spürte. Aber loslassen würde er nicht. Das Tau war wie ein Teil seiner selbst. Und als er aufsah zum silbrigen Körper des Luftschiffs und die Sonnenstrahlen daran entlangwirbeln sah, da hatte er das Gefühl, dass da oben sein eigenes, aus seiner Brust befreites und bis zum Platzen geschwollenes Herz durch die Luft glitt. Sein Herz, das ihn über den Himmel dahinzog.

Preston wandte sich der Kabine zu und versuchte sich auf das Wort »August« zu konzentrieren. Der Name war genau richtig, dachte er, als ein schokoladenbrauner Falke sich neben ihm auf die Erde hinabstürzte. Als Kind hatte er den August immer als eine Zeit des sanften Erwachens begriffen, als den Monat, in dem er aus dem hellen Traum des Sommers geweckt wurde. Und genau das würde er jetzt mit Claire machen. Er betrachtete die Vorhänge, die ihm den Blick in die Kabine versperrten. Sie waren aus rotem Samt, aber sie sahen gar nicht so schwer aus. Er würde sie mit einer Hand wegschieben können.

Paulina Schulz

Keine Diskussion

Mein Bruder und ich sitzen in einem russischen Club, irgendwo in einem dieser Hinterhöfe, die entweder jeder oder niemand kennt. Eigentlich ist es ein Wellblechschuppen, kaum größer als das Zimmer meines Bruders, die Innenwände sind mit Goldpapier ausgekleidet, an den Wänden hängen verstaubte Plastikgewehre und Puppenköpfe mit verklebten Haaren. An der Eingangstür kleben tapetenartig Aldi- und Lidl-Tüten, in der Ecke zwischen Tür und Klo küssen sich zwei stämmige Typen mit gelbblond gefärbten Haaren. Beinahe sieht es aus, als ob sie miteinander ringen würden, sie strahlen eine Aggression aus, die entweder Liebe ist oder das vollkommene Fehlen davon.

Als der Größere seinem Gefährten die Hand zwischen die Beine schiebt, sagt mein Bruder: »Ich glaube, sie versteht mich einfach nicht.«

Ich drehe ihm mein Gesicht zu und antworte, sie wolle ihn einfach nicht verstehen, wäre es so, hätte sie längst auf das eine oder andere reagiert.

»Frauen kommen schon von alleine, wenn sie wirklich wollen.« Sage ich, und mein Bruder nickt.

»Scheiß drauf«, sagen wir gleichzeitig, heben unsere Wodkagläser und kippen sie auf ex. Mein Bruder mag es, wenn ich mich so hart gebe, er sagt, ich sei sein bester Kumpel. Beste Kumpels, wie wir es sind, besorgen einander die geilsten Platten, ziehen über Frauen und unfähige DJs her, saufen um die Wette und brauchen einander nicht viel zu erklären, wenn sie Liebeskummer haben.

Mein Bruder weiß alles über meine Liebschaften und

großen Lieben. Von den ersteren gab es ungefähr hundert, von den letzteren nur eine. Und die zweite ist so frisch, daß ich mich nicht auf den Begriff »große Liebe« festlegen will, aber es ist wohl so.

Als ich mich umdrehe, sind die blonden Typen verschwunden. Die Musik wechselt gerade von Discopolka zu Anastacia. Anastacia hat zweifelsohne eine großartige Stimme, bloß hat sie in einem russischen Goldpapierclub nichts zu suchen.

Mein Bruder und ich kippen schnell noch einen Wodka und gehen. Draußen ist es so sommerlich grau, wie es manchmal ist, bevor ein irre heißer Tag anbricht, alleine bei dem Gedanken daran schwitze ich schon. Im Hof vor dem Wellblechschuppen liegen verbeulte Fahrräder und verstaubte Autoreifen. Das Auto dazu lehnt am Zaun, lehnte es nicht, würde es im Bruchteil einer Sekunde auseinanderfallen. Durch die Fenster wachsen Brennesseln und Beifuß, riesengroß, Büsche beinahe. Wir schauen uns an.

»Und was jetzt?« fragt mein Bruder.

»Was essen?« sage ich und zünde mir eine Zigarette an. Mein Bruder holt eine aus der Innentasche seiner Jacke und sucht nach einem Feuerzeug. Ich gebe ihm Feuer und betrachte noch eine Weile die kleine Flamme. Das sagt viel über uns aus, denke ich, daß jeder seine Zigaretten raucht, wir tauschen nie, lieber rauchen wir gar nicht, als eine andere Marke zu nehmen. Das fällt in den Intimbereich, genausowenig wie wir einander die Zahnbürsten leihen würden.

»Das ist es, was ich unter Respekt verstehe«, sage ich laut und erkläre meinem Bruder, wie ich es meine.

»Keine Diskussion«, sagt er.

»Zero tolerance«, antworte ich, und wir brüllen los, es ist der *running gag*, schon immer gewesen.

Zehn Minuten später sitzen wir in der Tram. Mein Bruder holt seine alte Zenith-Kamera aus dem Rucksack. Das Licht ist gut, kühl und sanft – ein Licht, um alte Häuser und alte

Frauen zu fotografieren. An der nächsten Haltestelle sitzt eine alte Frau, eine sehr eindrucksvolle, mit langen grauen Haaren und Augen wie zwei Kohlesplitter. Mein Bruder drückt das Objektiv an die Scheibe und stellt das Bild scharf. In dem Moment, als er auslöst, bemerkt ihn die Frau und zeigt ihm den Mittelfinger.

Wir winken ihr zu, als die Tram weiterfährt.

»Aber warum merkt sie es nicht?« fragt mein Bruder. »Ich mache doch alles, anrufen, sie ausführen, mit ihr um die Häuser ziehen, ich mache alle ihre schrägen Ideen mit, wenn sie will, gehen wir mitten in der Nacht los und picknicken im Park, oder klingeln früh um vier Freunde raus, um an der Tankstelle einen Kaffee zu trinken, ach, und überhaupt, ich mache ihr Komplimente und schreibe ihr Briefe, jede andere wäre hingerissen, und sie?«

»Nur sie nicht«, sage ich und scharre mit dem Fuß. Unter meiner Schuhsohle bleibt ein Kaugummi kleben.

»Neulich waren wir im Icon, und nach dem Konzert sagt sie, daß sie noch nicht nach Hause will. Und dann, daß sie jetzt am liebsten auf Dächer steigen würde. Was machen wir? Laufen los, schnappen uns die erste U-Bahn, fahren zu mir, gehen ins Haus, ganz hoch, ich sperre den Dachboden auf, und wir klettern durch die Luke raus, aufs Dach. Es ist eine irre Nacht, es riecht nach Flieder und Abgasen, das Licht von den Straßen flirrt so komisch, wie in einem Film. Und da denke ich, die ganze Geschichte mit dieser Frau ist ein Film, irgend etwas wie die letzten David-Lynch-Filme, wo man am Ende gar nichts mehr versteht.

Und da nimmt sie meine Hand, und wir gehen los, zum Glück sind das auf der Strecke lauter Flachdächer, aber hier und da ist eine reparaturbedürftige Stelle, oder irgendwelche Unebenheiten, außerdem muß man den ganzen Schornsteinen ausweichen – egal. Es ist wie im Rausch. Nachts über der Stadt wandeln, mit dieser Frau. Wir laufen mehrere hundert Meter, bis zur nächsten Kreuzung. Stehen dann am Rand und schauen hinunter auf die Straße, in die Schlucht. Irre.

Langsam wird es hell, wir beschließen, zurückzukehren. Die Sonne fällt auf ihre Haare, sie sieht schöner aus als alles, was ich je gesehen habe. Ich hätte sie so gerne fotografiert in diesem Moment ...«

»Hast du aber nicht«, sage ich, damit er wieder runterkommt.

»Nein«, antwortet er und schaut weg, auf vorbeifahrende Autos. Mir ist nach Aussteigen und Weiterlaufen, zu Fuß.

»Wollen wir die nächste raus?« fragt mein Bruder.

»Mhhm ...«

An der Kreuzung stellen wir fest, daß wir unweit seiner Wohnung sind. Ich hätte Lust auf einen Kaffee, und ich weiß, wenn jemand einen kochen kann, dann mein Bruder.

Wir sitzen bei ihm in der gelben Küche, an dem komischen schiefen Mosaiktisch, der aussieht, als hätte man ihn vor Ewigkeiten in Griechenland ausgegraben – winzige blaue, grüne und türkisfarbene Steinchen, zum Teil gesprungen, in den Ritzen Dreck, Öl- und Weinreste. Mein Bruder stellt zwei riesige Kaffeetassen auf den Tisch, grün-blau gestreift. Der Kaffee riecht nach irgendwelchen Gewürzen und hat eine leichte Schokoladennote – ich weiß nicht, wie er das macht, aber bei meinem Bruder schmecken manche Sachen wie in einem dieser ägyptischen Läden. Er starrt an die Wand, die Tasse zwischen beiden Händen eingeklemmt, trinkt nicht. Im Aschenbecher verglimmt seine angerauchte Kippe. Dabei raucht er doch so gerne, genüßlich und präzise. Genauso exakt, wie er seine Tapes oder mir die Haare schneidet, genauso präzise raucht er stets seine Zigaretten bis zum Schriftzug hinunter. Es ist wirklich beeindruckend, man könnte es jedes Mal mit dem Lineal nachmessen, wie die Asche an dem Wort NIL haltmacht.

Er ist schon was Besonderes, mein Bruder.

»Laß uns hochgehen«, sage ich unvermittelt.

Mein Bruder schaut zu mir herüber.

»Wie: hoch?«

»Aufs Dach, damit du wieder runterkommst.«

Er grinst und nimmt einen Schluck.

»Verdammt guter Kaffee?« frage ich.

»Verdammt guter Kaffee«, stellt er fest und stößt mit mir an.

Oben ist es schon total warm. Allzulange möchte ich nicht hier bleiben, zum einen, weil es bald wirklich heiß wird, zum anderen, weil ich nicht gerade schwindelfrei bin. Mein Bruder geht auf und ab, ich lehne mich an einen Schornstein und rauche. Will abwarten, daß er etwas zur Ruhe kommt, sonst wird das alles nichts.

»Als wir dann wieder hier sind, frage ich, ob sie Lust hätte, bei mir zu übernachten. Es ist schon nach sechs, ich bin schweinemüde und will nur noch ins Bett und den Arm um sie legen, mit der Nase in ihren Haaren einschlafen. Und was sagt sie? Sie sagt original: Ich muß nach Hause und lernen! Dann gibt sie mir einen Kuß auf die Wange und rennt die Treppe runter. Ich gehe dann in meine Wohnung und haue mich in die Kiste. Am nächsten Tag rufe ich bei ihr an, keine Chance, sie geht nicht ran, an keines der Telefone, beantwortet keine Mails, es ist echt zum Kotzen. Seitdem habe ich sie nicht mehr gesehen.«

Er dreht sich zu mir um, fummelt in der Jackentasche und holt seine Zigaretten raus. Ich stehe auf, komme auf ihn zu. Nehme ihn am Arm und schiebe ihn bis zum Dachrand. Anfangs wehrt er sich.

»Was willst du? Laß mich doch in Ruhe rauchen!«

Ich packe ihn, drehe ihn mit dem Gesicht zu mir und nehme ihm die Kippe aus dem Mund. Halte sie in der Hand, zwischen Daumen und Zeigefinger, direkt vor seiner Nase.

»Sie ist diese Zigarette. Stell dir vor, daß sie diese Zigarette ist!«

»Und?« fragt mein Bruder.

»Laß sie fallen. Laß sie einfach fallen. Keine Diskussion.«

Er schaut mich lange an, so lange, daß ich unruhig werde. Dann nimmt er mir die Kippe aus der Hand. Zieht noch einmal daran, lehnt sich vor und schnippt sie mit einer sanften Bewegung hinunter, in die Straßenschlucht.

Madison Smartt Bell

Die nackte Lady

für Alan Lequire

Also das is' passiert, ehe Monroe angefangen hat, Köpfe zu machen, als er noch nackte Ladies gemacht hat.

Monroe is' auf'm College gewesen, und davon isser genauso bekloppt geworden wie andere Leute. Jedenfalls eine Zeitlang.

Er hat beinahe den Verstand verloren wegen dieser Studentin, die er gehabt hat. Dabei war sie bloß so ein mickriges kleines Ding, geredet hat sie, als ob sie Flöhe im Mund hätte, und nix wie Ärger hat sie gemacht. Ich hätte mich nie mit ihr eingelassen.

Als sie ihn dann abgehängt hatte, haben wir kräftig gefeiert, damit er nich' mehr dran denkt. Monroe hat dieses Studio in der alten Fabrik, unten am Bahnhof. Er macht da seine Schkulturen, und außerdem wohnen wir da.

Wir haben alles Geld ausgegeben für Whiskey und Bier, und alle sind gekommen, die wir so kennen, um mit uns zu feiern. Im Verlauf des Abends is' Monroe dann irgendwie ausgeflippt und hat angefangen, Flaschen an die Wände zu schmeißen. Da sind einige Leute gegangen, aber andere sind dageblieben und wollten ihm helfen, glaub ich.

Ich war auch böse angesoffen. Kurz vor Sonnenaufgang hab ich mich irgendwo in die Ecke verkrochen und bin bis zum Nachmittag nich' mehr aufgewacht. Ich war ganz voll Schweiß, weil ich in meinen Sachen gepennt hatte. Das erste, was ich sehe, war diese fette alte Ratte neben meiner Matratze. Sah aus, als überlegte sie gerade, ob ihr was passieren würde, wenn sie mir 'n Stück aus dem Bein fraß.

Die schlimmsten Ratten, die du je geseh'n hast, hatten wir in der Wohnung. Ich hab noch nie so was Freches geseh'n.

Wenn man was nach ihnen schmiß, sprangen sie bloß ein Stückchen zurück und sahen einen bösartig an. Monroe hatte diese Spüle voll Gips von den Schkulturen, und diese Scheißratten machten damit jede Nacht eine Mordssauerei. Am Morgen konnte man dann überall Spuren sehen, auch da, wo man es nie glauben würde.

Wir hatten diese 22er, und damit haben wir auf die Biester geschossen, aber sie taugte nich' viel. Wenn man damit eine getroffen hatte, lief sie einfach bloß weg und wurde noch bösartiger. Wenn man wirklich eine hinmachen wollte, mußte man sie genau in den Kopf treffen, und dazu muß man ein viel besserer Schütze sein, als ich die meiste Zeit bin.

Wir haben uns auch mal eine Schachtel mit Explosivgeschossen gekauft, wie sie dieser Bursche bei seinem Attentat auf den Präsidenten benutzt hat. Wenn man damit eine Ratte getroffen hat, flogen die Fetzen, aber wenn man nich' getroffen hat, flogen die Kugeln überall in der Bude rum und machten die Schkulturen kaputt und so weiter.

Zufällig hatte ich die 22er in die Tasche gesteckt, ehe ich schlafen ging, damit Monroe damit keinen Quatsch machen konnte. Ich nahm sie ganz langsam heraus und brannte der Ratte eins auf, die mich anstarrte. Hab sie irgendwo in den Hintern getroffen. Sie rannte zwar weg und kletterte sogar noch ein Wasserrohr rauf, aber ein Bein zog sie nach.

Ich setzte mich auf und sah durch die Tür, daß im anderen Zimmer das Neonlicht brannte. Als ich rüberging, murkste Monroe an einer seiner Schkulturen herum.

Na, hast du sie erwischt? fragte er.

Streifschuß, sagte ich.

Schlecht, sagte Monroe. Jetzt sitzt sie irgendwo in der Ecke und plant deinen Untergang.

Ich glaub, die Kugel hat der Ratte nich' so geschadet wie der Knall meinem Kopf, sagte ich. Weißt du, ob noch irgendwo Whiskey is'?

Wenn du welchen findest, sag mir Bescheid, sagte Monroe, und ich fing an zu suchen. Die Wohnung war ein völliger Sauhaufen, und überall auf dem Boden lag Glas.

Ich hab mich bestimmt schon mal schlechter gefühlt, sagte ich. Weiß bloß nich' mehr, wann das gewesen sein könnte.

Kaffee gibt's, sagte Monroe.

Ich ging ins andere Zimmer zurück und fand zwischen der Matratze und der Wand eine halbe Flasche Heaven Hill. Muß ich da wohl versteckt haben, ehe ich endgültig gepaßt habe. Besoffen wie ich war, ganz schön clever.

Ich nahm die Flasche mit rüber zum Kaffee und mischte ihn halb und halb mit dem Whiskey. Für meinen Magen tat ich noch ein bißchen Milch rein.

Laß mir was übrig, rief Monroe. Er muß das Zeug gerochen haben, ich hatte ja kein Wort gesagt. Er setzte die Flasche an den Hals und trank die Hälfte von dem, was noch da war.

Ach, Scheiße, sagte ich. Was machst du da eigentlich?

Nackte Lady, sagte Monroe.

Also ich sah es mir an, und es war die Figur einer Frau, die auf einem Lehmklumpen saß. Monroe hat damals viel solche Sachen gemacht. Manche hat er behalten und den Rest weggeschmissen. Einen Unterschied hab ich nie feststellen können.

Gut, sagte ich.

Nein, gar nich' gut, sagte Monroe. Kaum hab ich ihren Mund gemacht gehabt, hat sie angefangen, Sachen von mir zu verlangen. Sie will neue Kleider, und sie will 'n neues Auto, und sie will 'n Haufen Juwelen und 'n Paar italienische Schuhe. Und wenn ich ihr das Zeug mache, sagte Monroe, dann weiß ich genau, daß sie sofort damit auf die Straße rennt und sich einen andern Idioten sucht. Ich sitz den ganzen Tag hier rum und mach Sachen, die ich gar nich' will, und sie amüsiert sich da draußen.

Wenn du ihr nix zum Anziehen machst, dann kann sie nich' abhaun, sagte ich.

Sie jammert aber, wenn ich das mache, sagte Monroe. Die ganze Zeit, als du geschlafen hast, hat sie über unsere Beziehung gejammert. Und weißt du, was das Schlimmste ist? fragte Monroe. Wenn ich auch nur daran denken würde, noch eine weitere nackte Lady zu machen, würde sie mir voll durchdrehen.

Warum machst du ihr keinen nackten Mann und vergißt die Geschichte?

Da mach ich lieber was anderes, sagte Monroe und haute die nackte Lady mit der Faust so platt wie ein' Pfannkuchen. Dann packte er den Lehm in 'ne Plastiktüte, damit er nich' hart wurde. Er konnte ganz schön zuschlagen, wenn er wollte. Ich hab gehört, das is' oft so bei Bildhauern.

Woll'n wir nich' was unternehmen? fragte Monroe.

Hab keine müde Mark, sagte ich.

Ich hab Geld, sagte er. Seh'n wir mal nach, ob noch Benzin im Lastwagen is'.

Es war noch was drin. Wir hatten so 'n alten Laster, der war gar nich' übel, bloß sprang er manchmal nich' an. Als wir ihn am Laufen hatten, fuhren wir in den Billardsalon nach Antioch rüber, wo kein Mensch uns kannte. Wir blieben eine Weile und brachten so 'n paar Typen, die da rumhingen, bei, wie man ›Rotation‹ und ›Fünf in der Ecke‹ und noch so 'n paar andere Sachen spielt, die Monroe gut kann. Als das vorbei war, hatten wir plötzlich ziemlich viel Mäuse, und ich dachte, wir könnten rüber zum »Ringside« gehen und uns die Kämpfe ansehen. Das »Ringside« is' so 'ne Bar mit 'nem Boxring, wo man was trinken und dabei zusehen kann, wie die Leute eins in die Fresse kriegen und so.

Wir waren früh dran und kriegten gute Plätze, gleich unter den Seilen. Es war ein Schaukampf im Gange, aber der taugte nich' viel, und Monroe machte sich an dieses Mädchen ran, was am nächsten Tisch allein saß.

He, Süße, sagte er, komm zu uns rüber. Hier kriegste was Gutes.

Nich', sagte ich. Laß das! Es war doch klar, was kommen mußte. Und richtig: Da kommt auch schon dieser riesige haarige Kerl von hinten und setzt sich zu ihr an den Tisch. Ich kannte ihn irgendwie von dem Plakat, was vorn an der Tür hing. Er war so 'ne Art Karatemeister und war den ganzen weiten Weg von Atlanta gekommen, um irgend jemand zu Tode zu prügeln, und wenn es Monroe gewesen wäre, wär ihm das auch recht gewesen, glaub ich. Mit Mühe und Not kriegte ich Monroe da raus. Ich war ziemlich sauer auf ihn, weil ich hätte gern die Kämpfe gesehen. Jedenfalls, solange ich nich' dran teilnehmen mußte.

Monroe sagte jetzt, er wollte Musik hören, und deshalb gingen wir in so 'n paar Kneipen, wo es Musik gab. Er war immer noch auf Mädchen aus, aber es gab keinen Ärger mehr. Jedenfalls nichts, was wir nicht handhaben konnten. Nach einiger Zeit machten die Kneipen mit Musik alle zu, und wir landeten in so 'ner langen, schmalen Bar am Lower Broad.

Außer der jämmerlichsten Band, die du je gehört hast, waren in dem Schuppen bloß noch sechs Rocker – von der großen, fetten, häßlichen Sorte. Hell's Angels waren sie nicht, aber ein durchaus überzeugender Ersatz. Wenn ich allein gewesen wäre, wäre ich gleich wieder gegangen.

Monroe spielte eine Runde Pool-Billard mit einem und verlor. Wenn er nich' betrunken gewesen wäre, wäre das nich' passiert. Er hat ein viel besseres Auge als ich. Vielleicht ist er deshalb auch Bildhauer und ich ein zweitklassiger Pool-Spieler.

Wie kommt das eigentlich, brüllte Monroe mit einemmal, daß die fetten Kerle in dem Laden hier alle schwarze Lederjacken anhaben? Is' das 'ne neue Methode zum Abnehmen?

Der, mit dem er gespielt hatte, schob seine Wampe zu uns rüber und starrte uns an. Diese Typen gucken einen immer erst mal so von oben bis unten an, um zu sehen, ob man freiwillig ohnmächtig wird. Aber Monroe setzte dem Kerl einen rechten Haken auf die Schläfe, daß er umfiel wie ein Stier im Schlachthaus. Darüber war ich nun aber gar nich' so glücklich, denn es waren ja noch fünf andere übrig, und der am Boden sah aus, als könnte er gleich wieder aufstehen.

Ich schob Monroe aus der Tür und sagte ihm, er solle schon mal den Laster anlassen. Die Band war auch schon geflüchtet. Ich hatte mal einen Stuhl und ein paar andere Sachen in Richtung der Rocker geschmissen und dann schnell die Kurve gekratzt.

Der Laster lief noch nich', und sie waren schon dicht hinter mir. Aber ich hatte noch diese alte Schrotflinte unter dem Vordersitz, der jemand den halben Lauf abgesägt hatte. Ich holte sie raus und schoß den Jungs vor die Füße. Sehr genau getroffen hab ich wohl nich', weil der Lauf ja so kurz ist. Ich glaube, die Kerle ham alle was abgekriegt. Das Magazin faßt drei Patronen. Zwei hab ich aufgehoben, falls es ernst werden sollte. Aber Monroe schaffte es, den Motor anzulassen, und dann fuhren wir los.

Ich war ein bißchen sauer auf Monroe. Redete kein Wort mehr mit ihm, bis wir zu Hause vor der Fabrik waren. Der Mond schien sehr schön und warf Schatten ins Fahrerhaus, als die Scheinwerfer aus waren. Ich drehte mich um und stieß Monroe die Flinte in die Rippen.

Soll'n das? fragte er.

Du willst vielleicht sterben, sagte ich, aber das heißt noch lange nich', daß ich das auch will. Ich ließ die nächste Patrone einrasten. Konnte man gut hören.

Also, wenn du sterben willst, sag mir Bescheid, dann kann ich dir und mir sehr viel Ärger ersparen.

Nein, will ich nich', sagte Monroe.

Ich nahm die Flinte weg.

Weiß selber nich', was ich will, sagte Monroe.

Geh rauf und mach 'ne nackte Lady, sagte ich, dann geht es dir besser.

Als ich mich schlafen legte, murkste er tatsächlich mit

dem Lehm rum, aber eine nackte Lady machte er nich'. Statt dessen stellte er 'n Spiegel auf und machte ein' Kopf von sich selber. Als ich mir das Ding am nächsten Morgen angesehen hab, hab ich ihn auf Anhieb erkannt. Der Kopf sah ihm sehr ähnlich. Sah aus, als würde er über die ganzen Blödheiten nachdenken, die Monroe in seinem Leben bisher so gemacht hat.

Am selben Tag hat er von mir auch einen gemacht, und der war so echt, das war kein Kopf, sondern ein richtiger Brummschädel. Unglaublich häßlich, aber das war ja nich' Monroes Schuld.

Er verdient jetzt 'ne Menge Geld mit den Köpfen.

Mit den Ratten sind wir auch fertiggeworden. Wir haben eine Schlange geholt. Das war Monroes Idee. Die Schlange ist ziemlich groß, wenn sie eine Ratte gefressen hat, ist sie so dick wie dein Arm. Sie hat nich' mehr als eine Ratte pro Woche gefressen, aber die anderen trauen sich jetzt nich' mehr so raus.

Du denkst vielleicht, Schlangen in der Wohnung zu haben, wär auch nich' besser als Ratten, aber schließlich war es nur eine.

Das einzige, was mich stört, ist, daß die Schlange immer zu einem ins Bett will, wenn's kalt wird. Schlangen sind nich' von Natur aus warm wie wir, und deshalb denken die Leute, sie wär'n irgendwie schleimig, aber das ist gar nich' wahr, wenn man sich mal dran gewöhnt hat.

Die Schlange kommt und geht, wie sie will. Hab sie jetzt schon ziemlich lange nich' mehr gesehen. Aber ich glaube, sie ist schon noch da.

Siegfried Lenz

Unter Dampf gesetzt

Auf dem Schiff gab es keine Sauna. Duschen gab es da, kalte und warme, schlichte Wannenbäder; nie waren sie besetzt, der gestrichene Boden der Wanne trocken, aufgesprungen, die Hähne fest zugeschraubt, keine Tropfen zeugten von frischer oder gar häufiger Benutzung. Gemieden, ja mit hochmütiger Verachtung gestraft, so erschienen die Duschen, erschienen die schlichten Wannenbäder, keinem Körper durften sie zu einfacher Wohltat verhelfen, keinen abgespannten Geist erquicken, der von zehrender Verhandlung nach Hause fuhr, nach Finnland. Traurig ist das Dasein von Badeeinrichtungen auf finnischen Schiffen.

Ja, auf dem Schiff schon, auf dem kleinen, sauberen, uralten Dampfer merkte ich, lange bevor die finnische Küste in Sicht kam, daß schlichte Bäder ein Schattendasein führen, für den absoluten Finnen nur soviel Bedeutung haben wie auf Kuba die politische Opposition – nämlich gar keine. Nur im Notfall würde er ein gewöhnliches Bad betreten, und das auch nur mit anhaltendem Widerwillen und dauerhaftem Selbstvorwurf: Schon auf dem Schiff erfuhr ich es. Und mit der Verachtung für das schlichte Wannenbad erfuhr ich etwas vom Triumph der Sauna, von ihrer Bedeutung dortzuland.

Oh, sie freuten sich alle schon darauf, meine finnischen Mitpassagiere, Hochstimmung setzte ein, je näher wir der Küste kamen, fröhliche Erwartung. Es ging nach Hause, und das schien nur zu bedeuten: in die schmerzlich entbehrte Sauna.

Mitleid überkam sie, als sie erfuhren, daß ich es mit der traurigen Dusche versucht hatte; ihre Anteilnahme ging so weit, daß sie mich einluden, drei, vier Einladungen zu gleicher Zeit, jedoch nicht, um gemeinsam zu essen, spazierenzugehen oder Pilze zu sammeln, sondern alle luden mich ein, in ihre Sauna zu kommen, mit ihnen zusammen zu saunieren. Ein junger Ingenieur lud mich dazu ein, ein lederhäutiger Greis, selbst eine sehr reife Dame zeigte sich von Mitleid erfüllt und lud mich ein zur gemeinsamen Sauna. Nie, versicherten sie, nie würde ich ein gewöhnliches Bad mehr betreten, wenn ich erst die vielfältige Wohltat der Sauna erfahren hätte. Ihre Versicherungen waren so bestimmt, die Schilderungen des Saunalebens so schwelgerisch, daß ich mir ihre Sauna ungeduldig vorzustellen begann: Ich dachte an die römischen Thermen, sah mich bereits auf lockerem Ruhebett, gesalbt von den strohblonden Töchtern Suomis, von ihrer sportlichen Anmut umgeben: Ich sah mich schon Tage, Wochen, ja vielleicht mein ganzes Leben in der Sauna zubringen; denn fühlte ein Römer sich nicht in den Thermen zu Haus? Entstand die Politik, die Rom zur Weltmacht führte, nicht im Lavendelduft moussierender Bäder? Und wurden die angenehmsten Geschäfte nicht geschlossen, während eine kleine, wohlerfahrene Hand die Stirn frottierte, den Rücken verständig behandelte? Ich nahm die Einladungen an.

Ein höflicher Richter war mein Gastgeber, ein breitwangiger, untersetzter Mann um die Fünfzig, glatthäutig, sehr glatthäutig; liebevoll nahm er sich meiner an, lud mich ein in sein Landhaus, er versprach, mich in das Zeremoniell der Sauna einzuführen, mir die Augen zu öffnen für ihre vielfältige Wohltat.

Als wir dann draußen waren, draußen an einem verfilzten Wald, vor einem flachen, schilfgesäumten See, wo das Landhaus lag, suchte ich sofort nach dem Ort der vollkommenen Erquickung. Ich konnte ihn nicht entdecken. Ich fragte meinen Gastgeber, und er deutete auf ein kleines, braungetünchtes Holzhaus und sagte: »Das ist die Sauna.« – »Das«, fragte ich, »das«, sagte er höflich und mit versonnenem Blick. Das

Holzhaus stand unmittelbar am See, von fettglänzenden Erlen umgeben; harmlos sah es aus, wie ein schmucker Schuppen, eine gepflegte Bude, und es war so klein, daß ich unwillkürlich überlegte, wie die strohblonden Töchter Suomis, die mich salben, verständig massieren sollten, darin Platz finden könnten. Mein Gastgeber hatte zur Saunazeremonie noch einige Freunde mitgebracht, ein Kapitän war darunter, ein Direktor, auch zwei stumme, wohlerzogene Söhne hatte er mitgebracht – auf seine Großmutter mußte er schweren Herzens verzichten, da sie verreist war, sonst wäre auch sie dabeigewesen. Höflich lächelten wir uns zu, rauchten Zigaretten und blickten auf die Stätte vollkommener Erquickung: Rauch stieg aus der braungetünchten Bude auf, giftgelber Qualm, der kräuselnd durch die Erlen strich; das einzige Fenster war blind. Es war kalt. Ein kalter Wind kam auf. Ich begann zu frieren. Mein Gastgeber kam zu mir und sagte: »Wir haben eine Redensart in Finnland, wir sagen: ›Wenn die Sauna nicht mehr hilft, das Schröpfen und der Schnaps, dann kann man sterben, ohne sich Vorwürfe machen zu müssen, eine Therapie versäumt zu haben.‹ Wenn die Sauna nicht mehr hilft, hilft nichts mehr.« – »Ich werde es mir gut merken«, sagte ich und blickte gespannt auf die schmucke Bude, die soviel Wohltat bereithalten sollte – und nicht nur Wohltat, sondern nebenbei wohl auch das belebendste Elixier der Welt. Wir schnippten nacheinander die Kippen fort, höfliche Blicke trafen mich, Blicke der Aufforderung. Ich sah auf meine Uhr: Es war neun Uhr abends. Um mich herum wurden die Hemden abgestreift, rutschten Hosen zu Boden, die Hose des Kapitäns, die Hose des Direktors und die Hose meines Gastgebers; lächelnd standen die Herren da, in eindrucksvoller Kreatürlichkeit. »Es ist soweit«, sagte mein Gastgeber leise, »der Augenblick ist da.«

Höflich sahen die Herren zu, wie ich mich auszog, sie nickten beifällig, wenn ein Stück nach dem andern fiel, und ihre Gesichter zeigten Genugtuung, als ich nackt und zitternd zwischen ihnen stand. Sie drückten mir die Hand. Sie komplimentierten mich unter Formen weltläufiger Höflichkeit zur Sauna.

Ich hatte den Vortritt. Eine höfliche Hand öffnete die Tür, drückte mich mit sanftem Zwang hinein, und ich dachte – konnte ich überhaupt noch denken, nein reagieren, panisch reagieren? –, das war das einzige, wozu ich noch fähig war: fliehen, raus hier, nur fliehen, das wollte ich. Als ob sie mir einen glühenden Pfahl in die Luftröhre gestoßen hätten, so fühlte ich mich nach dem Eintritt in ihr Heiligtum: Eine heiße, trockene, würgende Luft fiel mich an – zugegeben, sie war auch würzig –, und vor dem Auge wurde es schwarz.

Was hatten sie mit mir vor? Ich sah, soweit es noch möglich war, flehend in ihre Gesichter, hilfesuchend, ich hielt nach einer Lücke zwischen ihnen Ausschau, aber zwischen ihnen war keine Lücke, und alle Gesichter lächelten mir höflich zu. Ihre Höflichkeit zwang mich zu bleiben. Der letzte schloß die Tür. Ein irdener Rundofen in einer Ecke, in der anderen ein Bottich mit Wasser, an der Wand, stufenförmig, drei Holzbänke; war dieser kleine hölzerne Käfig schon der Ort vollkommener Erquickung? Freundlich schubsten sie mich zur Bank, nötigten mich, Platz zu nehmen, und ich setzte mich mit dem glühenden Pfahl in der Brust.

»Sie werden die ganze Zeremonie kennenlernen«, sagte mein Gastgeber, »ich hoffe, es macht Ihnen Freude.« – »Sicher«, stöhnte ich, »es macht mir ungeheure Freude.« Die Herren setzten sich auf die stufenförmige Bank, legten die Hände auf die Knie, beobachteten mich und lächelten mir liebenswürdig zu. Ich versuchte zurückzulächeln mit dem glühenden Pfahl in der Luftröhre. Meine Haut begann sich zu verfärben, Kochwurstfarbe anzunehmen, sie dehnte sich, schwoll und schwoll, gleich, dachte ich, gleich macht es pfffft, irgendwo platzt es, und dann entweicht alles zischend aus dir wie aus einem geöffneten Ventil. Soweit kam es nicht. Zu gegebener Zeit erhob sich mein Gastgeber, schöpfte mit einer Pütz Wasser aus dem Bottich und schleuderte das eiskalte Wasser gegen den irdenen Ofen. Ein Knall, ein Zischen, und in der fauchenden Dampfwolke, die sich löste, glaubte ich Luzifer auffahren zu sehen. Dampf hüllte uns ein, unsichtbar waren die höflichen Gesichter der Herren – stockte der Atem? Verweigerten Herz und Lunge die Arbeit? Etwas bereitete sich in mir vor, etwas staute und sammelte sich, ich spürte es genau, und dann, nachdem der Gastgeber eine zweite Pütz Wasser gegen den Ofen gegossen hatte, brach es von innen aus: Der Hals öffnete sich, die Stirn öffnete sich, alles tat sich auf und gab frei, woraus der Mensch zu über zwei Dritteln besteht – Wasser. Wieviel Durstige können damit getränkt werden; literweise brach es aus, rann kribbelnd in Bächen ab – welch ein Wasser-Reservoir ist der Mensch! Unhörbar quellend trat es hervor, und besorgt blickte ich an mir herab, erwartete zu schrumpfen oder zusammenzufallen. An den Füßen, ja, auf dem gebogenen Zementfußboden, sammelte sich das Wasser, floß sacht in eine Rinne, gewann an Kraft und strömte zu einem Abflußrohr in der Wand. Erschrocken und gelähmt, vor allem aber gelähmt, starrte ich auf das Abflußloch – war das schon Todesangst?

Ich blickte so fasziniert darauf, daß ich nicht merkte, wie mein Gastgeber aufstand – plötzlich aber riß es mich aus melancholischem Sinnen, riß mich auf die Beine, die Hände schlossen sich zu Fäusten, die Fäuste nahmen Abwehrstellung ein: Ah, während ich gebannt dagesessen hatte, schlug mir mein höflicher Gastgeber eine Pütz Wasser um die Ohren, eiskaltes Wasser, forsch gegossen, wie ein Dolch traf es mich, der Schock riß mich hoch. Ich wollte zur Tür stürzen. Doch die Herren auf der Bank lächelten höflich und nickten mir anerkennend zu. Und mein Gastgeber reichte mir die Pütz und bat mich, ihm nun die gleiche Wohltat zu erweisen, »als willkommene Abkühlung«, wie er meinte, und so keuchte ich zum Bottich, füllte die Pütz und – wo waren meine Kräfte geblieben? War die Pütz aus Blei? Zitternd stemmte ich sie über den geröteten Rücken meines Gastgebers, kippte sie langsam um, ein dünner, eiskalter Strahl ergoß sich auf den Richter, und er schaute sich um, erstaunt, ein wenig unwillig, ich goß nicht forsch genug, der Herr vermißte die »willkommene Abkühlung«. »Ist es nicht wunderbar«, fragte er, »es geht einem durch und durch.« – »Zweifellos«, hauchte ich, »zweifellos.« – »Das ist die original Finnische Sauna«, sagte er. »Ich spüre es«, sagte ich mit dem glühenden Pfahl in der Brust. »Die beste Medizin«, sagte er.

Und ich dachte: Überstehen ist alles, und ließ mich auf meine Bank fallen. Als ich vorübergehend bei Atem war, sagte ich – in der Hoffnung, daß nach der willkommenen Abkühlung die Folter beendet sei –: »Darf ich die Handtücher holen? Wenn die Herren wünschen, hole ich sie gern, sehr gern«, und ich erhob mich und wollte zur Tür. »Es beginnt doch erst«, sagte mein Gastgeber. Wieder zischte Wasser gegen den Ofen, fuhr Luzifer aus der fauchenden Dampfwolke, die uns verhüllte, und die Quellen öffneten sich. Gleichmütig, wie die Physik es vorschreibt, sammelte sich das Wasser in der Rinne, gab dem sanften Gefälle nach und wanderte zum Abflußrohr, das in den See führte. Ich blickte mir nach, wie ich davonrieselte, murmelte meinem verflüssigten Teil einen schwachen Gruß zu, bis es mich, unvermutet, wieder hochriß. In meditierender Wehmut klatschte eine neue Pütz Wasser gegen meinen Rücken, ich hob die Fäuste, doch Fäuste öffnen sich vor höflich lächelnden Gesichtern. Erschöpft verhalf ich dem Gastgeber zu der gleichen Abkühlung und fragte schnell: »Werden vielleicht die Handtücher gewünscht?«

Niemand wünschte sie – außer mir. Alle Herren, der Kapitän, der Direktor, mein Gastgeber und die stummen, wohlerzogenen Söhne – alle lächelten, seufzten unter belebender Wohltat, sie drehten ihre Schenkel, kniffen an den Zehen herum, kratzten sich unaufdringlich, für sie war es vollkommene Erquickung. Und während der Kapitän und der Direktor zu politisieren begannen – ich hörte mehrmals schnell hintereinander: Mao Tse-tung, Mao Tse-tung –, beugte sich mein Gastgeber zu mir und bat mich sehr höflich um Entschuldigung. »Wofür«, fragte ich, »wofür bitten Sie mich um Entschuldigung?« – »Weil wir hier keine Frauen zur Hand haben.« – »Wozu brauchen wir hier Frauen«, fragte ich matt. »Zum Abseifen«, sagte er. »In den größeren Saunen bei uns werden wir von Frauen abgeseift. Leider ist meine Großmutter verreist, sie hätte es übernommen.« – »Schade«, sagte ich, »hoffentlich hat sie eine gute Reise.«

Mein Gastgeber erhob sich, machte eine, wenn auch nur angedeutete Verbeugung der Höflichkeit, und als ich ratlos zu ihm aufsah, sagte er: »Ich bedaure zutiefst, daß keine Frau hier ist; erlauben Sie deshalb, wenn ich Sie nun abseife. Ich werde bemüht sein, mein möglichstes herzugeben. Darf ich bitten?« – »Bitte«, sagte ich. Er führte mich zum Fenster, schlug mir eine Pütz Wasser um die Ohren, worauf ich mir nur mit Mühe meine Besinnung erhalten konnte, und dann begann er sein möglichstes beim Abseifen herzugeben. Meine Stirn ruhte auf dem Fensterkreuz, und ich erschauerte plötzlich, als die Seife mich berührte: Nein, es war keine gewöhnliche Seife, zumindest keine, womit Filmsternchen ihren milchigen Teint erzeugen, ein riesiger Block von Kernseife war es, kiloschwer, in der Größe einer 15-cm-Langrohrgranate, und er stemmte die Seife hoch und gab sein möglichstes her auf meinem Rücken.

Ich schloß die Augen, die Stirn schlug rhythmisch gegen das Fensterkreuz, der Körper schüttelte sich – hatte indes nicht mehr die Kraft, sich aufzubäumen, zu protestieren, und als ich nichts mehr zu spüren glaubte, nur noch Knetmasse in seinen Händen war, da setzte er den Seifenblock auf den Boden und nahm: eine Bürste. Ich vermute, er wollte meine Haut als Souvenir behalten, denn die Bürste, die er nahm, war auch keine gewöhnliche Bürste: Ein Piassava-Besen schien es zu sein oder eine solide Drahthaarbürste, mit der man den Rost von Leitungsrohren bürstet.

»Die Handtücher«, keuchte ich.

»Bitte«, sagte mein Gastgeber höflich, »bitte, wir sind erst mitten in der Zeremonie, und zunächst fände ich es ausnehmend liebenswürdig, wenn Sie nun auch mich abseiften, vorausgesetzt natürlich, daß Ihre Güte soweit reicht.« Reichte sie soweit? Ich sammelte Kraft, konzentrierte mich wie ein Hammerwerfer, dann stemmte ich den Block Kernseife hoch, ließ ihn den Rücken meines Gastgebers hinuntergleiten – schlapp, zu schlapp für ihn, der sich umwandte und mich erstaunt und sorgenvoll musterte. Als sein Rücken leidlich mit Seife bedeckt war, nahm ich die Drahtbürste, wedelte erschöpft, vor allem unsystematisch herum, nein, ich brachte die Seife nicht zum Schäumen. Verausgabt, besonders aber verzweifelt, stülpte ich zum Schluß eine Pütz Wasser über den Richter und hauchte: »Jetzt doch aber die Handtücher!« – »Jetzt gehen wir in den See«, sagte er, »wir dürfen das Zeremoniell nicht unterbrechen.«

Die anderen Herren, die sich ebenfalls abgeseift hatten, gingen an uns vorbei zur Tür, sie gingen durch die Erlen, betraten einen Steg und sprangen durchaus elegant ins Wasser. Schwimmend durchquerten sie den Schilfgürtel und schwammen hinaus auf den dunklen See. Wir standen noch auf dem Steg, ich sah zu den Wäldern hinüber – waren es die Wälder, in denen Nurmi trainiert hatte für seine unsterblichen Läufe? Fliehen, jetzt fliehen, mit Nurmis Ausdauer, seiner enormen Schrittweite. »Bitte, nach Ihnen«, sagte mein Gastgeber und zeigte aufs Wasser.

»Oh«, sagte ich, »diesmal wollen wir doch vergessen, daß ich Ihr Gast bin. Ich lasse Ihnen gern den Vortritt!«

»Sie sind mein Gast«, sagte er, »nur zu.«

»Kann man hier springen?« fragte ich.

»Sicher«, sagte er, »es ist tief genug. Im Augenblick treiben ja keine Eisschollen.«

»Nein«, sagte ich, »schade, es ist kein Eis zu sehen.«

»Vor drei Wochen hatten wir noch Eis.«

»Dann hätte ich früher kommen sollen«, sagte ich.

Mein Gastgeber sprang zuerst, verschwand unter Wasser und tauchte prustend im Schilf auf und rief mit einer Stimme, die nichts als Behagen verriet: »Bitte, ich warte auf Sie.« Ich schloß die Augen. Ich sprang. Und in der Zeit, in der ein Schwimmender sich umdreht, stand ich wieder auf dem Steg.

»Kommen Sie nicht mit?« rief mein Gastgeber.

»Ich bin schon wieder zurück«, rief ich, »es war wunderbar, eine willkommene Abkühlung!« Ich stand auf dem Steg, beobachtete die schwimmenden Herren, die noch schwimmend politisierten, immer wieder hörte ich Mao Tse-tung, Mao Tse-tung.

Als sie zurückkehrten, fanden sie das Wasser zu warm, und auch ich fand das Wasser zu warm, und wir gingen durch die Erlen zurück zur Sauna. »Wie wär's, meine Herren«, fragte ich, »darf ich jetzt die Handtücher holen.« Sie schüttelten höflich die Köpfe, mein Gastgeber drückte mich mit sanftem Zwang wieder in den Dampfkäfig hinein, eine Pütz voll Wasser zischte gegen den irdenen Ofen, und abermals verabschiedete ich, was aus dem Körper hervorbrach. War es immer noch nicht genug? Wollten sie es auf die Spitze treiben?

Einer der stummen, wohlerzogenen Söhne kam mit einem Arm voller Saunabesen herein, sorgfältig geschnittenen Birkenreisern, die noch Laub trugen. Die Besen waren handlich, nicht länger als der Ellenbogen eines Mannes, und der Sohn verteilte die Besen und kletterte auf die oberste Bank, wo es nicht unbedingt heißer ist als in Luzifers glühender Residenz. Ich roch an dem Besen, er duftete nach frischem Laub. Lächelnd beugte sich mir mein Gastgeber zu und sagte sehr höflich: »Erlauben Sie, daß ich Ihren Rücken bearbeite und vorzugsweise die Stellen, die aus natürlichem Grunde schwer zu erreichen sind. Vorn, denke ich, können Sie es selbst besorgen. Es ist einfach: Man peitscht sich aus.«

Und mit dem letzten Wort zog er mir den ersten Schlag über den Rücken, so daß ich auffuhr und er mich beschwichtigend ansah. Kurz fielen seine Schläge, knapp aus der Handgelenk; ich geißelte mich vorn, wedelte schlaff über meine Knie, wedelte vor meinem Gesicht, um mir Luft zuzuschanzen.

Dann bot er mir seinen Rücken an, ich schlug ihn beidhändig, klatschend fiel der Besen auf ihn nieder – es war nicht scharf genug, entsprach nicht dem Zeremoniell, und von neuem traf mich der erstaunte und unwillige Blick über die Schulter. Er entschuldigte sich bei mir, winkte seinen Söhnen und schärfte ihnen ein, ihre ganze Jugend in die Schläge zu legen; sie taten es, und mein Gastgeber krümmte sich in wohligen Schauern.

Erschöpft vor mich hinwedelnd, sonderbar angezogen von dem Abflußrohr, ergoß sich wiederum eine eiskalte Pütz Wasser über mich: Diesmal sprang ich nicht auf, keine Faust ballte sich, mein Wille war gebrochen. Ja, ich lächelte in wortloser Qual. Und als mein Gastgeber sagte: »Nun können wir die Handtücher brauchen«, nickte ich nur langsam, erhob mich zögernd und schwankte zur Tür und hinaus.

Wir frottierten uns gegenseitig zwischen den Erlen. Ich sah auf meine Uhr: Es war eine halbe Stunde vor Mitternacht. Wir rauchten, der Gastgeber verschwand noch einmal in der Sauna, und als er zurückkehrte, brachte er eine riesige Pfanne mit, in der, rötlich gedunsen, zwei armdicke Würste lagen, ein Abbild all dessen, was ich durchstanden hatte. Der Gastgeber zerschnitt die Würste, verteilte die Stücke und holte einen ganzen Kasten Bier, und wir tranken das Bier und aßen die Würste und unterhielten uns interessant über die Sauna.

Wir standen lange zusammen, die Nacht war auf einmal warm, der Kapitän machte den Vorschlag zu fischen, und als wir das Boot losbanden, merkte ich, daß ich nur meine Turnhose trug und nicht mehr fror. Und ich spürte plötzlich noch mehr: eine vielfältige Wohltat, Leichtigkeit und vollkommene Erquickung und ein unbegreifliches Gefühl von Neugeborensein, wie sie nur eine Institution der Welt gewährt: die Finnische Sauna.

Julia Franck

Für Sie und für Ihn

»Zum alten Borsigsteg« heißt die Kneipe unten in meinem Haus. Der neue Besitzer hat versucht, sie »Watermelon Man« und Bar zu nennen, vergeblich, für mich, die ich seit zwei Jahren in dem Haus lebe, bleibt es »Zum alten Borsigsteg«, und wenn ich mich anders nicht loswerde, mich gerne mitteilen möchte, wie heute, das Auf und Ab in meinen vier Wänden satt habe, gehe ich hinunter und kaufe mir die Aufmerksamkeit des Barmanns. Sonntag, früher Abend. Heute ist der Kleine da, der mit dem knallroten Hemd, eine Farbe, die man nicht trägt, wenn man nicht angesprochen werden möchte. Und ich habe Lust zu sprechen, heute so sehr wie lange nicht.

Draußen sind alle Tische besetzt. Das Arbeiter- und Gefängnisviertel Moabit verkauft sich immer besser. Der morbide Charme lockt. Ich bin froh, daß ich den Lärmenden meinen Rücken zukehren kann, sobald ich an der Bar sitze, und ich bedauere, meine Ohren nicht nach hinten verschließen zu können. Es dauert ein bißchen, bis mich der kleine Barmann im roten Hemd beachtet. Dizzy Gillespie spielt so laut, daß er nur die Augenbrauen hebt, um mich zu fragen, was ich möchte.

»Ein großes Wasser und einen Espresso«, schreie ich. Vornehm hält er mir mit schrägem Kopf sein Ohr hin, um zu zeigen, daß er mich nicht verstanden hat. »Ein großes Wasser und einen Espresso«, meine Stimme knickt ein, ich hatte den Satz zu leise angefangen und versucht, lauter zu werden, als mir möglich ist. Er nickt und geht nach hinten zur Kaffeemaschine. Unter der karierten Schürze trägt er Beine mit rotblonden Löckchen. Man kann sie ganz gut hinten durch den Schlitz sehen. Die Kaffeemaschine mahlt die Bohnen, schrappt gegen Gillespie. Kurz darauf stellt der Barmann die kleine Tasse und das Wasser vor mich auf den Tresen. Er lächelt dabei, und ich ergreife die Gelegenheit und rufe: »Kannst du die Musik nicht leiser machen?« Er dreht sich zur Seite, langt mit dem Arm nach der Anlage und erfüllt meinen Wunsch, so einfach ist das. Ich winke ihn wieder heran und er kommt. Ich kann es kaum erwarten, mich mitzuteilen, ihm zu erzählen, was ich soeben gesehen habe.

»Kennst du so einen blassen blonden Mann, etwa dreißig, der hier im Haus wohnt?« frage ich.

Er zuckt mit den Schultern. »Sollte ich?«

»Schon, ich will dir gerade etwas über ihn erzählen. Aber wenn er dir noch nicht aufgefallen ist, wäre das nicht verwunderlich.« Der Barmann lacht, Männer lachen oft, wenn man ihnen etwas weniger Günstiges über einen anderen Mann erzählt, das bestärkt sie in der Hoffnung, besser abzuschneiden. Er sagt, er mache sich auch einen Espresso, ich solle einen Moment warten. Wieder zeigt er mir den Rücken, er hat keinen Arsch, dafür aber einen kleinen Bauch, dessen Ausläufe ich auch von hinten sehen kann, sie wölben sich links und rechts in sanften Beulen über die Schürze, das rote Hemd spannt. Als er mit dem Espresso zurückkommt, greift er nach dem Zucker und schüttet sich mehrmals etwas in die winzige braune Tasse, der Espresso sieht ganz dickflüssig aus, als er ihn mit dem kleinen Löffel umrührt.

»Und?« fragt er.

»Warst du schon einmal hinten im Hof?« frage ich zurück.

Er schüttelt den Kopf.

»Also der ist relativ eng, aber der eine Seitenflügel, in dem ich wohne, der hat kleine Balkone, die im Hinterhaus und die gegenüber haben keine, nur wir.« Der Barmann hört zu und probiert seinen Espresso, greift ein zweites Mal zum Zucker und schüttet nach. »Ich wohne im vierten rechts, also ganz oben. Der blasse Blonde wohnt im dritten links, mir also genau gegenüber.«

»Kennt ihr euch?« fragt der Barmann und probiert erneut seinen Espresso.

»Ach nein, ich wohne seit zwei Jahren in dem Haus und habe nur den Hausmeister kennengelernt, sonst niemanden. Wir grüßen uns nicht mal. Dabei habe ich es anfangs mehrmals versucht, mit dem Grüßen, hat aber keiner hingehört, da habe ich es nicht mehr gemacht. Grüßen tut man lieber nicht, sonst fühlen sich die Leute in ihrer Privatsphäre belästigt.« Der Barmann lächelt zurück, wahrscheinlich stimmt er mir zu, ich fahre fort: »Ursprünglich wollte ich heute nachmittag ein bißchen lesen und mich dafür raus auf den Balkon setzen, solange die Sonne noch nicht hinter dem Ahorn verschwindet und auf meinen ganzen Balkon Schatten wirft. Als ich die Tür zum Balkon öffnete, sah ich, wie schlapp meine Pflanzen über den Rand ihrer Töpfe hingen, und ging noch einmal hinein, um ihnen Wasser zu bringen. Erst als ich zurückkam und sie goß, rutschte mein Blick ganz nach meiner Gewohnheit geradewegs in die Fenster gegenüber. Der Blasse lebt sehr enthaltsam ...«

»Warte, warte«, sagt der Barmann, »ist das so einer, der 'n bißchen wie ... na, wie Lundegaard aussieht?«

»Lundegaard?«

»Der Typ aus Fargo.«

»Ach so, nein, da würde er ja noch nach was aussehen, nein, nein, der hat längst nicht so große Augen, außerdem ist er wirklich ganz dürr, verhungert, so 'n Jüngelchen – Lundegaard ist der Hausmeister, wenn du den meinst, den ich glaube. Der Blasse ist ein reinlicher Mensch, verbringt jeden Tag mehrere Stunden damit, sich auf seinen möglichen Ausgang vorzubereiten, was verwunderlich ist, weil er an seinem Äußeren nie was ändert. Die ganze Pflege also wendet er auf, um jeden Tag möglichst unverändert auszusehen. Manchmal wechselt er dreimal am Tag die Hosen, die entsprechend alle gleich aussehen. Er badet jeden Tag, manchmal zweimal – ich weiß es, dann ist im Badezimmer Licht, vielleicht eine knappe Stunde, hinterher erscheint er im großen Zimmer, hat den beigen Bademantel an und steht lange vor dem Spiegel, macht Gesichtspeeling, rasiert sich, parfümiert sich, alle paar Tage schneidet er seine Nägel oder dreht sich mehrmals vor dem Spiegel, um sich von vorne und hinten sehen zu können, manchmal öffnet er den Bademantel zum Spiegel hin, weiß nicht, ob er dabei Grimassen schneidet, ich kann den Spiegel ja kaum erkennen. So gut wie nie geht er danach wirklich aus dem Haus, er sitzt jeden Abend vor seinem Computer oder liest, sitzt am Schreibtisch auf so einem ergodynamischen Stuhl, weißt du, die ohne Lehnen. Der raucht nicht und trinkt nicht, nie hat er Gäste, und ein Telefon scheint er auch nicht zu haben – es sei denn, es steht im Flur, der hinten liegt, den kann ich nicht sehen – morgens steht er auf, ißt Toast mit Margarine, vormittags geht er aus dem Haus, und wenn er nachmittags wiederkommt, setzt er sich in den lila Sessel im großen Zimmer, liest eine Zeitschrift, und abends ißt er Toast mit Margarine und einer Boulette aus einer weißen Plastikverpackung. Die weißen Plastikverpackungen stapelt er seit Monaten auf dem Kühlschrank ineinander, man kann sie ganz gut sehen, weil der Kühlschrank gleich neben dem Fenster steht.«

»Du scheinst ihn ja bestens zu kennen.«

»Gar nicht kenne ich ihn, ich weiß nur, was er in seiner Wohnung macht und was er ißt und daß er keinen Bekannten oder Freund hat, zumindest keinen, der ihn besuchen käme, sonst nichts. Ist ja auch langweilig, was der so treibt, ich stehe da nicht und glotze mit dem Fernglas rüber. So Sachen wie mit dem Toast oder dem Computer, das kriegt man halt so mit, da kommt man gar nicht dran vorbei.«

Der Barmann bückt sich, holt zwei Flaschen aus dem

Kühlfach und macht der Kellnerin, die neben mir am Tresen wartet, dreimal Apfelschorle.

»Seit ich auf ihn achte«, sage ich, als die Kellnerin weg ist, »und das ist etwa seit Weihnachten der Fall, hat er die Verpackungen von den Bouletten kein einziges Mal entsorgt.«

»Und du hast noch nie mit ihm geredet?«

»Nein, ich rufe doch nicht in den Hinterhof: Hey ihr, kommt doch mal alle raus da, damit wir uns ein bißchen kennenlernen! Einmal haben die Frauen unter mir ein Päckchen für mich angenommen, und mir wollen sie immer Kataloge von einer Frau Köhler aufdrängen, aber die kenne ich doch gar nicht – und ich bin sicher, es wäre uns beiden unangenehm, uns wegen ihrer Kataloge plötzlich grüßen zu müssen. Ich glaube, das ist die Dicke mit den drei Dackeln.«

»Die immer in Jogginghose vor die Tür geht?«

»Genau die. Nein, aber den Blassen, den habe ich zweimal im Hof getroffen, beide Male kam er etwa gleichzeitig mit mir ins Haus. Er nahm keinerlei Notiz von mir, nickte nicht mal, als ich ihm die Hoftür aufhielt. Offenbar fährt er nicht Fahrrad, sonst hätte ich ihn längst mit dem Rad im Hof gesehen.«

»Außerdem würde er dann vielleicht frischer und kräftiger aussehen – den meisten Leuten fehlt Sport«, sagt der Barmann, er hat seinen Espresso ausgetrunken, ich sehe mir meinen an, fühle mit Daumen und Mittelfinger um die Tasse, lauwarm. Ich schiebe ihm die Tasse zu.

»Ich hasse nichts mehr als kalten Kaffee.«

»Soll ich dir einen neuen machen?«

»Später«, ich winke ab, der Barmann soll noch weiter zuhören. »Der fährt bestimmt U-Bahn«, sage ich, »denn er hielt beide Male, als ich ihn nachmittags traf, außer seiner 80er-Jahre-Aktentasche eine Zeitung fest.«

»Vielleicht sitzt er damit am Spreeufer und entspannt sich«, schlägt der Barmann vor.

»Entspannen? Sitzt am Spreeufer und füttert die Schwäne

mit seinem Toast? Entspannen? Wovon denn? Ich glaube nicht, daß der einen anstrengenden Job hat, er ist immer nur für fünf oder sechs Stunden aus dem Haus.«

»Wart mal einen Augenblick, ich muß kurz an Tisch sieben, die wollen bezahlen.« Der Barmann nimmt seine Geldbörse aus der Kühlschublade und geht um den Tresen herum zu seinen Gästen. Auf dem Weg stellt er Gillespie noch leiser. Ich fische die Zitronenscheibe aus dem Glas und beiße das Fleisch von der Schale. Der Barmann kommt zurück, stellt die leeren Gläser in die Durchreiche zur Küche und sich wieder vor mich, er zapft drei Warsteiner und zwei Hefe an.

»Du kennst den bestimmt, zumindest vom Vorbeilaufen«, sage ich zu dem Barmann, »der hat so schulterlanges Haar«, ich zeige es ihm, »nach unten hin ist es sehr ausgedünnt, wahrscheinlich hat es seine volle Länge erreicht und kann nicht weiter wachsen.«

»Was?« Der Barmann gießt aus drei Flaschen etwas in den Becher, Eis dazu, Deckel drauf und schüttelt es über seiner Schulter, dabei schaut er gewissenhaft drein, preßt die Lippen aufeinander. Ich warte, bis er mit dem Geklapper an seinem Ohr aufhört, ein Glas aus dem Regal nimmt, mit der nackten Hand Eis hineingibt und den Inhalt des Shakers darüberlaufen läßt.

»Seine Haare, jedes Haar wächst doch nur bis zu einer bestimmten Länge – ich glaube, seins kann nicht weiter. Er hat auch Geheimratsecken«, ich zeige ihm, was ich meine, und streiche meine Locken zurück, »es lichtet sich einfach, hier am Hinterkopf, da kann man schon ganz gut die rosa Haut durch das Haar sehen.«

»Dann kann er ja nicht besonders groß sein, wenn du ihm auf den Kopf sehen kannst«, meint der Barmann.

»So groß wie du etwa«, sage ich.

Der Barmann zapft sein Bier nach und lächelt noch einen Moment, damit ich nicht glaube, er verstünde keinen Spaß. Etwas ungehalten sagt er: »Na, und was ist dann so Besonderes an ihm?« Er schneidet eine Ananas auf und schmückt das Glas mit einer Fruchtecke und einem kleinen Palmenblatt, das er aus einer Vase im Regal nimmt.

»Heute nachmittag, als ich auf dem Balkon stand, suchte ich ihn in der ganzen Wohnung, erst in der Küche, in seiner natürlich, nicht in meiner, da war er nicht, suchte im kleinen Zimmer mit dem schmalen Bett, da war er auch nicht – und selbst im großen Zimmer konnte ich ihn nicht sehen. Na, dachte ich bei mir, er wird doch nicht ausgegangen sein? Auf der Toilette, die ich wegen dem Milchglas nicht einsehen kann, vermutete ich ihn nicht, da ich bestimmt zehn Minuten auf dem Balkon gestanden und die Blumen gegossen hatte. Zehn Minuten erschienen mir für die Toilette schlicht zu lang. Aber ausgegangen? Am hellichten Tag, das hat er doch noch nie gemacht. Gerade als ich mich umdrehen und die Kanne wieder in die Küche bringen wollte, da sah ich, wie er aus seinem Flur ins große Zimmer gehumpelt kam, dabei machte er so merkwürdige Verrenkungen, ruderte mit den Armen, daß ich meinte, ihm müßte etwas zugestoßen sein.«

»Das Warsteiner!« ruft die Kellnerin meinem Barmann zu und wirft einen verächtlichen Blick auf mich, ich halte ihn von der Arbeit ab.

»Gleich«, er nickt ihr zu, zapft die Gläser nach, daß der Schaum an der Seite des Glases entlangrinnt, und stellt sie zusammen mit dem Ananasglas auf sein Tablett, »einen Augenblick«, sagt er zu mir. Ich halte noch die Luft an, weil ich eigentlich mitten im Satz war, und während der Barmann weggeht, atme ich aus. Ich betrachte die Flaschen hinter dem Tresen. Ob es Designer für die Farbgebungen gibt? Ich meine, welche, die die Farbe eines Getränkes danach bestimmen, in welcher Reihe eines Barregals es üblicherweise stehen wird, welche Farbe ihm besondere Konkurrenz macht und in wessen geschmacklicher Nähe es sich aufhalten wird? Ob man dabei auch auf das Geschlecht der Klientel Rücksicht nimmt? Klare Sachen für Männer? Schwammiges cremiges Rosa für Frauen? Gibt es überhaupt Alkoholika für *Sie* und für *Ihn*? Wie bei Parfums? Der Barmann kommt zurück, er sieht genervt aus, schneidet Orangen in Hälften, die er anschließend, etwas entfernt von mir, auf der Presse ausdrückt. Er stellt das Glas mit dem Saft der Kellnerin hin und kommt wieder zu mir.

»Ich sah also genauer hin, weil er so humpelte, die Kanne in der Hand bin ich an die Brüstung und beugte mich vor, um besser zu sehen. Im nächsten Moment mußte ich zurücktreten, dabei kam ich mit den Fersen an die Metalleiste und bin rückwärts ins Zimmer gestolpert, ich konnte mich gerade so fangen. Einmal im Zimmer, stellte ich die Kanne auf den Dielen ab, mir war ganz heiß von dem Schreck, und ich schlich mich, als könnte mich der Blasse gegenüber hören, was natürlich nicht der Fall war, wieder vor. Und jetzt rate: An seinen Beinen hing eine halbnackte Frau, barbusig, und versuchte ihm die Hose vom Leib zu zerren. Mein guter Nachbar schien darüber nicht wenig erfreut. Er beugte sich zu ihr hinunter und versuchte, sie an den Brüsten nach oben zu ziehen. Ich also lief rasch in mein Badezimmer, nahm den Handspiegel und kroch auf allen vieren auf den Balkon. Dort legte ich mich auf die Decke, die ich mir vorher zum Hinsetzen und Lesen ausgebreitet hatte, und hielt den Spiegel hoch, so daß ich mit ihm über die Brüstung zur gegenüberliegenden Hauswand schauen konnte. Aber die Sonne blendete mich, der Arm wurde sehr schnell sehr schwer und ich konnte nichts erkennen. Also kniete ich mich hin und reckte meinen Kopf langsam über die Blumenkästen, bis ich ihn mit seiner Gefährtin sehen konnte. Bald taten meine Knie weh, ich mußte mir ein Kissen von drinnen holen. Nicht, daß ich vorgehabt hatte, ihn zu beobachten, auch nicht, daß ich häufig meine Nachbarn beim Sex beobachte, aber bei meinem blassen Nachbarn war mir der Anblick vorhin so fesselnd, daß ich erst, als ich zur Toilette mußte und dort zufällig auf die Uhr sah, merkte, daß mindestens eine halbe Stunde vergangen sein mußte.«

Der Barmann hat einen langen Löffel in den Händen und dreht ihn unentwegt, er sieht häufig über meine Schulter hinweg in den Raum hinter meinem Rücken. Ich will mich umdrehen, will wissen, was es da Schönes zu sehen gibt, aber er sagt: »Nein, dreh dich nicht um, da sitzt meine ehemalige Freundin am Tisch. – Ich frage mich, was sie hier will ...« Der Barmann schlägt mit dem Hals des Löffels an die Kante seines Tresens.

»Dich besuchen«, sage ich.

»Wohl kaum, ich habe ihr gesagt, ich will sie nicht mehr sehen, außerdem weiß sie gar nicht, daß ich hier arbeite, wir haben uns getrennt, kurz bevor ich hier anfing.«

Ich sehe mir den Barmann an. Er dreht den Löffel weiter und starrt mir über die Schulter. Um seine Aufmerksamkeit zurück auf mich zu lenken, spreche ich weiter: »Die haben es wild getrieben, erst hat sie ihm einen geblasen, da stand er vor seinem geöffneten Fenster, sie kniete davor, und er sah in gerader Linie zu mir herüber, so daß ich einen Moment untertauchte, bis ich dachte, daß es ihm vielleicht wichtig ist, daß ich zusehe. Also stellte ich mich hin, mein linkes Bein war sowieso inzwischen eingeschlafen und konnte Entlastung brauchen. Später nahm er sie von hinten, schmierte ihren Arsch mit Öl ein, die Backen, so daß sie rot in der Sonne glänzten und seine Hände immer wieder an ihr abrutschten, und nach einer Weile ließ er sich von ihr fesseln.«

Der Barmann zwinkert unruhig mit den Augen. »Eine Professionelle?« fragt er.

»Professionelle? Nicht mit dem langen Rock, den sie die ganze Zeit anbehalten hat, der nach oben geschoben wie ein Rettungsring um ihre Taille lag, während sie sich an den Brüsten ziehen, von hinten packen ließ und sich auf seinen schmächtigen Körper setzte, ich war kurz versucht, hinüber zu rufen: Vorsicht! Durchbruchgefahr – seine Knochen konnte ich förmlich knacken hören, unter dem ungewohnten Gewicht seiner Gefährtin. Und den langen Rock stülpte sie sich eher unprofessionell nach oben über den Kopf, nachdem sie ihn mit seinem beigen Bademantelgürtel an den Kleiderschrank gefesselt hatte, so daß er nur einen unförmigen bedeckten Oberkörper, kopflos, und den nackten Unterleib mit Beinen vor sich und bestimmt auch im Spiegel gegenüber sehen konnte. Als ich mir was zu trinken holte, guckte ich aus dem Küchenfenster und sah, wie sie gerade aufstand und wahrscheinlich ins Bad ging, während er, jetzt fessellos, auf seinem lila Sessel saß und vorsichtig seinen halbsteifen Schwanz befühlte.«

»Du konntest sie hören?«

»Manchmal.«

»Meinst du, ich meine, soll ich – kann ich, ich meine, sind die jetzt immer noch zugange?«

»Denk schon.«

»Ich habe in einer halben Stunde Schluß, meinst du«, der Barmann lächelt mich unsicher an, »würde es dir etwas ausmachen, wenn ich – mich bei dir einlade, nachher?« Sein Gesicht hat sich rötlich verfärbt, was zu seiner Hemdfarbe paßt.

Unwillkürlich muß ich daran denken, daß er einen Bauch und keinen Arsch hat, aber wo er mich so nett fragt, antworte ich: »Klar, gerne, soll ich hier auf dich warten?«

Er zuckt unschlüssig mit den Schultern, nickt halb dabei und sagt: »Ich muß mal an den Tisch, da hinten.« Und während er weggeht, scheint es mir, als hätte er ein Hüpfen im Schritt.

Ich beuge mich ein Stück zur Seite, um mich zwischen den bunten Flaschen in dem Spiegel hinter dem Tresen zu sehen. Ich strecke meine Zunge heraus. Designer, die die Farben von Alkoholika bestimmen, könnten auch über die Farben von Zungen entscheiden. Das wäre eine lustige

Mode, statt dem ständigen Gepierce und den Tätowierungen wäre es doch aufreizend, den Mund zu öffnen und zwischen den weißen Zähnen eine tiefblaue oder puterrote Zungenspitze zu zeigen. Das müßte machbar sein, mit etwas Ähnlichem wie Lebensmittelfarbe – haltbar vielleicht nur für einen Tag, oder einen Abend. Im Spiegel sehe ich, wie mein Barmann bei den beiden am Tisch steht und eine Bestellung aufnimmt, die Frau trägt Lippenstift, der haargenau dasselbe Cremeorange wie ihre Pumps hat, selbst die Fingernägel hat sie in dem Cremeorange lackiert. Das ist mir vorher gar nicht aufgefallen. Als der Barmann zurückkommt, will ich etwas sagen, aber er kommt mir zuvor: »Bouletten, ob wir so was haben, daß ich nicht lache.«

»Siehst du, jetzt weißt du, wie er aussieht, mein Nachbar. Bei dem du gerade am Tisch warst – das sind die beiden.«

»Nein«, sagt der Barmann, »das ist meine ehemalige Freundin, mit einem Bekannten.« Während er das sagt, sieht er mich nicht mehr an, sondern dreht sich um und ordnet die Flaschen im Regal. Sein Gesicht kann ich nicht sehen. Dann bückt er sich. Überhaupt kann ich nicht alles sehen.

»Er sieht wirklich frischer und kräftiger aus«, rufe ich zu ihm hinunter, aber der Barmann will hinter seiner Bar einfach nicht auftauchen.

GERT HEIDENREICH

Faksimile

Jonas Milchhaut war einer jener Menschen, die zu viele Talente besitzen und deshalb keinen richtigen Beruf haben.

Der Helläugige und Blondgelockte hatte auf kleinen Bühnen Theater gespielt, galt unter seinen Freunden als begabter Maler, ein Gedichtbändchen hatte wohlwollende Kritiker gefunden, zwei Jahre war Milchhaut mit einer Songgruppe durch Europa gezogen, dann hatte er als Regieassistent beim Film gearbeitet und sich schließlich von seinem einzigen Onkel, einem Bruder seiner Mutter, in dessen Möbelschreinerei und Restaurierungsbetrieb das Handwerk eines Tischlers beibringen lassen. Überdies war er ein geschickter Silberschmied und hatte gelernt, wie man Goldguß in Gipsformen ausschleudert, um Ringe herzustellen.

Wie es seiner Generation eigen war, hatte Milchhaut nach den politischen Träumen Ende der Sechziger die übliche Indienreise gemacht, lange Zeit Marihuana geraucht, nach viel Ernst Bloch lieber wenig Konfuzius gelesen, in Kommunen gewohnt, geliebt und gestritten, bevor er, nun Mitte Fünfzig, von seiner hochbetagt verstorbenen Mutter ein Bauernhaus in einem Dorf südlich der Landeshauptstadt geerbt hatte. Vernünftigerweise hätte man das Haus, obwohl kürzlich erst neu eingedeckt, abreißen und auf dem nicht unbeträchtlichen Grund fünfspännig Reihenhäuser errichten müssen, was in dieser Lage mit Blick auf die Berge gut dreieinhalb Millionen gebracht hätte.

Jonas aber bezog das uralte, heruntergekommene Gebäude mit seiner Frau, seiner achtzehnjährigen Tochter und einer Freundin aus den Jahren vor seiner Ehe.

Da im Dorf mehr aufs Land gezogene Kulturtreibende als eingesessene Bauern wohnten, erregte die Konstellation kaum Aufsehen. Nur daß die drei Frauen und Jonas in ihrem verwilderten Garten nackt herumliefen, sobald die Märzsonne die Wiesen dampfen ließ, schien sogar den zugereisten Städtern übertrieben – doch im Fernsehen gab es mehr zu sehen, als die vier mageren Lichthungrigen bieten konnten. Auch besaß Jonas, dessen Vollglatze von einem Petrus-Kranz weißer Flusen umgeben war, mit seiner bleichen Haut und den kastanienroten, seinen Körper überwandernden Sommersprossen nicht das Aussehen eines Verführers, und etliche Männer im Dorf fragten sich, wie gleich zwei Frauen es bei ihm aushielten. Hinter seiner lämmlichen Fassade verbarg sich freilich ein herrischer und zum Jähzorn neigender Charakter, und nur Menschenkenner sahen ihm diese Schwäche an den Augen an, ihrem zugleich starren und flackernden Blick.

Arbeiten mußte Jonas Milchhaut nicht, seine Frau verdiente als Übersetzerin und Lektorin, seine Freundin fand eine Stelle an der Sonderschule des Landkreises, seine Tochter hatte das Gymnasium abgebrochen und versuchte sich als »Schmuckdesignerin«: Sie bog Silberdraht zu Schnecken und Spiralen. Ihre sparsame Großmutter hatte neben Haus und Grund auch der Enkelin ein paar Rücklagen hinterlassen. In einem großen Schuppen auf dem hinteren Teil des Grundstücks hatte Jonas sich eine Werkstatt eingerichtet, nannte sich nun Holzbildhauer, und gelegentlich fuhr er eine aus allerlei Hölzern zusammengefügte Figur oder barock anmutende Fabeltiere auf seinem Pickup-Jeep in die Stadt; es gab Kunden, die seine hypertrophen Entwürfe schätzten.

Schon nach einem Jahr durfte die ungewöhnliche Familie im Dorf als akzeptiert gelten, wozu sich freilich auch eine nicht unbeträchtliche Spende der Milchhauts für die neue Eindeckung des Kirchturms als nützlich erwies. Zugleich aber beobachteten Anlieger seltsame Vorgänge auf dem Milchhaut-Grundstück: Immer häufiger hielten dort im Schutz der Dunkelheit auffallend teuere Autos. »Ab hunderttausend aufwärts, was so reiche Leute bei den Körnerfressern suchen?« wunderte sich der Wirt vom Gasthof »Wilder Hund«. Wie es schien, hatte Jonas Milchhaut eine neue und diesmal überaus erfolgreiche Karriere begonnen.

Seine Idee war es nicht gewesen. Vielmehr hatte jener Mutterbruder, in dessen Betrieb er vor Jahren das Schreinern erlernt hatte, ihn um seine Hilfe gebeten: Er müsse in nächster Zeit für eine Woche nach Oslo zur Möbelmesse und mache sich Sorgen, ob er seine vor kurzem geheiratete Frau, die zweiunddreißig Jahre jünger war als er, so lange allein lassen könne. Jonas verstand nicht, wie er in dieser Frage behilflich sein sollte, und der Onkel rückte endlich damit heraus, daß er mit seinen nun einundsiebzig Jahren durch die starke körperliche Begierde seiner jungen Gattin eine außerordentliche Erfrischung seiner sexuellen Fähigkeiten erfahren habe, andererseits unsicher sei, ob seine Frau in seiner Abwesenheit ihre Lust zügeln oder sich vielleicht einem anderen Mann zuwenden werde – kurz, er wolle seiner Gattin zur Erleichterung der Treue etwas hinterlassen, mit dem sie sich bei Bedarf vergnügen könne.

Hier zwinkerte der Onkel so heftig mit dem rechten Auge, daß Jonas unwillkürlich zurückzwinkerte, was der Onkel als Einverständnis deutete.

»Also an die Arbeit«, rief er und lief voraus in die Werkstatt.

»An welche Arbeit?« fragte Jonas, folgte aber brav.

»Ja, du glaubst doch nicht, daß ich ihr irgendein Plastikteil aus irgendeinem Sexladen schenken werde! Sie braucht mich! Mich in meiner kräftigsten Gestalt! Wollen wir ihn in Ebenholz machen? Oder Elfenbein? Ich habe noch zwei Stoßzähne von meiner Safari 1959 zu Hause! Oder denkst du gar an Silber? Hohl vielleicht, zu füllen wie eine Wärmflasche. Geld spielt keine Rolle! Na los, heraus mit der Sprache, ich weiß, du bist ein erfinderischer Kopf, ah, du willst ihn als Porzellanabguß, rosé glasiert, ich habe dich durchschaut, die feine glatte Härte, du bist ja vielleicht ein Schweinebolzen, mein lieber Junge!« Und er lachte kräftig, rauh und dunkel, wie Jonas es von ihm gewohnt war.

Mit Entsetzen wurde dem Vielbegabten nun klar, was der alte Herr von ihm verlangte: ein Faksimile jenes Körperteils, der offenbar unter den Anforderungen der frischen Ehe neu erblüht war. Ihn schauderte bei dem Gedanken, die siebzigjährige und mit ihm immerhin verwandte Blüte zu betrachten oder gar anzufassen. Empört lehnte er ab. Der Onkel bot eine beträchtliche Summe, Jonas sagte, er brauche kein Geld, worauf der Onkel ihn undankbar nannte und ihn daran erinnerte, daß er ihm eine eineinhalbjährige Ausbildung geschenkt hatte. Jonas schrie, er werde sich nicht moralisch erpressen lassen, der Mutterbruder schrie zurück, er werde nachträglich das Erbe seiner Schwester einklagen und seinen Neffen, ungeachtet der juristischen Aussichtslosigkeit, die nächsten zehn Jahre mit Gerichtsverfahren überziehen – und bald hatte ihrer beider Geschrei einen so gefährlichen und weitreichenden Klang angenommen, daß die drei Frauen aus dem Haus in die Werkstatt eilten, um zu erwartende Tätlichkeiten zu verhindern. Sogleich zu Schiedsrichterinnen berufen, erfuhren sie, was den Streit ausgelöst hatte, und alle drei waren sich einig, Jonas habe dumm und engstirnig reagiert. Ihm blieb nur, seinen Zorn abflauen zu lassen und einzusehen, daß Widerstand zwecklos war.

So also hatte die letzte Karriere des Jonas Milchhaut ihren Anfang genommen. Mit zarter Unterstützung der drei Damen war der Onkel zu einer Form aufgelaufen, von der sich ein Abdruck nehmen und mit Kunstharz ausgießen ließ, nach welchem Vorbild Jonas mit der nötigen Sensibilität aus dem ihm übereigneten Elefantenzahn ein elfenbeinernes

Replikat anfertigte, fein ausgeführt und bis in die kleinsten Falten, quellenden Adern und Äderchen, Buckel und Rinnen dem Original vollkommen ebenbürtig.

Ans Ende drechselte er nach eingehender Beratung mit seinen Damen eine Kugel, gerade so groß, daß sie von einer Frauenhand bequem umfaßt werden, als Hinweis auf das fehlende Skrotum verstanden und zur sicheren Führung der ganzen Skulptur dienen konnte. Der Onkel war von dem mit hochfeinem Goldschleifleinen polierten, cremefarben glänzenden Ergebnis seines Auftrages begeistert und steckte, da Jonas sich weigerte, von ihm Geld zu nehmen, dessen Frau einen Tausender zu. Hiermit hätte nun alles sein Bewenden haben und der Holzbildhauer sich wieder weniger organischen Formen zuwenden können.

Des Onkels junge Frau aber, von dem sehr persönlichen Geschenk zunächst irritiert, dann gerührt von der Fürsorge ihres Gatten und nach anfänglicher Scheu wiederholter Anwendung durchaus nicht abgeneigt, war wie die Mehrheit ihres Geschlechtes ein Mitteilungsgeschöpf und vertraute sich ihrer besten Freundin an, selbstverständlich unter dem Siegel der Verschwiegenheit. Diese wiederum gab die versiegelte Nachricht einer anderen Freundin weiter, gleichfalls höchst vertraulich, und auch die konnte nicht an sich halten und sprach mit ihrem Mann darüber. Der, ein so bejahrter wie bekannter rechtsliberaler Stadtpolitiker, begriff sofort, daß seiner Frau der Wunsch nach einem solchen Replikat nicht mehr aus dem Kopf gehen, er selbst hingegen Kopf und Kragen riskieren würde, wenn er ihn erfüllte. Die Ehe war es ihm wert. Konspirativ wurden Kontakte eingeleitet.

So kam Jonas Milchhaut unter allerhöchster Diskretion zu seinem zweiten Auftrag. Man einigte sich auf Ebenholz, die Damen halfen, und die Tochter erklärte sich sogar bereit, als Salome vor dem Politiker zu posieren, damit ihrer Mutter und der Freundin ihres Vaters etwas zum Abformen in die Hände wuchs. Jonas ahnte, daß sich sein Leben entscheidend wandeln würde.

In den besseren Kreisen der Landeshauptstadt, wo Männer ihre Toupets beim Perückenmacher der Nationaloper anfertigen ließen und Frauen es anstrengend fanden, täglich Geld auszugeben, wurde der Name Milchhaut bald wie ein heißer und zugleich hoch riskanter Börsentip gehandelt, und auch als Jonas schon mehr als dreißig Repliken angefertigt und weitere fünfundzwanzig in Auftrag hatte, gaben nur beste Freundinnen einander in aller Heimlichkeit ihre Erfahrungen mit seiner Kunst weiter, und nur Busenfreunde tauschten allervertraulichst seine Adresse. Die Lieferfristen nahmen zu.

Hätte er die Namen seiner Kunden publik gemacht, man hätte sich allgemein gewundert, wer da mit wem in derselben Hohlform-Kartei stand. Konservativ getarnte Neofaschisten trafen sich in Gestalt ihres Gemächts mit linken Karrieristen, bedenkenlose Hochfinanz mit gesellschaftskritischer Publizistik, hochehrbare Professoren mit dubiosen Reiseveranstaltern, und manchmal machte Jonas sich ein Vergnügen daraus, Parlamentarier nebeneinander zu plazieren, die sich am selben Tag in öffentlichen Debatten gegenseitig politische Impotenz vorgeworfen hatten. Da standen sie nun alle, einträchtig aufgereckt, ohne ihre Herren.

Gemeinsam waren Jonas' Kunden nur die Ödnis des Lebens und die Hoffnung, sein Formtalent werde ihre allzu sicheren, abgewohnten Beziehungen verjüngen. Alle hatten Angst vor Erpressung, öffentlicher Schande und Lächerlichkeit. Doch Jonas kannte den Wert der Diskretion.

Die Preise waren seit der elfenbeinernen Onkelblüte ins Zehnfache gestiegen. Man bezahlte bar, ohne Rechnung, steuerfrei. Silbern wurden die Faksimiles des Männerstolzes geordert oder aus Acryl, Tropenholz und Porzellan, Edelstahl und Bergkristall. Jonas hätte sich längst einen jener computergesteuerten Fräsroboter leisten können, die einen

Gegenstand holografisch erfassen und absolut originalgetreu in nahezu jedem Material replizieren konnten. Doch dies hätte ihn vom Gestalter zum Kopierer erniedrigt, und nichts fürchtete er mehr als den Verlust seiner Kunst.

Zur Sicherheit seiner Klientel schaffte er Stahlschränke an, und wenn er sie öffnete und vor den dichten Reihen der numerierten Abgüsse stand wie ein Maßschuster vor den Leisten seiner Kunden, erfüllte die Arbeit ihn mit Stolz. Andererseits war ihm jämmerlich zumute, weil er das Gefühl hatte, zu einem Serientäter verkommen zu sein. Aber er wußte, daß seine Exemplare die industriell produzierten Massenersatzteile und Vibratoren an Lustgewinn weit übertrafen. Es war die Persönlichkeit, die er mitformte, es war der Effekt der Wiedererkennbarkeit, der unverwechselbare Charakter, der dem individuellen Replikat anhing.

Schnell hatte er gelernt, die erotische Intelligenz seiner Kunden einzuschätzen. Die meisten gaben ihre Bestellung schlicht eins zu eins auf, das waren die Phantasielosen, die sich ihre Frau nicht vorstellen konnten oder wollten – denn weibliche Lust ohne ihre eigene Anwesenheit war ihnen selbst dann unheimlich, wenn sie durch ihren Stellvertreter gleichsam daran beteiligt waren. Andere wollten angeben und fragten nach, ob man das Faksimile, da es ohnehin von Hand gearbeitet werde, nicht in den Maßen allseits ein wenig ausdehnen könne. Jonas entsprach den Wünschen und ahnte schon, daß die derart beschenkten Damen, wenn das Original in den Schoß der Familie zurückgekehrt war, sich enttäuscht nach dem Faksimile sehnten. Die Klugen verlangten, es eine Spur kleiner zu machen, um stets als lebende Größe zu triumphieren. Aber das waren wenige. Jonas arbeitete ohne Vorurteil, ohne Murren und bis an seine körperlichen Grenzen. Zwei weitere Stahlschränke mußten hinzugekauft werden. Der Dorf-Pfarrer erhielt eine weitere großzügige Spende für die Neuvergoldung des Altars.

Eines heiteren Februartages aber, Jonas hatte soeben ein

Intendantenstück aus Marmor fertiggestellt und war von einem früheren Kunden ans Telefon gerufen worden, erklärte er, nun sei Schluß mit dem Replizieren. Vergebens versuchten Frau, Tochter und Freundin herauszufinden, was ihn plötzlich an der so einträglichen Arbeit störte.

Ihn störte weder die eitle Dummheit der meisten Kunden noch die an Prostitution grenzende Mühe, die seine Helferinnen mit einigen von ihnen hatten; ihn störte auch nicht der zunehmende Andrang neuer Kunden, der auf eine gefährliche Geschwätzigkeit schließen ließ, nicht das Gerücht, daß ein anderer Bildhauer sein Rezept erfolgreich nach Chicago exportiert habe; ja nicht einmal die Tatsache, daß über diplomatische Kanäle die Kunde von den Faksimiles zu einem ostafrikanischen Despoten gelangt war, der durch den Generalkonsul seines Landes einen Barren Gold nebst dem aus Ton gebrannten Duplikat der herrscherlichen Lendenmitte überbringen ließ und eine massiv goldene Kopie verlangte – solches Ansinnen konnte der Helläugige leichthin zurückweisen mit der Begründung, er arbeite nur nach dem Original.

Was Jonas Milchhaut störte, war die ihm zu Ohren gekommene und kaum glaubliche Ungeheuerlichkeit, daß einige Damen begonnen hatten, die ihnen geschenkten Replikate untereinander auszutauschen.

Wer sein Exemplar zuerst verliehen hatte, war nicht mehr festzustellen. Möglicherweise war der Tod des Onkels an allem schuld. Die junge Witwe mochte durch die postmortale Vergnügung mit dem Elfenbeinrest des Verstorbenen auf die Idee gekommen sein, ihn Freundinnen auszuleihen, da er ja nun ohnhin wieder der ganzen Natur gehörte. Eine sehr persönliche Form der Trauer vielleicht.

Jonas sah eine wachsende Liebesunordnung in der Landeshauptstadt voraus. Die Damen jener besseren Kreise kannten bald keinerlei Hemmung mehr, da mit dem Tausch kein Partnerwechsel, folglich auch kein Betrug und die ihm zumeist folgenden Unannehmlichkeiten verbunden waren. Dennoch erlebten sie erotische Abenteuer mit fremden Herren, häufig prominenten, gelegentlich sogar zuvor aus der Ferne begehrten. Bevor den Männern auffiel, daß sie vermietet und verglichen wurden, hatte sich unter dem Codewort »Faksimile« ein schwunghafter Markt entwickelt, und manche Eignerin wußte für Wochen nicht, wo der Ihrige gerade begutachtet wurde.

Nichts von der genitalen Verwirrung geriet in die Presse der Landeshauptstadt, was ein sicheres Zeichen für die Verwicklung der Herausgeber und Chefredakteure in das Chaos war. Es kam zu peinlichen Szenen bei Empfängen und Diners, wenn ein Herr mit einer Dame bekannt gemacht wurde und sie die namentliche Vorstellung mit den Worten als unnötig abwies: »Wir hatten bereits das Vergnügen.« Schlimmer noch, wenn der Tischherr, neben eine Fremde plaziert, zu hören bekam: »Wie schön, daß ich Sie nun auch kennenlerne!« Selbst eine so harmlose Bemerkung wie: »Ach, ich hatte Sie mir ganz anders vorgestellt!« löste Bestürzung aus, die Aufforderung an einen Eingeladenen: »Fühlen Sie sich ganz wie zu Hause!« schien anderes zu bedeuten, als alle Steifheit abzulegen, und die etwas ungewöhnlich betonte Frage der Hausherrin bei Tisch: »Darf ich Ihnen noch etwas anbieten?« wies unmißverständlich darauf hin, daß umfänglichere Genüsse bereits goutiert worden waren.

Dies alles hatte Jonas Milchhaut in Unschuld bewirkt. Und gleichermaßen unschuldig beschloß er, um rund fünfhunderttausend Mark reicher als zuvor, seine Faksimilekarriere zu beenden. Sorgfältig vernichtete er sämtliche Unterlagen, die eine Zuordnung von Personen zu den in Umlauf befindlichen Replikaten erlaubt hätten.

Als er die Formteile aus den Schränken zu Boden wischte und zerschlug, befiel ihn eine merkwürdige Zufriedenheit, und er spürte eine schon lange nicht mehr gekannte Erregung. Je mehr fremde Abgüsse er vernichtete, um so deutlicher meldete sich sein eigenes Original, und als er sah, daß es zu einer schon verloren geglaubten Imposanz gefunden hatte, nahm er sich selbst einen Abdruck, fegte den Schutt der anderen beiseite und arbeitete drei Tage konzentriert an seinem letzten Faksimile, für das ihm deutsches Lindenholz geeignet schien. Das Replikat gelang ihm ausgezeichnet, und als er die Griffkugel montiert und das Ganze mit feinster Granulierung geschliffen, gewachst und poliert hatte, legte er es auf den Küchentisch, zog sein Jackett an, überprüfte, ob die Brieftasche Paß und Kreditkarten enthielt, und verließ das Haus. Langsam, als ob er nur zum Einkaufen fahren würde, ließ er seinen Jeep aus dem Grundstück rollen. Es war der erste warme Tag im März, und die Wiesen dampften.

Uwe Timm

Das Schließfach

Nachmittags, kurz nach drei, rief Steiner an, er sei auf der Durchreise, ob ich Lust und Zeit hätte, ihn im Bahnhof zu treffen.

Ich mag keine Bahnhofsrestaurants und fragte, ob wir uns nicht woanders treffen könnten. Steiner sagte, er könne nicht weit gehen, er habe Probleme mit seinem rechten Bein. Und noch etwas, ob ich eine Sicherheitsnadel mitbringen könne. Er sei in eine aberwitzige Geschichte hineingeraten, der reine Wahnsinn, er wolle mir das später ausführlich erzählen.

Also gut.

Bis gleich, und denk an die Sicherheitsnadel.

Bis gleich.

Ich lebe wochen-, ja monatelang in dieser Stadt und nichts Erzählenswertes passiert. Steiner steigt in München aus und wird sofort in eine Geschichte verwickelt, an deren Ende eine Sicherheitsnadel nötig ist. Er erlebt das, was ich mir nur am Schreibtisch ausdenke.

Vor gut sechs Jahren habe ich Steiner zum ersten Mal getroffen. Er war damals Ende Vierzig, wirkte jedoch älter, der kurzgeschnittene Bart und das Haar waren schon graustichig. Das Auffälligste an ihm aber war seine Gestalt, mittelgroß, gedrungen und von einer geradezu bedrohlichen Kompaktheit.

Es war Mitte März, ein sonniger, jedoch kühler Tag. Am Horizont waren die Voralpen zu sehen, noch immer schneebedeckt. Wir waren zum See hinuntergegangen und hatten eine Zeitlang auf dem Bootssteg gesessen und über Belangloses geredet. Plötzlich stand er auf und begann sich auszuziehen. Er sagte, wenn er einen See sehe, dann müsse er schwimmen.

Das Wasser ist eisig, sagte ich, der See war noch vor einem Monat zugefroren. Und am Wochenende ist ein Kajakfahrer gekentert und ertrunken, keine hundert Meter vom Ufer entfernt.

Steiner aber zog die Jacke aus, knöpfte sich das Hemd auf, stieg aus der Hose, stand einen Moment in einer türkisfarbenen Unterhose da, die er sich dann aber auch noch auszog. Sein beachtliches Glied hing etwas nachdenklich nach links. Er hatte den Oberkörper eines Ringers der Schwergewichtsklasse.

Sei vorsichtig, sagte ich.

Langsam watete er durch das knietiefe Wasser, machte keine dramatischen Gesten oder die Kälte kommentierenden Ausrufe, sondern tauchte ein und schwamm hinaus, bis zur Boje, kam zurück und sagte: Schön klar, das Wasser. Da wir kein Handtuch hatten, ließ er sich von dem kalten Märzwind trocknen. Ich sah, er fror jetzt, er stand da wie mit hellblauer Farbe übergossen.

Ein Naturbursche, jemand, mit dem man die transversale Alpenüberquerung wagen könnte, das war mein Eindruck an diesem Nachmittag. Dabei hatte ich aus den Erzählungen von seinem langjährigen Freund Stapelfeld ein ganz anderes Bild bekommen. Eine Art trinkfester Arthur Rubinstein. Spät in der Nacht. Drei Flaschen Rotwein hatten sie schon getrunken. Da setzt Steiner sich ans Klavier und spielt Chopin. Perfekt, fast konzertreif. Steiner behauptet, Alkohol löse die Finger. Endlich hört Steiner zu spielen auf. Sofort beginnt ein wildes Klopfen im Haus. Ein Hämmern an den Heizungsrohren. Stapelfeld denkt an den nächsten Morgen, was er seinen Nachbarn sagen soll. Steiner jedoch spielt weiter, und da, da hört das Klopfen auf. Steiner spielt und spielt, kein Klopfen. Steiner hört auf, sofort beginnt wieder das Klopfen. Verstehst du, das war ein auf die Heizungsrohre getrommeltes Dacapo. Steiner spielt weiter. Hört auf, wieder das Heizungsrohrdacapo. Das alles nachts um drei, mußt du dir vorstellen. Zwischendurch trinkt Steiner den teuren Bordeaux, die Flasche zu 60 Mark, so nebenher, als sei es tunesischer Industriewein. Gegen Morgen rutscht Steiner vom Klavierbock, sackt erschöpft auf dem Boden zusammen. Schläft wie bewußtlos. Unmöglich, ihn ins Bett zu bringen. Stapelfeld schüttelte den Kopf, nachdenklich, als wundere er sich noch immer über Steiners Gewicht. Ein Mann mit einer extremen musikalischen Begabung, aber die wiegt – leider – nicht die anderen Eigenarten auf, Eigenarten, die sich genaugenommen schon in seinem Namen aussprechen. Steiner. Richtig betont, sagt der alles. Ich, sagte Stapelfeld, bin überzeugt, daß Familiennamen bestimmte charakterliche Grundeigenarten verraten, nicht immer, zugegeben, aber oft mit einer erstaunlichen Korrespondenz. Eigner. Lister. Steiner. Ein Monomane. Er zieht jeden, ich sage jeden, mit dem er in Kontakt kommt, in seine Händel und Streitigkeiten. Jeden!

Was war denn, ich meine, mit dir?

Stapelfeld hob die Hand und ließ sie resigniert wieder sinken. Steiner, das ist die Dekonstruktion in Person, sagte er nach einer kleinen nachdenklichen Pause. Aber es war herauszuhören, daß diese nachdenkliche Pause nicht neu war.

Ich war durch die Erzählungen Stapelfelds neugierig geworden. Und als Steiner vor gut sechs Jahren anrief und mich von einem gemeinsamen Bekannten, nämlich Stapelfeld, grüßen ließ und fragte, ob er, der auf der Durchreise nach Berlin sei, bei mir übernachten könne, sagte ich sofort ja.

Er kam. Wir gingen zum See. Er schwamm. Abends aßen wir zusammen, und er erzählte – bis in die Nacht – von seinem Hauswirt in Paris und von einer Kündigung. Eine höchst verwickelte Geschichte, die sich in immer neuen und anderen Geschichten verlor, vom Hölzchen aufs Stöckchen kam, eine Geschichte, die schließlich darin gipfelte, daß er morgens, als er aus Paris abfahren wollte, von seinem Vermieter, dem Besitzer des Hauses, angeschrien worden war, der, wie Steiner sagte, verständlicherweise – man müsse sich ja auch immer in den anderen hineinversetzen – verbittert war, worauf er, Steiner, aber keine Rücksicht nehmen konnte, schließlich habe er die Wohnung mit einer festen Zusage vermietet bekommen – jedenfalls am Ende, also an diesem Morgen, hatte der Vermieter ihn sogar mit einer Bratpfanne bedroht.

Noch im Traum versuchte ich, diese Verknotung verschiedener Zu- und Absagen zu entwirren. Steiner stritt mit einem Franzosen, der wie de Gaulle aussah. Es war mir peinlich. Ich dachte, das Bild der Deutschen könne sich nur abermals bestätigen, darum versuchte ich zu schlichten. Daraufhin gingen beide auf mich los, Steiner und der Franzose, sie verbündeten sich gegen mich, sie brüllten, sie rempelten mich an. Sie drängten mich in eine Abstellkammer. Die Tür wurde von außen verschlossen. Ich stand im Dunkeln und hämmerte gegen die Tür. Im Aufwachen hatte ich noch die Stimme des Franzosen im Ohr: Ferme ta goche!

Am Morgen, beim Frühstück, erzählte ich Steiner, daß ich nachts, auf französisch, geträumt hätte.

Er sagte, ja, ja, er habe wohl gestern abend etwas zuviel getrunken und darum auch etwas viel geredet. Das kommt, sagte er, weil ich seit Wochen mit niemandem mehr gesprochen habe. Und dann fragte er mich, wie es mir denn so gehe.

Die Frage überraschte mich derart, daß ich sofort beteuerte: Gut, und da er mir von seinen Geldnöten, seinen Wohn- und Mietproblemen erzählt hatte, sagte ich noch: Sehr gut sogar.

Jedesmal, wenn Steiner später auf Besuch kam, fragte er

mich, wie es mir ginge, und jedesmal sagte ich dann: Gut. Dann konnte er loslegen.

Stapelfeld erklärte die Erlebnisfülle damit, daß Steiner viel herumreise. Und zwar nicht wie du oder ich in der Ersten Klasse, wo mit der Beinfreiheit zugleich die soziale Distanz vergrößert wird, sondern immer in der Zweiten Klasse, Knie an Knie mit einer Rentnerin oder einer Studentin. Und das beschert ihm diese permanente soziale Reibung, verstehst du. Während wir in Mittelklassehotels übernachten und dort die langweiligen Manager treffen, schläft er auf dem Sofa von Sievers, einer Frau, die auf ihrer Dachterrasse halluzinogene Pilze zieht, auf Kuhdung. Kuhdung, den sie auf oberbayrischen Wiesen einsammelt. Steiner mußte nach einem solchen Hexenritt für eine Nacht in ein Krankenhaus, wo sie ihm mit drei Eimern Salzwasser die Pilze aus dem Magen gespült haben. Oder er steigt in einer Billigpension am Bahnhof ab, einem Billigpuff, wo ihm nachts der Portier, ein Perser, seine Lebensgeschichte erzählt, ein ehemaliger Oberst der Leibgarde des Schahs. Stapelfeld, der ansetzte, die Geschichte des Obersten nachzuerzählen, fiel sich selbst ins Wort, sagte, nein, es ist noch etwas anderes, etwas Grundsätzliches, was Steiner diesen Erlebnisreichtum beschert – Steiner eckt überall an, auch da, wo wir uns geschmeidig den Dingen anpassen, ja, er rennt gegen die Verhältnisse an, und ihm geht sonderbarerweise jegliches Peinlichkeitsgefühl ab. Uns, sagte Stapelfeld, quälen immer die Überlegungen: Was werden die Leute denken, was werden sie sagen, Überlegungen, nein, Empfindungen, die Widersprüche schon im Keim ersticken. Wir haben ein Bild von uns, das auch die anderen von uns haben sollen. Also verhalten wir uns taktisch. Steiner ist nicht taktisch. Wie die anderen ihn sehen, ist ihm scheißegal. Er legt sich in einer Arztpraxis auf den Boden, das mußt du dir vorstellen, er liegt dort, bis der entnervte Arzt, der sonst nur Privatpatienten behandelt, die sich vor Wochen angemeldet haben, ihm die Prostata abtastet. Aber warte mal, das Beste kommt noch, als der Arzt ihm die Rechnung schickt, eine gesalzene, versteht sich, da weigert sich Steiner, die zu zahlen. Er schreibt dem Arzt, und ich habe den Brief gesehen: Bitte klagen Sie. 2000 Mark für einmal den Finger in den Arsch stecken, das ist sittenwidrig.

Steiner liegt mit allen im Clinch, mit Hausbesitzern, mit Behörden, mit Steuerberatern, mit Ärzten, mit allen, die Geld von ihm wollen, die ihm Rechnungen stellen. Hohe Rechnungen. Und wo werden keine hohen Rechnungen gestellt? Wir, wie die meisten, zahlen, ärgern uns dann aber tagelang. Aber da es alle tun, sind die hohen Rechnungen normal und auch der stille Ärger darüber. Nicht so Steiner. Sein Ärger ist immer laut. Auf Klageandrohungen reagiert er nicht. Er lebt am Existenzminimum, schreibt verbohrt und beharrlich seine Bücher. In seiner Einzimmerwohnung findet kein Gerichtsvollzieher etwas Pfändbares, nur Stühle, eine Schreibmaschine, einen Schreibtisch und ein paar Bücher. Weißt du, er ist jemand, der einen utopischen Kommunismus lebt, gefühlsmäßig, mein ich, alles soll nichts kosten, und er selbst verlangt ja auch nichts. Das mußt du dir vorstellen, jemand, der hier gegen das Geld lebt.

Steiner saß im Bahnhofsrestaurant an der rückwärtigen Wand und winkte mir zu. Er umarmte mich, blieb dabei aber sitzen, wie es alte Leute tun, denen das Aufstehen schwerfällt. Er sah gut aus, das Gesicht gebräunt, er kam ja auch gerade aus Italien, lachte, bestellte bei der Bedienung noch ein Helles für sich und für mich eine Apfelschorle. Das merkt er sich auf eine rührende Weise, was man gern ißt, was man zu welcher Zeit gern trinkt. Er fragte, ob ich an die Sicherheitsnadel gedacht hätte. Ich legte sie auf den Tisch.

Prima, sagte er, ohne sie anzurühren, ihm sei nämlich etwas völlig Verrücktes passiert. Also, sagt er, er sei gestern aus Italien angekommen, um 18.30. Die Uhrzeit ist wichtig für die Geschichte, betonte er: 18.30. Münchner Hauptbahnhof. Er habe sich ein Schließfach gesucht, die beiden Reisetaschen hineingeschoben, das erforderliche Zweimarkstück eingeworfen, was doch viel zuviel ist, für so ein kleines Fach – also gut –, er schließt das Fach mit dem Schlüssel ab und fährt zu einem Bekannten, bei dem er übernachtet. Heute morgen war er im Verlag mit seinem Lektor verabredet. Nach dem Mittagessen ist er dann zum Bahnhof gegangen, um das Mitbringsel für mich herauszuholen, die Reisetaschen wieder einzuschließen, anschließend wollte er zu mir fahren.

Steiner bringt mir, kommt er aus Italien, jedesmal etwas mit, eine Flasche Rotwein, einen Panettone, ein Stück Parmesan. Ich erwartete auch jetzt, daß er nach unten, neben den Stuhl greifen und aus seiner Reisetasche etwas herausziehen würde, aber am Boden stand keine Tasche, und Steiner, der meinen suchenden Blick bemerkt hatte, zeigte auf die Sicherheitsnadel und sagte, warte, die Geschichte beginnt erst.

Der Steiner, sagte Steiner, der die merkwürdige Angewohnheit hat, manchmal von sich in der dritten Person zu reden und sich dann auch noch bei seinem Nachnamen zu nennen, Steiner geht also zum Schließfach mit der Nummer 714, an der eine kleine rote Lampe leuchtet. Die Lampe soll anzeigen, daß 24 Stunden abgelaufen sind, die Zeit also überzogen ist. Will man jetzt seine Sachen herausholen, muß man, um aufsperren zu können, abermals ein Zweimarkstück einwerfen. Nun fehlten aber für den angegebenen Nachzahltermin noch gute drei Stunden.

Steiner geht zur Schließfachaufsicht und sagt dem dort sitzenden Aufseher, er habe sein Fach mit einer rot leuchtenden Lampe vorgefunden und könne es nicht aufsperren. Der Schließfachaufseher sagt: Er müsse zwei Mark nachwerfen.

Weiß ich doch, sagt Steiner und erklärt dem Mann, daß er

erst vor 21 Stunden das Schließfach abgeschlossen habe. Es fehlen also noch gute drei Stunden. Der Aufseher kommt mit demonstrativ gezeigtem Widerwillen aus seinem Aufsichtsraum, schließt die Tür ab, geht mit Steiner zum Schließfach 714. Er läßt sich von Steiner ein Zweimarkstück geben, wirft es ein, öffnet die Tür und sagt: Sehen Sie.

Ja und? Das hätte ich auch gekonnt. Die Uhr geht nicht richtig.

Die Uhr geht richtig, die Uhr ist immer richtig gegangen. Es hat noch nie eine Beschwerde gegeben.

Steiner wird langsam ungeduldig. Hören Sie mal. Das beweist doch nichts, daß sich bisher noch niemand beschwert hat. Die Leute haben einfach zwei Mark nachgeworfen. Die wollten sich genau das ersparen, was ich jetzt mache, mit Ihnen darüber zu diskutieren, ob das Schließfach funktioniert oder nicht. Ich will die zwei Mark zurückhaben.

Das geht nicht. Verstehen Sie nicht? Sie haben doch die Zeit überzogen.

Schon das Wörtchen doch war eine Unverschämtheit, sagte Steiner, und dann noch dieses Patzige: Verstehen Sie nicht? So als wäre ich begriffsstutzig.

Steiner verbittet sich dieses Doch und das Verstehen Sie nicht und sagt scharf und laut: Das ist beweisbar, anhand meiner Fahrkarte. Ich bin gestern hier angekommen, aus Rom. Gucken Sie sich die Fahrkarte an.

Da kann ich doch nur lachen, sagt der Schließfachkontrolleur.

Da wurde ich laut, sagte Steiner, sehr laut: Ihnen wird das Lachen noch vergehen. Und dann rutschte ihm ein Wort aus dem Mund, das er zuvor noch nie gebraucht hatte, ja nicht einmal gedacht hatte, er brüllte: Sie grüner Kontrolltrottel.

Warum grün? fragte ich.

Frag ich mich auch, sagte Steiner, und dann dieses Wort Kontrolltrottel, wahrscheinlich unterbewußt hervorgetrieben von diesen Lautzwillingen, den O, T und L. Und als wär das eine geniale Erfindung, brüllte ich nun gleich dreimal: Kontrolltrottel, Sie Kontrolltrottel!

Sprich das mal aus. Extrem schwer. Aber ich bin dabei nicht einmal angestoßen, sondern habe es gut artikuliert über die Lippen bekommen.

Bei dem Wortwechsel hatte sich ein Auflauf gebildet. Genaugenommen erwarten doch alle auf Bahnhöfen, daß etwas Ungewöhnliches passiert. Die Leute verfolgten neugierig den Wortwechsel.

Spätestens hier, in Anbetracht der neugierigen Menge, hätte ich, denke ich, aufgegeben, wäre, getrieben von dem mich seit meiner Jugend begleitenden Peinlichkeitsgefühl, gegangen. Steiner aber, dem, was andere denken, egal ist, ließ nicht locker: Warum soll ich nachzahlen, wenn die Uhr falsch geht?

Der Schließfachaufseher zögert, sagt schließlich, gut, er werde den zuständigen Techniker fragen. Der Techniker ist sofort zur Stelle, wahrscheinlich hat er schon vorher den Wortwechsel verfolgt.

Der Techniker untersucht den Mechanismus und sagt, die Uhr sei intakt, es könne nur an der mangelhaften Bedienung des Schließfachs durch den Benützer gelegen haben.

Kannst du dir das vorstellen? Diese Unverfrorenheit! Um einen defekten Uhrmechanismus zu rechtfertigen, wird mir ein Bedienungsfehler angehängt. Als wäre ich der letzte Idiot.

Probieren Sie es, sagt der Schließfachaufseher.

Steiner sucht in seinem Portemonnaie zwei Markstücke, wirft sie ein. Ich denke natürlich, der Techniker holt das Geld wieder raus. Ich schließe die Tür, ziehe den Schlüssel ab, rüttel an der Tür, sage: Sehen Sie, die Tür ist zu!

Ja, sagt der Schließfachaufseher, und jetzt, nach 24 Stunden, leuchtet die kleine Lampe rot auf. Aber, sagt Steiner, jetzt ist das Fach abgesperrt.

Ja. Sie haben es doch abgesperrt.

Ich mußte in dem Moment alle Kraft zusammennehmen, um nicht loszubrüllen. Hören Sie, ich wollte aus meiner Reisetasche nur etwas herausholen und dann das Fach wieder absperren.

Dann müssen Sie eben noch mal zwei Mark reinwerfen.

Das ist doch Wahnsinn, erst zwei Mark wegen einer falschen Zeit und jetzt nochmals zwei Mark zum Ausprobieren.

Ja, ja, Geld regiert die Welt, sagt der Schließfachaufseher und will gehen.

Moment! Ich will die zwei Mark zurück!

Geht doch nicht, sagt der Schließfachaufseher. Das Geld wird registriert. Muß ich doch sonst aus meiner Tasche zahlen.

Und meine Tasche, was ist mit meiner Tasche?

Die ist doch eingeschlossen.

Werden Sie nicht frech. Glauben Sie etwa, ich soll das zahlen?

Natürlich, Sie wollen doch die Tasche einschließen, sagt der Schließfachaufseher und dreht sich um, drängt sich zwischen den Neugierigen hindurch, die einen Kreis um uns gebildet haben.

Steiner brüllt: Diebstahl! Räuberbande! Diebe! Steiner brüllt so laut, daß er sogar die Bahnhofsansagen übertönt. Diebstahl! Der Schließfachaufseher versucht, durch schnelles Gehen dem brüllenden Steiner in der Bahnhofshalle zu entkommen. Vergeblich. Er bleibt gleichauf und brüllt: Festhalten. Diebstahl! Aber da der Schließfachaufseher eine Bahnuniform trägt, wagt niemand, ihn festzuhalten. Der Mann versucht, seinen verglasten Dienstraum zu erreichen. Steiner brüllt: Diebstahl.

Zwei Bahnpolizisten tauchen auf. Der eine führt einen Schäferhund an der Leine. Der Hund trägt einen Maulkorb aus Drahtgeflecht.

Das, sagte Steiner, mußt du wissen, sind die bissigsten Hunde, die mit einem Drahtkorb.

Die Polizisten wechseln, als sie hören, daß ein Schließfachaufseher des Diebstahls beschuldigt wird, die Richtung und entfernen sich mit ihrem Schäferhund wieder.

Der Schließfachaufseher öffnet schnell mit seinem Vierkantschlüssel die Tür und schlägt sie hinter sich zu. Steiner trommelt gegen das Glas des Schalters, verlangt, den Vorgesetzten des Aufsehers zu sprechen.

Herr Schwarz, zweiter Stock, dritte Tür links, ruft der Schließfachaufseher durch ein Sprechloch in der Scheibe. Er wischt sich den Schweiß von der Stirn. Er ist außer Atem. Er ist rot angelaufen. Steiner sieht noch, wie er sich in einen Sessel fallen läßt.

Steiner läuft die Treppen hoch, dritte Tür links, stürmt ins Zimmer. Herr Schwarz sitzt am Schreibtisch. Herr Schwarz faltet gerade das Butterbrotpapier zusammen. Herr Schwarz sagt: Normalerweise klopft man an.

Was, sagte Steiner, schon eine Unverschämtheit war, aber gut. Steiner, noch außer Atem, sagt, er käme von unten, von den Schließfächern. Herr Schwarz sagt: Moment. Herr Schwarz sagt: Nun mal langsam. Es gibt drei Sorten von Schließfächern, das alte Modell von 1967, wobei gleich gesagt sein muß, daß dieses Modell immer noch sehr gut funktioniert, gerade die Uhren gehen sehr genau, sagt Herr Schwarz.

Also, sagte Steiner, war der Herr Schwarz von dem Schließfachaufseher schon telefonisch vorgewarnt worden.

Sodann, sagt Herr Schwarz, gibt es das neuere Modell, das aber noch nicht das neueste Modell ist. Auch bei dem neueren Modell funktionieren die Uhren sehr gut. Und bei dem neuesten sowieso. In welches Modell haben Sie Ihre Sachen eingeschlossen?

Woher soll ich das wissen? Ich habe die Nummer 714.

Aha, sagt Herr Schwarz und blickt auf einen Plan, also unser mittleres Modell.

Steiner sagt, ihm sei das Modell egal, er könne zweifelsfrei beweisen, und zwar anhand seines Fahrscheins, daß er morgens um 8.15 Uhr von Rom abgefahren sei, die 24 Stunden also noch nicht abgelaufen sein können, denn der Zug sei erst um 18.30 angekommen. Er reicht dem Herrn Schwarz den Fahrschein. Herr Schwarz starrt auf den Fahrschein, dann sagt er, aber da steht nicht die Ankunft drauf.

Das sagt, mußt du dir vorstellen, sagte Steiner, ein Bundesbahnbeamter.

Man kann doch nachsehen, wann der Zug angekommen ist, nämlich um 18.30.

Herr Schwarz ruft seine Sekretärin, sie soll heraussuchen, wann der Zug aus Rom ankommt.

Um 18.30.

Aha. Herr Schwarz denkt nach, dann sagt er, diesen Fahrschein könnte auch ein anderer in Rom abgestempelt haben.

Steiner zwingt sich, ruhig zu bleiben, versucht, sachlich zu argumentieren, also sagt er, es sei doch etwas übertrieben, wegen zwei Mark eine internationale Verschwörung in Gang zu setzen, also jemand, der in Rom die Fahrkarte abstempelt, einer, der abfährt, ihm den Fahrschein überreicht, um dann diese zwei Mark zu reklamieren, die eine Überziehungsgebühr sind, wobei er ja dann schon lange geplant haben müsse, an eben dem Tag zu überziehen, also die ganze Planung geradezu generalstabsmäßig hätte in Gang gesetzt werden müssen. Nein, das ist doch Irrsinn!

Herr Schwarz sagt streng: Werden Sie bitte nicht ausfallend. Herr Schwarz denkt nach. Herr Schwarz grübelt. Herr Schwarz sagt: Werweiß, werweiß. Dann denkt er wieder nach.

Steiner vermutet, daß Herr Schwarz Bahnamtmann ist, vielleicht sogar ein studierter, also Bahnrat. Schließlich gibt sich Herr Schwarz sichtlich einen Ruck. Er schreibt eine Quittung aus über DM 2, Datum, Uhrzeit. Dann läßt er sich die zwei Mark quittieren. Die könne sich Steiner bei der Schließfachaufsicht abholen. Genaugenommen müsse er ja nochmals zwei Mark haben, sagt Steiner, denn der Aufsichtsbeamte habe ihn überredet, zur Probe zwei Mark hineinzuwerfen. Nein, sagt der Herr Schwarz streng, das bekommen Sie nicht ersetzt. Sie haben sie ja freiwillig eingeworfen.

Steiner geht die Treppen hinunter, geht in den Bahnhof, zu dem verglasten Fenster. Er läßt sich die zwei Mark auszahlen.

Hier, sagte Steiner und zog aus der Tasche ein Zweimarkstück, hielt es mir vor die Nase, blickte mich erwartungsvoll an, als müsse ich jetzt vor Staunen die Augen verdrehen. Und ich machte denn auch so einen blödsinnigen Ausruf und sagte: Donnerwetter.

Aber, sagte Steiner, er habe es sich nicht verkneifen können, dem Schließfachwärter zu sagen: Sie könnten ruhig etwas souveräner sein. Und jetzt passiert das Verrückte, sagte Steiner, dieser Mann, den ich zuvor mit Kontrolltrottel angepöbelt habe, der Mann beginnt, bei dem Wort souveräner zu schreien, er stürzt aus seinem Glashäuschen, er brüllt, und wieder bleiben Reisende stehen, wieder tauchen in der Ferne die beiden Bahnpolizisten mit dem Hund auf, sie kommen, da jetzt der Schließfachaufseher brüllt, schnell näher. Der eine bückt sich, nimmt dem Hund den Maulkorb ab.

Steiner blickte auf die Uhr und sagte, wir müssen gehen, ich muß die Taschen noch rausholen und das Geschenk für dich.

Er stand abrupt auf, und da sah ich, was bisher vom Tisch verdeckt worden war, das große Dreieck in seiner Leinenhose. Ein Lappen hing in der Höhe des Oberschenkels herab. Am Schenkel war deutlich der Abdruck von Zähnen zu sehen. Rotblau, blutunterlaufene Punkte, dort, wo die Reißzähne sitzen, waren Abschürfungen und vier kleine getrocknete Blutkrusten zu sehen.

Meine Güte!

Tja, sagte er nur, nahm die Sicherheitsnadel und steckte sich den Dreiangel am Hosenbein hoch.

Kann man die nicht verklagen?

Klar, aber wenn du dich gewehrt hast, sieht es schlecht aus für dich.

Wir können in der Bahnhofsapotheke etwas Jod kaufen.

Ach was, sagte er, Polizeihunde werden regelmäßig auf Tollwut untersucht.

Ich hätte dir eine Hose mitbringen können.

Nee. Soll ruhig jeder sehen. Ich will nur nicht, daß dieser Lappen so runterhängt, stört beim Laufen. Wir müssen los, der Zug geht gleich, sagte er. Man kann sich nicht alles bieten lassen. Ich zahlte, und wir gingen zu den Schließfächern. Dort waren gerade zwei Aufseher dabei, die Münzen aus den Schließfächern zu holen, das heißt, einer nahm die schmalen Tresore heraus und schüttete die Geldstücke in eine große Ledertasche. Der andere stand daneben, offensichtlich als Aufseher. Was absolut überflüssig war, niemand mit Verstand würde versuchen, diese schwere Ledertasche voller Münzen zu stehlen. Der Schließfachaufseher hob sie mit Mühe hoch. Und wieder schüttete er einen Schwung Münzen in die Tasche. Er richtete sich auf und entdeckte Steiner, der eben sein Fach aufgeschlossen hatte und eine Reisetasche herauszog.

Sie haben hier Hausverbot!

Steiner zögerte einen Moment, dann zog er die zweite Tasche heraus. Hören Sie mal, sagte er, und er sagt das schon ziemlich laut, hier gibt es kein Hausverbot, das ist völlig absurd, das ist ein Bahnhof, der ist öffentlich. Absolut öffentlich. Niemand kann da ein Hausverbot aussprechen.

Er sah mich an, so, daß ich mich regelrecht gedrängt fühlte, zu sagen, natürlich ist der öffentlich. Um das mit einer Geste zu unterstreichen, wollte ich mir an die Stirn tippen, bremste mich aber, weil ich daran dachte, daß einen Vogel zeigen 500 Mark kosten kann, und so fuhr ich mit dem Zeigefinger knapp an der Stirn vorbei, zeigte blödsinnigerweise nach oben zur Decke. Gleichzeitig ärgerte ich mich über mich, weil ich so ängstlich, ja gehorsam diese Geste abgebrochen hatte. Auch Steiner wird es bemerkt haben, dachte ich, diesen vorauseilenden Gehorsam.

Dies ist nicht die Gleisanlage, sagte der Aufseher, der auf den geldeinsammelnden Schließfachaufseher aufpaßte, also der Aufseher des Aufsehers war. Sie wissen doch, die Bundesbahn wird privatisiert. Er betonte es so, als hätten wir die Privatisierung gefordert. Der Schließfachraum ist von einer privaten Firma gepachtet. Ich sage das nur, damit Sie Bescheid wissen.

Das alles interessiert mich einen Dreck, einen Scheißdreck, brüllte Steiner, ich hole meine Taschen, wann, wo und wie ich will.

Er brüllte so laut, daß jetzt auch von der Bahnhofshalle Reisende aufmerksam wurden und in den Schließfachraum hereindrängten. Der Auflauf, Steiners Schreien, all das wurde mir peinlich. Ich versuchte zu vermitteln, sagte: Er muß doch wohl noch seinen Koffer herausholen können. Das wäre ja sonst völlig absurd, sagte ich, was mir dann aber weit lauter und schärfer als beabsichtigt herausgerutscht war, besonders dieses: völlig absurd. Und ich hatte mir dabei wie unter Zwang an die Stirn getippt, so als müsse ich endlich die vorhin unterdrückte, lächerlich abgebogene Geste richtig und deutlich ausführen.

Der Aufseher des Schließfachaufsehers blieb ganz ruhig, zeigte sogar ein feines, spöttisches Lächeln, pulte gelassen an seinem Zeigefinger, was derart bewußt wirkte, daß es mich empörte, weil seine Geste so durchschaubar darauf ausgerichtet war, Leute einzuschüchtern. Wahrscheinlich war der Mann polizeipsychologisch geschult. Er sagte betont gelassen, ich will mich nicht mit Ihnen streiten und schon gar nicht darüber, was absurd ist und was nicht. Sonst könnte ich sagen, absurd ist, wenn man das Wort absurd für alles mögliche benutzt und es damit völlig sinnlos macht. Hier geht es einzig und allein um eine schlichte sachliche Aussage: Dieser Herr hat Hausverbot. Er hat zu fragen, ob er seine Tasche herausholen darf. Das ist alles, und das ist doch nicht so schwer verständlich? Oder?

War es die nasale Zurechtweisung des Aufsehers des Schließfachaufsehers, der mich über das Absurde belehren wollte, oder war es diese in eine Frage gekleidete Unterstellung, mir fiele das Verstehen schwer, was er ja noch mit einem Oder hervorgehoben hatte, vielleicht war es aber auch diese demonstrativ zur Schau gestellte Ruhe, die so provozierend wirkte, weil wir beide, Steiner und ich, schon recht erregt waren, jedenfalls hörte ich mich plötzlich laut sagen, nein, es war eher ein Brüllen: Über das Absurde diskutiere ich nicht mit Ihnen und schon gar nicht darüber, was schwer verständlich ist. Haben Sie mich verstanden?

Spätestens an dieser Stelle hätte meine Frau, wäre sie dabeigewesen, vermittelnd eingegriffen, aber neben mir stand Steiner, und Steiner brüllte: Das Kontrollieren von Schließfachkontrolleuren gebe ihm nicht das Recht, uns dummdreiste Ratschläge zu erteilen. Verstanden?

Warum schreien Sie denn so? fragte der Kontrolleur, und er fragte das so ruhig, so provozierend gelassen, daß ich mir im nachhinein ganz sicher bin, der Mann mußte eine professionelle Schulung durchlaufen haben, mit Atemtechnik, Konzentrationsübungen, aggressiven Fragen, die, mit einem verbindlichen Lächeln vorgetragen, nur um so provozierender wirkten.

Es war der Augenblick, als die Polizisten auftauchten und alles weitere sehr schnell ging: Ich sah den Hund, einen großen deutschen Schäferhund, er trug einen Maulkorb, aus einem Drahtgeflecht, wie Steiner erzählt hatte. Der Beamte löste mit zwei gezielten Griffen den Korb. Das Tier knurrte, nicht wild, eher betont sachlich, so als wäre auch es polizeipsychologisch geschult worden.

Bitte, sagte der Kontrolleur und faßte mich am Hemdärmel, verlassen Sie sofort den Bereich der Schließfächer. Hiermit erteile ich Ihnen Hausverbot.

Nehmen Sie die Finger weg! Ich wollte die Hand wegwedeln, es wurde aber ein heftiger Klaps, nein ein Schlag daraus, und auch die andere Hand, die nach mir griff, mein Hemd zu fassen bekam, wollte ich wegschlagen, mit einer jähen Wut, einer aufsteigenden Hitze, nein, einer regelrechten Explosion, die den ganzen Körper erfaßte, nach außen drängte, in einer wilden, ganz unbeherrschten Bewegung schlug ich um mich.

Loslassen, fassen Sie mich nicht an! In einer energischen Drehung sah ich kurz Steiners Augen, erstaunt, fassungslos sahen sie mich an. Ich hörte ihn, seine Stimme, betont ruhig, komm, Mensch, laß die, hat keinen Zweck. Nur Bruchstücke verstand ich. Verstand, daß er mich beruhigen wollte. Aber ich konnte mich doch nicht vor gut fünfzig, sechzig und noch mehr Neugierigen wie ein dummer Junge vorführen lassen, zumal ich nichts getan hatte: Pfoten weg, brüllte ich. Ich zahle Steuern.

Das hier ist Privatwirtschaft, sagte der Schließfachaufseher, der mein Hemd losgelassen hatte, wohingegen sich der Griff am rechten Arm verstärkte. Ich brüllte: Ich erstatte Anzeige, aber da wurde mir der rechte Arm umgedreht, so daß ich aufschrie vor Schmerz, ich ging tief gebeugt aus dem Kreis der Neugierigen hinaus, so als müßte ich mich vor den beiden Schließfachaufsehern verbeugen, auch vor all den anderen Neugierigen, die dastanden, grinsten oder mich auch nur mit fassungslos blöden Gesichtern anstarrten, vermutlich Italiener und Holländer, die jetzt dachten, ein Taschendieb sei gefaßt worden. Bravo! München ist doch die sicherste Millionenstadt.

Steiner ging nebenher, in jeder Hand eine Reisetasche, er redete auf mich ein, sagte, ich solle nicht gegendrücken, weil die dann nur um so stärker den Arm umdrehen, sagte, ich solle die Nerven behalten, einfach ruhig bleiben, tief durchatmen. Ich ächzte: Anzeige. Ich versuchte mich aus diesem Griff herauszudrehen, was verkehrt war, total verkehrt, denn der Arm wurde immer weiter nach hinten und nach oben umgedreht, so daß ich noch tiefer gebeugt gehen mußte, der linke Arm berührte fast den Boden. Ich hätte mir nie vorstellen können, daß dieser Griff derart schmerzhaft ist.

Steiner, er lief gebückt neben mir her, sagte: Mensch, ich muß meinen Zug bekommen. Ein Freund wartet. Bei dem wohn ich. Verstehst du, ich muß sonst in eine Pension. Ich muß fahren. Tut mir leid. Ich ruf dich an. Ich ruf von Berlin an. Ich sag Bescheid, damit sich deine Familie keine Sorgen macht. Tritt nicht nach ihm, sagte er noch, bei diesem Griff kommst du nicht an seine Beine ran. Wir können klagen, sagte er, und dann spürte ich in der herunterhängenden linken Hand etwas, etwas Weiches, Rundes. Die Salami. Er hatte mir die Salami in die Hand geschoben. Er blieb stehen, seine Beine, die beiden Taschen verschwanden aus meinem Blickwinkel.

Mach's gut, rief er mir nach.

Und da, sonderbarerweise, ließ auch meine Gegenwehr nach, der Polizist, der mir mit dem Polizeigriff den Arm auf den Rücken gedreht hatte, gab nach. Erschöpft und willig ging ich mit.

Heinrich Böll

An der Brücke

Die haben mir meine Beine geflickt und haben mir einen Posten gegeben, wo ich sitzen kann: ich zähle die Leute, die über die neue Brücke gehen. Es macht ihnen ja Spaß, sich ihre Tüchtigkeit mit Zahlen zu belegen, sie berauschen sich an diesem sinnlosen Nichts aus ein paar Ziffern, und den ganzen Tag, den ganzen Tag, geht mein stummer Mund wie ein Uhrwerk, indem ich Nummer auf Nummer häufe, um ihnen abends den Triumph einer Zahl zu schenken. Ihre Gesichter strahlen, wenn ich ihnen das Ergebnis meiner Schicht mitteile, je höher die Zahl, um so mehr strahlen sie, und sie haben Grund, sich befriedigt ins Bett zu legen, denn viele Tausende gehen täglich über ihre neue Brücke ...

Aber ihre Statistik stimmt nicht. Es tut mir leid, aber sie stimmt nicht. Ich bin ein unzuverlässiger Mensch, obwohl ich es verstehe, den Eindruck von Biederkeit zu erwecken.

Insgeheim macht es mir Freude, manchmal einen zu unterschlagen und dann wieder, wenn ich Mitleid empfinde, ihnen ein paar zu schenken. Ihr Glück liegt in meiner Hand. Wenn ich wütend bin, wenn ich nichts zu rauchen habe, gebe ich nur den Durchschnitt an, manchmal unter dem Durchschnitt, und wenn mein Herz aufschlägt, wenn ich froh bin, lasse ich meine Großzügigkeit in einer fünfstelligen Zahl verströmen. Sie sind ja so glücklich! Sie reißen mir förmlich das Ergebnis jedesmal aus der Hand, und ihre Augen leuchten auf, und sie klopfen mir auf die Schulter. Sie ahnen ja nichts! Und dann fangen sie an zu multiplizieren, zu dividieren, zu prozentualisieren, ich weiß nicht, was. Sie rechnen aus, wieviel heute jede Minute über die Brücke gehen und wieviel in zehn Jahren über die Brücke gegangen sein werden. Sie lieben das zweite Futur, das zweite Futur ist ihre Spezialität – und doch, es tut mir leid, daß alles nicht stimmt …

Wenn meine kleine Geliebte über die Brücke kommt – und sie kommt zweimal am Tage –, dann bleibt mein Herz einfach stehen. Das unermüdliche Ticken meines Herzens setzt einfach aus, bis sie in die Allee eingebogen und verschwunden ist. Und alle, die in dieser Zeit passieren, verschweige ich ihnen. Diese zwei Minuten gehören mir, mir ganz allein, und ich lasse sie mir nicht nehmen. Und auch wenn sie abends wieder zurückkommt aus ihrer Eisdiele – ich weiß inzwischen, daß sie in einer Eisdiele arbeitet –, wenn sie auf der anderen Seite des Gehsteiges meinen stummen Mund passiert, der zählen, zählen muß, dann setzt mein Herz wieder aus, und ich fange erst wieder an zu zählen, wenn sie nicht mehr zu sehen ist. Und alle, die das Glück haben, in diesen Minuten vor meinen blinden Augen zu defilieren, gehen nicht in die Ewigkeit der Statistik ein: Schattenmänner und Schattenfrauen, nichtige Wesen, die im zweiten Futur der Statistik nicht mitmarschieren werden …

Es ist klar, daß ich sie liebe. Aber sie weiß nichts davon, und ich möchte auch nicht, daß sie es erfährt. Sie soll nicht ahnen, auf welche ungeheure Weise sie alle Berechnungen über den Haufen wirft, und ahnungslos und unschuldig soll sie mit ihren langen braunen Haaren und den zarten Füßen in ihre Eisdiele marschieren, und sie soll viel Trinkgeld bekommen. Ich liebe sie. Es ist ganz klar, daß ich sie liebe.

Neulich haben sie mich kontrolliert. Der Kumpel, der auf der anderen Seite sitzt und die Autos zählen muß, hat mich früh genug gewarnt, und ich habe höllisch aufgepaßt. Ich habe gezählt wie verrückt, ein Kilometerzähler kann nicht besser zählen. Der Oberstatistiker selbst hat sich drüben auf die andere Seite gestellt und hat später das Ergebnis einer Stunde mit meinem Stundenergebnis verglichen. Ich hatte nur einen weniger als er. Meine kleine Geliebte war vorbeigekommen, und niemals im Leben werde ich dieses hübsche Kind ins zweite Futur transponieren lassen, diese meine kleine Geliebte soll nicht multipliziert und dividiert und in ein prozentuales Nichts verwandelt werden. Mein Herz hat mir geblutet, daß ich zählen mußte, ohne ihr nachsehen zu können, und dem Kumpel drüben, der die Autos zählen muß, bin ich sehr dankbar gewesen. Es ging ja glatt um meine Existenz.

Der Oberstatistiker hat mir auf die Schulter geklopft und hat gesagt, daß ich gut bin, zuverlässig und treu. »Eins in der Stunde verzählt«, hat er gesagt, »macht nicht viel. Wir zählen sowieso einen gewissen prozentualen Verschleiß hinzu. Ich werde beantragen, daß Sie zu den Pferdewagen versetzt werden.«

Pferdewagen ist natürlich die Masche. Pferdewagen ist ein Lenz wie nie zuvor. Pferdewagen gibt es höchstens fünfundzwanzig am Tage, und alle halbe Stunde einmal in seinem Gehirn die nächste Nummer fallen zu lassen, das ist ein Lenz!

Pferdewagen wäre herrlich. Zwischen vier und acht dürfen überhaupt keine Pferdewagen über die Brücke, und ich könnte spazierengehen oder in die Eisdiele, könnte sie mir lange anschauen oder sie vielleicht ein Stück nach Hause bringen, meine kleine ungezählte Geliebte …

RAYMOND CARVER

Sag den Frauen, dass wir wegfahren

Bill Jamison war mit Jerry Roberts immer eng befreundet gewesen. Die beiden wuchsen im Südteil der Stadt auf, nahe dem alten Messegelände, besuchten zusammen die Grundschule und die Junior High School und wechselten dann über auf die Eisenhower High School, wo sie, soweit sie konnten, dieselben Lehrer wählten; sie trugen einer des anderen Hemden und Pullover und abgetragene Hosen und gingen mit denselben Mädchen, bumsten sie auch – was immer sich so ergab.

Im Sommer nahmen sie zusammen Ferienjobs an, ernteten Pfirsiche, pflückten Kirschen, banden Hopfen auf – alles, was sie tun konnten, um sich ein bisschen Geld zu verdienen, und wo es keinen Boss gab, der einem im Nacken saß. Und dann kauften sie zusammen ein Auto. Im Sommer vor ihrem Abschlussjahr legten sie zusammen und kauften einen roten 1954er Plymouth für 325 Dollar.

Sie teilten sich das Auto. Es funktionierte wunderbar.

Aber Jerry heiratete noch vor dem Ende des ersten Halbjahrs und ging von der Schule ab, um von nun an fest bei Robby's Mart zu arbeiten.

Was Bill betraf, so war auch er mit dem Mädchen gegangen. Carol hieß sie, und sie kam bestens mit Jerry aus, und Bill besuchte die beiden, sooft sich die Gelegenheit bot. Mit verheirateten Freunden kam er sich älter vor. Er ging mittags rüber oder zum Abendessen, und sie hörten zusammen Elvis oder Bill Haley und die Comets.

Aber manchmal fingen Carol und Jerry an rumzuschmusen, während Bill noch da war, und er musste aufstehen und sich verabschieden und einen Spaziergang machen zu Dezorns Tankstelle, um sich eine Cola zu holen, denn es gab nur das eine Bett in der Wohnung, ein Klappbett, das im Wohnzimmer heruntergelassen wurde. Oder Jerry und Carol verzogen sich ins Badezimmer, und Bill musste in die Küche gehen und so tun, als interessierten ihn die Küchenschränke und der Kühlschrank, und sich Mühe geben, nicht zuzuhören.

So kam es, dass er nicht mehr ganz so oft rüberging; und dann, im Juni, machte er seine Abschlussprüfung, nahm eine Stellung bei der Darigold-Molkerei an und trat in die Nationalgarde ein. Binnen eines Jahres hatte er seine eigene tägliche Milchrunde und war nun fest mit Linda zusammen. Und so gingen Bill und Linda rüber zu Jerry und Carol und tranken Bier und hörten Platten.

Carol und Linda verstanden sich gut, und Bill fühlte sich geschmeichelt, als Carol sagte, dass Linda, im Vertrauen gesagt, »eine echte Persönlichkeit« sei.

Jerry mochte Linda auch. »Sie ist toll«, sagte Jerry.

Als Bill und Linda heirateten, war Jerry Trauzeuge. Der Empfang fand natürlich im »Donnelly Hotel« statt, Jerry und Bill witzelten zusammen und hakten sich ein und stürzten gläserweise starken Punsch hinunter. Aber einmal inmitten all dieser Glückseligkeit sah Bill zu Jerry hinüber und dachte, wie viel älter Jerry aussah, sehr viel älter als zweiundzwanzig. Jerry war inzwischen glücklicher Vater von zwei Kindern und zum stellvertretenden Leiter bei Robby's aufgestiegen, und Carol hatte schon wieder eins im Ofen.

Sie sahen sich jeden Sonnabend und Sonntag, manchmal auch öfter, wenn es einen Feiertag gab. Bei gutem Wetter waren sie zum Barbecue bei Jerry und seiner Familie, aßen Hot Dogs und ließen die Kinder in dem Planschbecken toben, das Jerry fast für umsonst gekauft hatte, wie so vieles, was er bei Robby's bekam.

Jerry hatte ein schönes Haus. Es stand oben auf einem Hügel, mit Blick auf den Naches. Da standen noch mehr Häuser, aber nicht zu dicht beieinander. Jerry verdiente recht gut. Wenn Bill und Linda und Jerry und Carol zusammenkamen, dann immer bei Jerry, denn Jerry hatte das Barbecue und die Schallplatten und zu viele Kinder, um mit ihnen in der Gegend herumzufahren.

Es war an einem Sonntag, und sie waren bei Jerry, als es passierte.

Die Frauen waren in der Küche und räumten auf. Jerrys Töchter waren draußen im Garten und warfen einen Plastikball ins Planschbecken, kreischten und platschten hinterher.

Jerry und Bill saßen entspannt auf den Klappstühlen im Garten, tranken Bier und unterhielten sich.

Hauptsächlich redete Bill – er erzählte von Leuten, die sie beide kannten, von Darigold, von dem viertürigen Pontiac Catalina, den er sich gern gekauft hätte.

Jerry starrte auf die Wäscheleine oder auf den 68er Chevy, der in der Garage stand. Und Bill dachte, wie versunken Jerry jetzt oft war, wie er die ganze Zeit vor sich hin starrte und kaum noch etwas sagte.

Bill bewegte sich auf seinem Klappstuhl und zündete sich eine Zigarette an.

Er sagte: »Irgendwas nicht in Ordnung? Ich meine, du weißt schon.«

Jerry trank sein Bier aus, und dann zerdrückte er die Dose. Er zuckte mit den Schultern.

»Du weißt schon«, sagte er.

Bill nickte.

Dann sagte Jerry: »Wie wär's mit 'ner kleinen Spritztour?«

»Klingt gut«, sagte Bill. »Ich sag den Frauen, dass wir wegfahren.«

Sie nahmen den Naches River Highway in Richtung Gleed, Jerry saß am Steuer. Es war ein warmer Tag, die Sonne schien, und die Luft blies durch den Wagen.

»Wohin fahren wir?« sagte Bill.

»Lass uns 'ne Partie Billard spielen.«

»Ich bin dabei«, sagte Bill. Ihm war eine ganze Portion wohler zu Mute, als er sah, wie Jerrys Gesicht sich aufhellte.

»Ein Mann muss einfach mal raus«, sagte Jerry. Er sah Bill an. »Weißt du, was ich meine?«

Bill verstand. Er ging immer gern mit den Männern von der Molkerei aus, freitagabends, zum Bowling. Er machte gern zwei Mal in der Woche nach der Arbeit unterwegs Halt, um mit Jack Broderick ein paar Biere zu trinken. Er wusste, dass ein Mann einfach mal raus musste.

»Steht immer noch«, sagte Jerry, als sie auf den Kies vor dem Recreation Center fuhren.

Sie gingen rein, Bill hielt Jerry die Tür auf, und Jerry stieß Bill leicht die Faust in den Bauch, als er an ihm vorbeiging.

»Hey, ihr da!«

Das war Riley.

»Hey, ihr zwei, wie geht's euch so?«

Es war Riley. Grinsend kam er hinter der Theke hervor. Er war ein schwerer Mann. Er hatte ein kurzärmeliges Hawaii-Hemd an, das er über seiner Jeanshose trug. Riley sagte: »Na, ihr zwei, wie ist's euch ergangen?«

»Mann, halt's Maul und gib uns zwei Olys«, sagte Jerry und blinzelte Bill zu. »Na, und wie sieht's bei dir aus, Riley?« sagte Jerry.

Riley sagte: »Na, und wie ist es bei euch beiden? Wo habt ihr die ganze Zeit gesteckt? Habt ihr euch was angelacht? Jerry, das letzte Mal, als ich dich gesehen hab, war deine alte Dame gerade ein halbes Jahr vorher gestorben.«

Jerry stand einen Moment nur da und blinzelte.

»Na, was ist jetzt mit den Olys?« sagte Bill.

Sie setzten sich auf zwei Hocker in der Nähe des Fensters.

Jerry sagte: »Was ist denn das für ein Schuppen, Riley, wo man am Sonntagnachmittag kein einziges Mädchen sieht?«

Riley lachte. Er sagte: »Ich nehme an, die sind alle in der Kirche und beten drum.«

Sie tranken jeder fünf Dosen Bier und brauchten zwei Stunden, um drei Runden Rotation und zwei Runden Snooker zu spielen, während Riley auf einem Hocker saß und redete und ihnen zuschaute und Bill immer wieder auf die Uhr sah und dann Jerry ansah.

Bill sagte: »Also, Jerry, was denkst du? Ich meine, was denkst du?« sagte Bill.

Jerry leerte seine Dose, zerdrückte sie und stand dann eine Zeit lang da und drehte die Dose in der Hand.

Wieder auf dem Highway, trat Jerry aufs Gas und brachte den Wagen auf fünfundachtzig und neunzig Meilen. Sie hatten gerade einen mit Möbeln beladenen alten Lieferwagen überholt, da sahen sie die beiden Mädchen.

»Guck dir das an!« sagte Jerry und drosselte das Tempo. »Davon könnte ich was brauchen.«

Jerry fuhr noch eine Meile oder so weiter, dann hielt er am Straßenrand. »Lass uns zurückfahren«, sagte Jerry. »Probieren wir's aus.«

»Gott«, sagte Bill. »Ich weiß nicht.«

»Ich könnte was brauchen«, sagte Jerry.

Bill sagte: »Ja schon, aber ich weiß nicht.«

»Gott noch mal«, sagte Jerry.

Bill warf einen Blick auf die Uhr, und dann sah er sich um. Er sagte: »Du musst das Reden übernehmen. Ich bin etwas eingerostet.«

Jerry lachte laut, als er das Auto herumzog.

Er fuhr langsamer, als er mit den Mädchen etwa auf gleicher Höhe war. Er fuhr den Chevy auf der gegenüberliegenden Seite an den Straßenrand. Die Mädchen fuhren auf ihren Fahrrädern weiter, aber sie sahen einander an und lachten.

Die, die näher am Straßenrand fuhr, hatte dunkle Haare, war hoch gewachsen und schlank. Die andere hatte blondes Haar und war kleiner. Beide trugen Shorts und Bikini-Oberteile.

»Kleine Nutten«, sagte Jerry. Er ließ die anderen Autos vorbeifahren, damit er wenden konnte.

»Ich nehme die Brünette«, sagte er. Er sagte: »Die Kleine gehört dir.«

Bill drückte den Rücken in die Lehne und berührte den Steg seiner Sonnenbrille mit der Fingerspitze. »Die machen das bestimmt nicht mit«, sagte Bill.

»Sie sind jetzt gleich auf deiner Seite«, sagte Jerry.

Er wendete und fuhr zurück. »Du bist dran«, sagte Jerry.

»Hi«, sagte Bill zu den Mädchen, die weiterradelten. »Ich heiße Bill«, sagte Bill.

»Schön für dich«, sagte die Brünette.

»Wohin fahrt ihr?« sagte Bill.

Die Mädchen antworteten nicht. Die Kleine lachte. Sie radelten weiter und Jerry fuhr weiter.

»Ach kommt schon. Wohin fahrt ihr?« sagte Bill.

»Nirgendwohin«, sagte die Kleine.

»Und wo ist das? Nirgendwo?« sagte Bill.

»Das möchtest du wohl gern wissen«, sagte die Kleine.

»Ich hab euch gesagt, wie ich heiße«, sagte Bill. »Wie heißt ihr? Mein Freund hier heißt Jerry«, sagte Bill.

Die Mädchen sahen sich an und lachten.

Ein Auto kam von hinten heran. Der Fahrer drückte auf die Hupe.

»Steck ihn dir rein!« brüllte Jerry.

Er blieb ein Stückchen zurück und ließ das Auto vorbei. Dann holte er auf und fuhr wieder neben den Mädchen her.

Bill sagte: »Wir nehmen euch mit. Wir bringen euch hin. Wo immer das ist. Versprochen. Ihr müsst doch müde sein vom Radfahren. Ihr seht müde aus. Zu viel Gymnastik ist nicht gut, schon gar nicht für Mädchen.«

Die Mädchen lachten.

»Seht ihr?« sagte Bill. »Und jetzt sagt uns, wie ihr heißt.«

»Ich bin Barbara, und das ist Sharon«, sagte die Kleine.

»Gut!« sagte Jerry. »Und jetzt musst du rauskriegen, wo sie hinfahren.«

»Wohin fahrt ihr, ihr zwei?« sagte Bill. »Barb?«

Sie lachte. »Nirgendwohin«, sagte sie. »Einfach nur die Straße lang.«

»Wo die Straße lang?«

»Soll ich's ihm sagen?« fragte sie das andere Mädchen.

»Von mir aus«, sagte das andere Mädchen. »Es ist egal«, sagte sie. »Ich fahr sowieso mit keinem, egal wohin«, sagte die, die Sharon hieß.

»Wohin wollt ihr?« sagte Bill. »Wollt ihr zum Picture Rock?«

Die Mädchen lachten.

»Genau, da fahren sie hin«, sagte Jerry.

Er gab dem Chevy Stoff und fuhr ein Stück vor und rechts an den Straßenrand, so dass die Mädchen an seiner Seite vorbei mussten.

»Habt euch nicht so«, sagte Jerry. Er sagte: »Kommt schon.« Er sagte: »Wir haben uns doch schon vorgestellt.«

Die Mädchen radelten einfach nur vorbei.

»Ich beiß nicht!« rief Jerry.

Die Brünette blickte zurück. Jerry kam es so vor, als sähe sie ihn mit genau dem richtigen Blick an. Aber bei einem Mädchen konnte man nie sicher sein.

Jerry jagte den Wagen zurück auf die Fahrbahn, so dass Erde und kleine Steine unter den Reifen herausflogen.

»Wir sehen uns noch!« rief Bill, als sie an den Mädchen vorbeischossen.

»Das hätten wir in der Tasche«, sagte Jerry. »Hast du gesehen, wie die Fotze mich angeguckt hat?«

»Ich weiß nicht«, sagte Bill. »Vielleicht sollten wir einfach nach Hause fahren.«

»Das haben wir!« sagte Jerry.

Er fuhr von der Straße runter und hielt unter ein paar Bäumen. Der Highway gabelte sich hier, bei Picture Rock, die eine Straße führte weiter nach Yakima, die andere zum Naches, nach Enumclaw, dann über den Chinook-Pass und weiter nach Seattle.

Hundert Meter abseits von der Straße war ein hoher, steil ansteigender schwarzer Felskegel, Teil einer niedrigen Hügelkette, mit einem Wabenmuster von Wegen und kleinen Höhlen, die manchmal um den Eingang herum mit indianischen Zeichen bemalt waren. Zum Highway hin hatte der Berg eine schroffe Felswand, die über und über mit Aufschriften bedeckt war: NACHES 67 MEILEN – GLEEDWILDCATS – JESUS UNSERE RETTUNG – SCHLAGT YAKIMA – TUT BUSSE.

Sie saßen im Auto, rauchten Zigaretten. Stechmücken kamen herein und versuchten an ihre Hände zu gelangen.

»Jetzt müssten wir ein Bier haben«, sagte Jerry. »Ich würde was geben für ein Bier«, sagte er.

Bill sagte: »Ich auch«, und sah auf die Uhr.

Als die Mädchen in Sicht kamen, stiegen Jerry und Bill aus dem Auto. Sie lehnten sich vorn an den Kotflügel.

»Denk dran«, sagte Jerry, als er sich von dem Auto entfernte, »die Dunkle gehört mir. Du kriegst die andere.«

Die Mädchen legten ihre Fahrräder hin und begannen einen der Pfade hinaufzugehen. Sie verschwanden hinter einer Biegung und kamen bald darauf, ein wenig höher, wieder zum Vorschein. Dort standen sie und blickten nach unten.

»Was wollt ihr zwei, warum verfolgt ihr uns?« rief die Brünette nach unten.

Jerry begann wortlos den Weg hinaufzugehen.

Die Mädchen wandten sich ab und trabten davon.

Jerry und Bill stiegen im Schritttempo hinauf. Bill rauchte eine Zigarette und blieb alle Augenblicke stehen, um einen kräftigen Zug zu machen. Als der Pfad eine Biegung machte, blickte er zurück und sah das Auto.

»Los jetzt!« sagte Jerry.

»Ich komm schon«, sagte Bill.

Sie gingen weiter bergauf. Aber dann musste Bill Luft schnappen. Er konnte das Auto jetzt nicht mehr sehen. Und er konnte auch den Highway nicht mehr sehen. Zu seiner Linken sah er, so weit er blicken konnte, wie einen Streifen Aluminiumfolie ein Stück des Naches.

Jerry sagte: »Du gehst rechts und ich geradeaus. Wir schneiden den beiden Flittchen den Weg ab.«

Bill nickte. Er war zu sehr außer Atem, um etwas zu sagen. Er ging eine Weile weiter bergauf, und dann führte der Pfad wieder abwärts und schlängelte sich ins Tal hinunter. Er guckte sich um und sah die Mädchen. Er sah sie geduckt hinter einem kahlen Felsbrocken. Vielleicht lächelten sie.

Bill zog eine Zigarette aus dem Päckchen. Aber er bekam sie nicht an. Dann erschien Jerry. Danach war es nicht mehr wichtig.

Bill hatte nur ficken wollen. Oder sie einfach nackt sehen. Andererseits war es für ihn auch in Ordnung, wenn nichts daraus wurde.

Er verstand nicht, was Jerry wollte. Aber es begann und endete mit einem Stein. Jerry nahm denselben Stein bei beiden Mädchen, zuerst bei dem Mädchen, das Sharon hieß, und dann bei der, die Bills sein sollte.

Katrin Dorn

Adriáns letzter Peso

Seit dem Morgen hatte Adrián Annoncen studiert, Bewerbungen geschrieben, nachgedacht, in einem Buch gelesen, wieder nachgedacht, bis er das alles nicht mehr aushielt und das Haus verlassen musste.

Die Sonne hat mit ihrem abendlichen Schauspiel schon begonnen. Ein goldener Glanz breitet sich über dem Himmel aus und lässt die Kanten der Hochhäuser schärfer wirken. Zwischen den Betonquadern ducken sich letzte *conventillos*. In ihrem zerlöcherten Stuckwerk spielen Licht und Schatten Romantik. Wenigstens das ist kostenlos, denkt Adrián und schüttelt gleich darauf den Kopf, als hätte er eine Fliege von seiner Stirn zu verscheuchen.

In der Cochabamba hängt ein neues Schild an einem steinernen Balkon. »Zu verkaufen.« Die Todesanzeige für das Haus. Wenn es jemand kauft, dann wegen des Grundstücks im Stadtzentrum. Bei dem Preis, den er zahlen muss, kann er sich kein Gebäude mit nur zwei Etagen leisten. Nur der Kern von San Telmo bleibt unberührt. Zumindest so lange, wie das legendäre Tango-Viertel Touristen anzieht. In den Januarnächten bevölkern sie die Straßencafés bis zum frühen Morgen.

Adrián hat die Plaza erreicht. Eine Menge Schaulustiger umringt dort einen alten Typen, der den *tanguero* aus der Vorstadt mimt. Zerbeulte Anzughose, verschossene Weste, die Hutkrempe tief in die Stirn gezogen. Er werde beweisen, dass jede Frau, auch wenn sie noch nie zuvor getanzt hätte, Tango tanzen könne, behauptet er in lausigem Englisch und mustert die anwesenden Frauen, als wolle er eine von ihnen mit dem Lasso einfangen. Seine Wahl fällt auf ein blasses, etwas pummeliges Mädchen, das seinem schroffen Wink zögernd folgt.

Adrián bleibt stehen und schaut über die Schultern der Leute der Vorführung zu. Das Mädchen scheint eine Ausländerin zu sein. Ihre Augen sind im Schatten ihrer Baseballmütze verborgen, ihr Mund hört nicht auf zu kichern, bis der Alte sie mit einem Ruck an sich zieht. Wichtig sei allein, die Frau so festzuhalten, dass sie sich sicher fühle, kommentiert er seinen Übergriff. Die Leute nicken, als wäre er ohne jeden Zweifel eine respektable Person. So sind wir, denkt Adrián. Jedem Besserwisser schenken wir mehr Glauben als uns selbst.

Die Touristen sind ohnehin leicht verführbar. Wenn Adrián sieht, wie sie auf den Märkten noch den allerletzten Ramsch hoffnungsvoll durchsuchen, erinnern sie ihn an die Tauschgeschäfte seiner Kindheit. Er war süchtig danach gewesen, immer etwas Neues zu haben. Einmal hatte ihm ein Onkel ein Modellflugzeug geschenkt, in der Hoffnung, dieses teure Spielzeug würde er gewiss gegen nichts anderes mehr eintauschen. Adrián hatte es tatsächlich länger als sonst behalten, bis ihm jemand ein signalrotes Mercedesmodell dafür bot. Das Auto tauschte er später gegen eine Landkarte, die Land- gegen eine Postkarte von 1901 und die gegen einen Centavo, der noch älter war und den er am Ende irgendwo verlor.

Das Leben eines Touristen stellt er sich so ähnlich vor. Jede Stunde, die ein Fremder hier ist, muss er in etwas ummünzen, das er bisher noch nicht hatte, in irgendein Schauspiel, das gefilmt, ein Erlebnis, das erzählt, ein Souvenir, das mitgenommen werden kann. Alles, was die weite Reise rechtfertigt, ist ihm lieb. Der Ganove im Vorstadtanzug kennt diese Sucht verdammt gut. Natürlich hat das Mädchen mit der Baseballmütze jetzt das Gefühl, sie würde etwas Aufregendes erleben. Das tut sie ja auch, nur besteht das nicht darin, dass ihr jemand das Tanzen beibringt, sondern dass sie gerade in einer ziemlich peinlichen Situation steckt. Angestrengt lächelnd folgt sie den Befehlen des Alten, der sie mit eifrigem Zureden dazu bringt, ihr linkes Bein nach vorn und wieder nach hinten zu schieben. Und weil währenddessen aus einem alten Kasten irgendein Geleier im Viervierteltakt erklingt, kann sie sich einreden, sie tanze Tango. Dank dieses schönen Glaubens lässt sie sich von dem Alten begrapschen und zum Vergnügen des Publikums vorführen wie ein Dreirad fahrendes Äffchen. Die Zuschauer rufen »Bravo« und »*¡Eso es!*« und klatschen am Ende verräterisch laut, wenn der Alte sich, mit dem Mädchen an der Hand, verbeugt. Die Kleine lacht mit und tut so, als wäre sie glücklich. Sie verwechselt Glück mit Erleichterung, denkt Adrián und applaudiert als einziger nicht. Der Alte hält ihm einen Hut unter die Nase. Anstatt etwas zu geben, schaut Adrián hinein. Über den Münzen erblühen zwei Scheine. Nicht zu fassen, zwanzig Dollar hat der Ganove in weniger als zehn Minuten verdient. Der sieht Adriáns Blick und zieht im Reflex den Hut von ihm fort.

»Ich habe noch einen Peso«, sagt Adrián wütend, aber so leise, dass niemand ihn hört. Der Alte winkt das nächste Mädchen aus der Menge.

Adrián geht weiter. Seine Hände spielen in den Hosentaschen. Es ist dasselbe wie immer darin. Links der Wohnungsschlüssel, rechts ein Peso.

Es ist nicht wichtig, dass es dein letzter Peso ist, redet er in Gedanken auf sich ein. Irgendwas wird dir schon einfallen.

Die Münzen und Scheine im Hut des Alten haben seine Gedanken wieder in Bewegung gesetzt. Wie eine Maschine beginnt seine tägliche Selbstberuhigung zu arbeiten. Um an etwas zu essen zu kommen, braucht er nicht unbedingt Geld. Zum Glück hat er mal einen Supermarkt eingerichtet und weiß, wo bei den Überwachungskameras die toten Winkel liegen. Nein, Stehlen ist nicht unmoralisch. Unmoralisch wäre, zu verhungern. Und solange er eine Wohnung hat, ist alles noch nicht so schlimm. Drei Monate darf er in Mietrückstand kommen, aber die sind noch lange nicht um. Es ist auch nicht schlimm, dass Strom und Telefon abgeschaltet sind. Im Sommer ist es sowieso lange hell. Und wer soll ihn schon anrufen? Die anderen vom Büro trifft er im »Cielito azul«. Noch niemand hat einen neuen Job. Adrián ist nicht schlechter und nicht besser als sie. Wer gerade Geld hat, zahlt für einen anderen mit. So gesehen hat Adrián eine Menge Kredite am Laufen.

Er bleibt stehen, sein Herz trommelt gegen die Rippen. Er ist das nicht gewohnt. So viele Gedanken, die sich nur um ihn drehen. Er bückt sich, hebt einen Stein auf und zielt auf einen dünnen Ast. Getroffen. Wozu sich über Geld aufregen? Ich hab's doch nicht erfunden!, denkt er und schießt noch einen Stein hinterher.

Er hätte seinen Peso auch in den Hut werfen können. Ein Peso allein ist im Grunde zu nichts zu gebrauchen. Es war reine Gewohnheit, dass er ihn behalten hat. Bislang hat er immer darauf geachtet, Kleingeld in der Tasche zu haben. Für den Fahrscheinautomaten im Bus oder den Zeitungshändler, der am Morgen noch kein Wechselgeld hat.

In den letzten Wochen ist ihm zum ersten Mal klar geworden, wie viele Gewohnheiten er hatte. Dass er früher für jede Strecke, auch wenn sie noch so kurz war, den Bus nahm, zum Beispiel. Aber Gewohnheiten kann man leichter ablegen, als man denkt. Manchmal hilft schon ein einfacher Gedanke wie dieser: Busfahren ist ein Fortbewegungsmittel für Leute, die Geld haben. Laufen ist für alle, die Zeit haben. In diesem Fall ist er nicht reicher und nicht ärmer als die anderen. Während ein Angestellter einen Peso verdient, um ihn für eine Zeitung auszugeben, geht Adrián so lange im Park spazieren, bis er in einem Papierkorb eine Zeitung von heute findet. Und wie verdienen die anderen denn ihre Pesos? Er darf gar nicht daran denken, wofür er im Büro seine Zeit und der Chef sein Geld an ihn vergeudet hat. Entwürfe, die niemals realisiert wurden. Es konnte niemand etwas dafür, wenn die ausländischen Investoren am Ende doch ihre eigenen Architekten schickten. Nette Jungs meistens. Spätestens wenn sie ihre Laptops aufklappten, begriffen Adrián und seine Kollegen, warum sie gekommen waren, und sein Reißbrett schien ihm gerade noch gut genug, um sich dahinter zu verstecken. Als der Chef ihnen mitteilte, er werde das Büro schließen, war Adrián deshalb trotz aller Zukunftsangst auch ein wenig erleichtert. Er sagte auch nichts, als die anderen über die geringe Abfindungssumme schimpften und darüber philosophierten, auf welche Art und Weise man der Ehefrau eine solche Misere beibrachte. Nun gratulierten sie ihm dazu, dass er Tamara ein paar Wochen zuvor hatte gehen lassen. Niemand hatte verstanden, warum er mit der Sekretärin des Büros nichts anfangen wollte. Sie war hübsch, sie war verliebt in ihn und jeder nutzte die Gelegenheit, um es ihm zu erzählen. Er wusste es längst selbst. Er freute sich sogar jeden Morgen auf ihre beiden Wangenküsse, die fester und feuchter waren als die der übrigen Kollegen. Aber dann wurde ihr eine andere Stelle angeboten und sie kündigte mit der Begründung, sie könne Adriáns arrogantes Wesen nicht länger ertragen. Die Kollegen hatten es ihm übel genommen, dass er nichts unternahm, um sie zu halten. Aber nun fanden sie, dass es das Beste war, was Tamara hatte passieren können.

Adrián setzt sich auf eine Steintreppe am Rande der Plaza, abseits der Cafés. Früher hätte er natürlich einen Kaffee getrunken. Aber wozu? Er weiß, wie Kaffee schmeckt. Und er muss auch kein Mädchen einladen, nur weil er ihrem Gekicher zuhören will. Es gibt andere, die das für ihn tun.

Vor ihm auf der Straße geht die Ausländerin mit der Baseballmütze vorüber. Sie wirkt niedergeschlagen. Vielleicht bedrückt sie jetzt, wo es zu spät ist, ihr Schamgefühl. Adrián jedenfalls würde es an ihrer Stelle so gehen.

»You danced really good«, ruft er der Kleinen zu.

Das Mädchen bleibt stehen, sieht ihn an und zieht sich mit einer zögernden Geste die Mütze vom Haar. Ein Schwall dunkler Locken fällt ihr über die nackten Schultern.

»And you look really good«, ruft sie zurück.

Im Gegensatz zu ihr ist er knochendürr – die weite Kleidung kaschiert es kaum. Das einzig Voluminöse an ihm ist seine Nase. Wenn sie das für schön hält, nun gut. Aber vielleicht meint sie ja auch sein gesundes Aussehen, das ihm beschieden ist, seit er sich das Rauchen nicht mehr leisten kann und so lange schläft, bis er von selbst aufwacht.

Noch immer steht sie unbeholfen lächelnd drei Meter von ihm entfernt in der Dämmerung. Über ihr geht eine Laterne an. Zögernd kommt sie auf den dicken Sohlen ihrer Turnschuhe zu ihm. *»May I sit beside you?«*

»Sí, claro, por favor!« Hätte er gewusst, dass es ihr nichts ausmacht, sich auf eine Steinkante zu setzen, hätte er ihr den Platz natürlich längst angeboten. Er schlägt die Beine übereinander und sieht zu, wie sie sich in ihren engen Jeans auf der Treppe niederlässt.

Ob er gut Englisch spreche, fragt sie.

»More or less«, antwortet er und sie nickt zufrieden.

Sie erklärt ihm, dass sie von Tango wirklich keine Ahnung habe. Diese Tangoreise sei die Idee ihrer Freundin Jacqueline gewesen. Aber mit der habe sie sich zerstritten. Und jetzt stehe sie ganz schön dumm da, denn Jacqueline wäre für die Orientierung zuständig gewesen und sie für die Verständigung, auch wenn sie nur Englisch und Französisch könne. Und jetzt habe sie noch fast eine Woche und wisse gar nicht, was sie so allein in Buenos Aires machen solle. Das heißt, sie würde schon gern noch etwas von dem berühmten Tango mitkriegen. Aber sie kenne sich ja nicht aus.

Das Mädchen redet so schnell, dass er kaum mitkommt. Er heiße Adrián, sagt er.

»I am the Marni«, antwortet sie.

»Your name is Dimáni?«

»No, Marni, yo soy la Marni«, versucht sie es mit Worten, die sie vielleicht aus einem Buch mit so einem Titel wie ›Spanisch in letzter Minute‹ hat.

Adrián lächelt so herzlich er kann, ohne dass er im Geringsten die große Bedeutung des »die« vor ihrem Namen versteht. Er fragt sie, worüber sich zwei Frauen, die zusammen eine weite Reise machen, so streiten können, dass sie sich trennen müssen. Schließlich sei Buenos Aires nicht ganz ungefährlich.

Marni sagt, dass er der erste Mensch sei, mit dem sie nach diesem Streit überhaupt rede. Es sei sicher nicht einfach, ihm das Ganze zu erklären. Allerdings würden ihr die Dinge beim Erzählen vielleicht selbst etwas klarer werden, und wenn er denn so viel Zeit hätte …

»Go ahead«, sagt Adrián und die Marni beginnt.

Die Sache sei die: Ihre Freundin Jacqueline habe eine ziemlich komische Angewohnheit. Bei Tisch lasse sie etwas aus ihrem Mund hängen. Jetzt kommt die Marni nicht auf das Wort. *»No water and no chewing gum.«* Sie schlägt in einem Wörterbuch nach und findet *spittle*. Aber dieses Wort kennt Adrián nicht. Er hält einen Passanten an und fragt, ob er wisse, was *spittle* auf Spanisch heißt. Der Mann antwortet: »Das ist das, was ihr zwei demnächst mit euren Zungen austauschen werdet.«

Sie hat Spucke aus dem Mund hängen lassen?

Ja, und zwar in Fäden, die sie dann wieder zurückgeschlürft habe. Für sie sei es ein Kunststück, das sie jeden Tag üben muss. Die Marni wird vor Verlegenheit so rot, als würde sie es selbst tun.

Aber sie habe ihre Freundin doch sicher gebeten, damit aufzuhören, fragt Adrián.

Ja, natürlich habe sie das, aber das habe eben den Streit ausgelöst. Jacqueline habe gefragt, ob sie sich denn schon länger davon gestört fühle. Die Marni hatte bejaht. Daraufhin fragte Jacqueline, ob es denn noch mehr Angewohnheiten gäbe, die sie ablehne und mit widerwilligem Schweigen erdulde. Marni verneinte. Jacqueline glaubte ihr nicht. Sie habe von Anbeginn ihrer Freundschaft immer so ein ungutes Gefühl in ihrer Gegenwart gehabt, *»a latent rejection«*, sagt die Marni, eine Wendung, die Adrián nicht versteht. Jacqueline sei überzeugt gewesen, dass das, was gerade passiert sei, nur die Spitze des Eisberges zwischen ihnen wäre. Marni solle doch zugeben, dass sie auch etwas gegen ihre Art zu sprechen habe oder wie sie laufe. Sie sei froh, dass sie diese Reise gemacht hätten, sonst hätte ihr die Marni wohl bis in alle Ewigkeit etwas vorgemacht und Jacqueline hätte weiterhin gedacht, sie würde sich nur einbilden, dass etwas zwischen ihnen nicht stimme. Jetzt allerdings fühle sie sich schon wie gelähmt, wenn sie nur daran denke, dass die Marni die ganze Zeit ihre Kritik unterdrückt hatte. Umsonst beteuerte die Marni, dass das alles nicht so sei. Vielleicht sei es ja wirklich nur die Hitze gewesen, die sie an diesem Morgen etwas überempfindlich reagieren ließ. Es sei beschämend, wie sie ihre Meinung beim geringsten Widerstand schon wieder zurücknähme, sagte Jacqueline. Sie jedenfalls wolle der Marni auf keinen Fall das wohl verdiente Urlaubsfrühstück noch weiter verderben. Sie werde sich ein anderes Hotel suchen.

»I was shocked«, ruft die Marni und Adrián glaubt es ihr sofort. Aber Jacqueline sagte, sie brauche gar kein Theater zu spielen, im Grunde sei sie doch froh, sie loszuwerden. Sie ging in ihr Zimmer und kam kurze Zeit später mit gepacktem Koffer zurück. Als sie sah, dass Marni noch immer weinte, habe sie gesagt: »Du wirst sehen, es wird auch deiner Autonomie gut tun.«

»I have not enough English to understand you«, gesteht Adrián. Die Marni verstummt und lässt über ihrer Nasenwurzel eine kurze krumme Falte entstehen.

»But I can show you this town, if you want«, schlägt er vor.

»*Of course I want*«, schreit das Mädchen auf.

»*Okay, so I will show you different Milonga-places.*« Seit langem fühlt Adrián sich wieder einmal so wie in den Momenten, wo er sein Reißbrett eingerichtet hat, um einen Grundriss zu skizzieren. Er will sofort los, aber die Marni fragt, ob sie nicht zuerst einen Kaffee trinken wollen.

Zu dumm, antwortet er, er habe gerade zwei große Tassen Kaffee getrunken, ihm sei schon ganz schwindlig von dem vielen Koffein. Wasser? Nein, auch Wasser habe er viel zu viel getrunken. Sein Magen sei der reinste Ozean.

Ob alle Argentinier so lustig seien wie er, fragt sie.

Oh, eigentlich weinen wir in jeder freien Minute!, ruft er. Ihr weicher Bauch über dem Hosenbund will gar nicht mehr aufhören zu hüpfen, und da sie sich beim Kichern die Hand vors Gesicht hält, bekommt sie auch nicht mit, wie er dieses kleine Schauspiel genießt.

Etwas, das mich keinen Peso kostet, denkt er sich, befiehlt sich aber gleich, sofort mit dieser elenden Rechnerei aufzuhören. Er reicht der Marni die Hand.

Seine Finger sind lang und dünn. Klavierspielerfinger hat Tamara einmal gesagt und hinzugefügt, dass sie sicher auch noch anderes mit viel Gefühl berühren könnten. Etwas Ähnliches scheint die kleine Touristin jetzt auch zu denken, so misstrauisch, wie sie seine Hand betrachtet.

Es sei einfach praktischer, sich bei dem Gedränge auf der Plaza festzuhalten, sagt er. Erstaunt lächelt sie ihn an und legt ihre sehr warme Hand in seine.

Zuerst führt Adrián sie zum »Torquato Tasso«, wo aber gerade kein Tango getanzt wird, sondern eine Gruppe von Kindern unter lautem Getrommel einen wilden Tanz übt, bei dem sie immer wieder die Beine nach vorn und zur Seite schleudern.

Dann gehen Marni und Adrián in den Lezame-Park. Adrián erzählt ihr von den Romanen Ernesto Sábatos, in denen es unter der Stadt eine Welt gibt, die von Blinden beherrscht wird. Das Geschehen an der Oberwelt spiele sich hauptsächlich in diesem Park ab. Die Helden verlieben sich in fragwürdige Frauen, denen sie nachlaufen, bis sie in dunklen Katakomben landen und von überdimensionalen Vaginas verschluckt werden.

»*How interesting*«, meint die Marni. Kurz darauf zieht sie ihre Hand aus seiner und ein unangenehmes Schweigen entsteht. Nun kommen sie an Adriáns Haus vorbei. Eigentlich wollte Adrián ja nur einen kurzen Spaziergang vor dem Essen machen. Jetzt, in der Nähe seiner Wohnung, tritt ihm sein Wasserhahn, aus dem grenzenlos Trinkwasser fließen würde, bildlich vor Augen, und ihm ist, als könne er den halb vollen Suppentopf, der auf dem Gasherd steht, bereits riechen. Sein Magen knurrt.

»*Are you hungry?*«, fragt das Mädchen.

»*No, it's only because of the fresh air.*«

Er kann sie unmöglich zu Wasser und Suppe einladen. Und da es schon dunkel ist, müsste er Kerzen anzünden, und das, nachdem er ihr von Sábatos düsteren Vaginal-Fantasien erzählt hat. Es ist nicht möglich, und so gehen sie weiter.

Adrián erzählt von der Gelbfieberepidemie, die 1870 in San Telmo ausbrach. Damals waren die reichen Bürger aus dieser Gegend geflohen und in Viertel gezogen, die bis heute zu den vornehmsten von Buenos Aires gehören. Recoleta und Palermo. Die Armen blieben zurück und die Überlebenden der Epidemie zogen in die verlassenen Villen. Von denen seien allerdings kaum noch welche da. Man reiße ja so viel ab.

»*How interesting*«, wiederholt die Marni.

Als sie die Avenida 9 de julio überqueren und Adrián ihr erklärt, dass das die breiteste Stadtstraße der Welt sei, ruft sie: »*Yeah, it's really big.*«

Zum Überqueren benötigen sie zwei Ampelphasen, in denen sie so schnell wie möglich laufen. Man müsse immer damit rechnen, dass die Autos gleich wieder Grün bekommen und durchstarten, ohne auf Fußgänger Rücksicht zu nehmen, erklärt Adrián die Eile. Auf der anderen Seite steht ein Kind, das ihnen ein Heiligenbildchen entgegenstreckt. Als hoffe es, dass gläubige Katholiken durch die gerade überstandene Lebensgefahr besonders milde gestimmt sein könnten.

Früher hat Adrián diesen Kleinen immer etwas gegeben. Besonders in Gegenwart von Frauen. Die verlieben sich viel schneller, wenn sie einen Mann für gutherzig halten. Aber als die Marni fragt, wie viel man einem solchen Kind gebe, sagt er, solche Spenden hätten überhaupt keinen Sinn. Der Kleine müsse ohnehin alles seinem Boss abgeben. Irgendeinem herzlosen Mafioso, der Bettelkinder für sich arbeiten ließe. Für das Eingesammelte bekämen sie nichts als ein lächerliches bisschen Essen und vielleicht eine geschützte Schlafstätte. Die einzige Möglichkeit, solche Geschäfte zu unterbinden, sei, den Kindern nichts zu geben.

Aber was passiere, wenn die Kinder ohne einen Peso zurückkämen, möchte die Marni wissen.

Das könne er auch nicht sagen. Nichts Gutes wahrscheinlich.

Entschlossen zieht die Marni ihre Börse hervor und drückt dem Kleinen eine Münze in die Hand. Auf einen Peso mehr oder weniger komme es schließlich nicht an. Bei dem jetzigen Dollarkurs würde sie sowieso viel mehr ausgeben, als sie sich leisten könne. Es klingt, als wolle sie ihm erklären, wie sie sich ihre eigene Handtasche klaut.

Sie gehen weiter und Adrián weiß nicht mehr, was er ihr noch erzählen soll.

Plötzlich ruft sie: *»For me it's so great to go through this street beside an aboriginal Argentinian.«*

»Oh, I like it, to show these places to a gringo-girl«, kontert er.

Romantisch seufzend nimmt sie seine Hand.

Sie nähern sich dem »Niño bien«. Schon von weitem ist der breite Balkon zu erkennen. Drei schwarze Silhouetten heben sich vorm dunkelblauen Sternenhimmel ab.

»Niño bien« bedeute so viel wie »Kind aus wohlhabenden Verhältnissen«, erklärt Adrián.

»How interesting«, murmelt die Marni wieder, aber nun so leise, dass er es, wenn er will, überhören kann.

Plötzlich bleibt sie stehen und sagt: *»I know, that I'm quite stupid.«* Sie wolle jetzt ehrlich sein. Ob er denn wisse, wie sie sich fühle an seiner Seite. Sie würde so gern so aussehen wie einer dieser eleganten Menschen auf dem Balkon dort. Aber sie sei nun einmal nichts weiter als ein pummliges Mädchen in klobigen Turnschuhen.

»¡Por favor! There's no reason to think that«, ruft Adrián.

Es sei sehr nett von ihm, dass er das sage, aber er brauche ihr auch nichts vorzumachen, antwortet sie.

Still läuft sie neben ihm her. Adrián nimmt ihre Hand und spürt, wie ihre Aufregung auf ihn übergeht.

Sie erreichen den Eingang des »Niño bien«.

Ob es wirklich wahr sei, dass jeder Mensch Tango tanzen könne, fragt ihn die Marni.

Er kenne Leute, die noch nach zehn Jahren Unterricht nehmen.

So schwer ist das?, staunt sie und Adrián ist nicht sicher, ob sie einen Witz macht.

Er sagt, im Grunde könne doch jeder Mensch alles. Zum Beispiel könne jeder ein Haus zeichnen. Aber wenn jemand mehr als tausend Häuser von innen und von außen, mit und ohne Außenwände gezeichnet habe, könne er es eben besser als andere. Es hänge doch weniger vom Können ab als von der Entscheidung, was man im Leben machen wolle.

Ob er sich dazu entschieden habe, Architekt zu sein, fragt sie zögernd.

Richtig, antwortet er, und er liebe seinen Beruf. Ihm entgeht nicht, wie ihre Augen zu glänzen anfangen, als er ruft: *»And I love my profession.«*

Hand in Hand gehen sie durch den Empfangssaal des Ballhauses. In Blumenform fächern sich Intarsien übers Parkett. Adrián spürt, wie die Marni sich aufrichtet. Ein Tanzkleid und ein Paar Absatzschuhe könnten aus ihr ganz bestimmt eine sehr hübsche Frau machen, denkt er. Sie steigen über einen zerschlissenen Läufer die Treppe hinauf. Oben sitzt ein alter Kassierer vor einem Tisch. Inmitten der Stapel von Handzetteln, die von Unterricht über Tanzschuhe bis zu Maßschneiderei alles anbieten, was in irgendeiner Form mit Tango zu tun hat, umgrenzt er mit seinen knochigen Händen zwei kleine Stapel mit Eintrittskarten.

Ohne ihn vorher zu grüßen, erklärt ihm die Marni: *»I want to learn to dance with this man.«*

»No problem.« Unter seinem fein gestutzten Schnurrbart entblößt der Kassierer lächelnd zwei hellbraune Schneidezähne. *»You can go to class before the milonga. Eight dollars for person.«*

Glücklich dreht die Marni sich um. Ob er gehört habe, es gebe vorher Unterricht.

Adrián erklärt ihr, dass sie in ihren Turnschuhen nicht tanzen könne.

Wirklich nicht? Aber der Mann auf der Plaza …

Der sei ein Scharlatan gewesen, erwidert er und legt behutsam eine Hand auf ihre Schulter. Frauen müssten ihre Fußsohlen auf dem Boden spüren, da sei er sich ganz sicher, und für irgendwas seien auch die hohen Absätze wichtig.

Bestürzt wölbt sie die Unterlippe vor. Vorsichtig fügt Adrián hinzu, dass er inzwischen auch großen Hunger habe.

Mit unverhohlener Neugier verfolgt der Kassierer ihr Gespräch. In einer halben Stunde käme eine Frau, die Tanzschuhe verkaufe, mischt er sich ein. Der Unterricht beginne in einer Stunde. Bis dahin könnten sie hier bleiben und eine Kleinigkeit essen. Adrián muss übersetzen.

»*That's perfect*«, schreit die Marni.

»*And the best is, that I come together with an aboriginal Argentinian. Oh, I'm so lucky!*«

Die drei *tangueros* kommen vom Balkon herein. Einer wirft Marni einen pikierten Blick zu. Sie öffnen eine breite Flügeltür. Im riesigen Tanzsaal werden die Kronleuchter entzündet. Jemand hat eine CD eingelegt. Eine sehr alte Aufnahme von ›Madame Yvonne‹.

Ob sie wisse, worum es in diesem Lied gehe, fragt Adrián. Nein, sagt sie und schaut zu ihm auf. Wenn er wolle, könne er es ihr gern erzählen.

Er wird etwas verlegen. Madame Yvonne sei eine schöne Pariserin, die sich in einen Argentinier verliebe. Der verspricht ihr, sie glücklich zu machen. Sie folgt ihm nach Buenos Aires, aber dort bringt er nur ihr Geld durch, macht sie zur Prostituierten und verlässt sie.

Wie traurig, sagt die Marni. Der Kassierer schaut sie abwartend an.

Jetzt fällt Adrián ein, was ihm Tamara einmal erzählt hat. Dass es europäische Touristinnen gebe, die argentinische Männer dafür bezahlen, dass sie einen ganzen Abend lang nur mit ihnen tanzen. Wenn er jetzt zum Beispiel der Kleinen sagen würde, er hätte sein Geld zu Hause vergessen, würde sie ohne zu zögern seinen Eintritt und alles Übrige bezahlen. Und warum auch nicht. Wenn sie gerade so viel Geld ausgibt, kommt es auf die zwanzig Pesos für ihn wohl nicht an, denkt Adrián, aber dann schüttelt er sich vor Ekel. Er hat nichts, er braucht nichts und damit basta.

Der Kassierer feuchtet seine Fingerspitzen an und zählt zwei Karten vom Stapel.

»*Two person with class, right?*«

Als die Marni ihre Geldbörse öffnet, wird es Adrián kalt. Er räuspert sich.

»You know, Marni …«

»It's allright, I pay our tickets.«

»No, I don't want to stay here.«

Ihre Lippen fangen zu zittern an. Er sagt ihr, dass er gleich in der Nähe wohne und Suppe auf dem Herd habe, die morgen schlecht sein würde, was doch schade wäre. Sie könnten ja nach dem Essen wieder hierher kommen.

Vielleicht kann er sich von seinem Nachbarn zehn Pesos leihen, denkt er, oder er findet einen Zwanzigdollarschein auf der Straße. Manchmal passieren ja die verrücktesten Dinge.

Sie holt tief Luft und meint, sie zöge es vor, so spät am Abend nichts mehr zu essen, das setze nur an.

Sie brauche ja nicht zu essen. Er würde sich auch freuen, wenn sie ihn nur begleite. Er lächelt, was das Zeug hält. Aber es hilft nichts. Allzu deutlich spürt er, dass es immer stiller um sie beide wird, bis die Marni sich plötzlich ganz von ihm abwendet und den Kassierer fragt, ob man auch ohne Partner am Unterricht teilnehmen könne.

»Sí, claro. No problem. There are enough other chicos.«

Nun dann. Sie dreht sich wieder zu ihm.

Sie wolle ihn nicht länger aufhalten, er habe sich ohnehin schon so viel Zeit für sie genommen. Während sie spricht, reicht sie dem Kassierer einen Hundertdollarschein.

»¡No, por favor! I can't change this moment! ¡No tan temprano! You don't have cambio?«

»Only seven.« Unglücklich sieht sie den Kassierer an. Da fährt Adrián mit schlanken Fingern in die Hosentasche und zaubert den achten Peso hervor.

»Thank you very much«, ruft die Kleine und mit einem Mal überschwemmt ein Verlegenheitsrot ihr Gesicht. *»And thank you for all.«* Sie legt ihre Hände an seine Wangen und küsst ihn weich und feucht auf die Lippen. *»Ciao.«*

»Ciao«, sagt Adrián. Jetzt ist es einfach zu gehen. Nach

ein paar Stufen dreht er sich noch einmal um. Die Marni starrt ein Loch in die Luft. Er winkt ihr zu.

»*Ciao, chica*«, ruft er. »*Good luck*«, und geht weiter die Treppe hinunter.

Auf der Straße beginnt er zu pfeifen. Er pfeift die Melodie von ›Madame Yvonne‹.

Nach dem Essen legt sich Adrián ins Bett. Allmählich lässt das Zittern in seinen Beinen nach. Die ständigen Gedanken an Geld haben ihn erschöpft. Aber auch jemand, dessen Arbeit darin besteht, über seine Arbeitslosigkeit nachzudenken, muss einmal Feierabend haben, sagt er sich und schließt die Augen.

Vorsichtig streicht er mit der Zunge über seine Lippen, als könne er Marnis Kuss dort noch finden. Er hat von Anfang an gewusst, dass sie sich in ihn verlieben wird. Schon als er sie auf der Plaza angesprochen hatte. Wahrscheinlich wird sie in den nächsten Tagen oft an ihn denken. Vielleicht, wenn auch immer seltener, sogar noch in den nächsten Monaten oder Jahren. Vielleicht wird sie sogar noch als ganz alte Frau an warmen Sommerabenden, nur für eine Sekunde und kaum dass es ihr wirklich bewusst wird, einen jungen argentinischen Mann vor sich sehen. Und wenn jemand sie dann zufällig anschaut, wird er das Gefühl haben, die Zeit bleibe stehen. Und dieser Gedanke erfüllt Adrián mit tiefer Zufriedenheit.

Charles Bukowski

Ein teuflischer Weiberheld

Na ja, es hatte mal wieder Streit gegeben mit Flo, und mir war weder nach einem Besäufnis noch nach einem Besuch im Massagesalon zumute, deshalb stieg ich in meinen Wagen und fuhr nach Westen, in Richtung Strand. Es ging auf den Abend zu. Ich ließ mir Zeit und fuhr langsam. An der alten Mole stellte ich den Wagen ab und ging rauf. Ich schaute in die Flipperdiele rein, machte ein paar Spiele, aber in der Bude stank es nach Pisse, also ging ich wieder. Das Karussell ließ ich links liegen, dafür war ich zu alt. Auf der Mole lief das übliche Sortiment herum – eine träge, stumpfsinnige Menschenmenge.

Da vernahm ich aus einem Laden ganz in der Nähe ein Gebrüll. Sicher ein Tonband oder eine Platte, dachte ich. Ein Anreißer stand draußen: »Jawohl, meine Damen und Herren, *hier drin, gleich hier drin* ... halten wir den *Teufel* persönlich gefangen! Sie können ihn mit eigenen Augen besichtigen! Überlegen Sie mal, für einen Vierteldollar, für ganze fünf-und-zwanzig Cents, können Sie tatsächlich den Teufel *sehen* ... den größten Verlierer aller Zeiten! Den Verlierer der einzigen Revolution, die je im Himmel versucht wurde!«

Na, ich konnte ein bißchen leichte Unterhaltung gebrauchen nach dieser anstrengenden Sache mit Flo. Ich zahlte meinen Vierteldollar und ging mit weiteren sechs oder sieben Dummköpfen hinein. Sie hatten diesen Typ da in einem Käfig. Sie hatten ihn mit einer Spritzpistole rot eingesprüht, und er hatte etwas im Mund, mit dem er Rauchwölkchen und kleine Stichflammen produzierte. Er zog keine besonders gute Show ab. Er lief nur im Kreis herum und sagte in einer Tour: »Gottverdammte Scheiße, ich muß hier *raus*! Wie bin ich bloß in diese blödsinnige Falle geraten?« Nun ja, eins muß ich sagen: Er sah schon gefährlich aus. Plötzlich machte er sechs schnelle Überschläge rückwärts. Nach dem letzten Überschlag landete er auf seinen Füßen, sah sich um und sagte: »Oh, Scheiße, ich fühl mich gräßlich!«

Dann sah er mich. Er kam direkt zu mir her an den Maschendraht. Eine Hitze ging von ihm aus, wie von einem Heizlüfter. Keine Ahnung, wie sie das machten.

»Mein Sohn«, sagte er, »endlich bist du gekommen! Ich habe auf dich gewartet. Seit zweiunddreißig Tagen sitze ich hier in diesem Scheißkäfig!«

»Ich weiß nicht, wovon du sprichst.«

»Mein Sohn«, sagte er, »mach jetzt keine Scherze. Komm heute nacht mit einer Drahtschere wieder und befreie mich.«

»Komm mir nicht mit so 'm Scheiß, Mann«, sagte ich.

»Zweiunddreißig Tage bin ich schon hier drin, mein Sohn! Jetzt komme ich endlich frei!«

»Willst du vielleicht behaupten, daß du wirklich der Teufel bist?«

»Ich will eine Katze in den Arsch pimpern, wenn ich's nicht bin«, war seine Antwort.

»Wenn du der Teufel bist, dann kannst du auf deine übernatürlichen Kräfte zurückgreifen, um hier rauszukommen.«

»Meine Kräfte sind mir vorübergehend abhanden gekommen. Dieser Kerl da, der Anreißer, saß mit mir in der Ausnüchterungszelle. Ich sagte ihm, daß ich der Teufel bin, und er hinterlegte Kaution für mich. Ich hatte meine Kräfte in diesem Gefängnis verloren, sonst hätte ich ihn nicht gebraucht. Er machte mich wieder betrunken, und als ich aufwachte, war ich in diesem Käfig. Der elende Geizkragen, er gibt mir nur Hundefutter und Erdnußbutter-Sandwiches zu essen. Mein Sohn, hilf mir, ich flehe dich an!«

»Du spinnst«, sagte ich. »Du hast sie nicht mehr alle.«

»Komm mir bloß heute nacht wieder, mein Sohn, mit der Drahtschere.«

Der Anreißer kam herein und verkündete, die Sitzung mit dem Teufel sei zu Ende, und wenn wir noch mehr von ihm sehen wollten, würde es noch mal fünfundzwanzig Cents kosten. Ich hatte genug gesehen. Ich ging mit den anderen sechs oder sieben Dummköpfen wieder raus.

»Hey, er hat mit dir *geredet*«, sagte ein kleiner alter Kerl, der neben mir ging. »Ich war jeden Abend hier, und du bist der erste Mensch, mit dem er bis jetzt geredet hat. «

»Mach dich nicht naß«, sagte ich.

Der Anreißer stoppte mich. »Was hat er dir erzählt? Ich hab gesehen, wie er mit dir geredet hat. Was hat er dir erzählt?«

»Er hat mir alles erzählt«, sagte ich.

»Hände weg, Kumpel. Der gehört *mir*! Soviel Geld hab ich nicht mehr gemacht, seit ich die dreibeinige Lady mit dem Vollbart hatte.«

»Was ist denn mit der passiert?«

»Ist mir ausgerückt. Mit dem Mann, der die Nummer mit dem Tiefseekraken machte. Die beiden haben jetzt 'ne Farm in Kansas.«

»Ich finde, ihr Leute habt alle einen Dachschaden.«

»Ich sag dir bloß eins: Ich hab diesen Kerl gefunden. Also *Hände weg!*«

Ich ging zu meinem Wagen, stieg ein und fuhr zurück zu Flo. Als ich zuhause reinkam, saß sie in der Küche und trank Whisky. Sie sagte mir einige hundert Mal, was für ein nichtsnutziger Mensch ich sei. Ich trank eine Weile mit ihr, ohne viel zu sagen. Dann stand ich auf, ging in die Garage, nahm die Drahtschere, steckte sie in die Tasche, stieg in den Wagen und fuhr zurück zur Mole.

Ich brach die Hintertür auf, das Schloß war verrostet und ging glatt ab. Er lag auf dem Boden des Käfigs und schlief. Ich machte mich mit der Drahtschere an die Arbeit, aber es klappte nicht. Der Draht war sehr stark. Dann wachte er auf.

»Mein Sohn«, sagte er, »du bist zurückgekommen! Ich wußte es ja!«

»Schau her, Mann, ich komm mit dieser Drahtschere nicht durch. Der Draht ist zu dick.«

Er stand auf. »Gib sie mir hier rein.«

»Gott«, sagte ich, »hast du aber heiße Hände! Du mußt Fieber haben oder so was.«

»Sag bloß nicht ›Gott‹ zu mir«, sagte er.

Er schnitt den Draht durch, als sei es Bindfaden, und stieg heraus. »Und jetzt, mein Sohn, zu dir nach Hause. Ich muß wieder zu Kräften kommen. Ein paar Porterhouse-Steaks, und ich bin wieder in Form. Ich habe so viel Hundefutter gefressen, daß ich fürchte, ich fange jeden Augenblick an zu bellen.«

Wir gingen zusammen zum Auto, und ich fuhr ihn zu mir nach Hause. Als wir reinkamen, saß Flo immer noch in der Küche und trank Whisky. Ich machte ihm erst mal ein Sandwich mit gebratenem Schinken und Ei, und wir setzten uns zu Flo an den Tisch.

»Dein Freund sieht verteufelt gut aus«, sagte sie zu mir.

»Er behauptet, er *ist* der Teufel«, sagte ich.

»Schon lange her, seit ich zum letztenmal ein gutes Stück Weiberfleisch zwischen den Beinen hatte«, sagte er.

Er beugte sich über den Tisch und gab Flo einen langen Kuß. Als er aufhörte, saß sie völlig benommen da. »Das war der *heißeste* Kuß, den mir je einer gegeben hat«, sagte sie, »und mich haben schon viele geküßt.«

»Wirklich?« fragte er.

»Wenn du im Bett auch nur annähernd so gut bist wie im Küssen, das wär ja sagenhaft, das wär kaum zum *Aushalten*!«

»Wo ist dein Schlafzimmer?« fragte er mich.

»Geh einfach hinter der Lady her«, sagte ich.

Er folgte Flo ins Schlafzimmer, und ich goß mir einen großen Whisky ein.

Ich hatte noch nie so ein Schreien und Stöhnen gehört, und es ging gut und gerne 45 Minuten lang. Dann kam er alleine wieder heraus, setzte sich und goß sich einen Drink ein.

»Mein Sohn«, sagte er, »da hast du aber eine wirklich gute Frau.«

Er ging ins Wohnzimmer, legte sich auf der Couch lang und schlief ein. Ich ging ins Schlafzimmer, zog mich aus und kroch zu Flo in die Federn.

»Mein Gott«, sagte sie, »mein Gott, ich kann's noch gar nicht fassen. Er hat mich Himmel und Hölle erleben lassen.«

»Ich hoffe bloß, daß er mir nicht die Couch in Brand steckt«, sagte ich.

»Du meinst, daß er Zigaretten raucht und dabei einschläft?«

»Vergiß es«, sagte ich.

Tja, er begann sich häuslich niederzulassen. *Ich* mußte auf der Couch schlafen. Ich mußte mir jede Nacht anhören, wie Flo da drin schrie und stöhnte. Eines Tages – Flo war beim Einkaufen und wir saßen bei einem Bier in der Frühstücksnische – redete ich dann mal ein ernstes Wort mit ihm. »Hör zu«, sagte ich, »ich helfe schon mal einem aus, aber jetzt hab ich mein Bett und meine Frau verloren. Ich werde dich bitten müssen, daß du wieder gehst.«

»Ich glaube, ich halte es hier noch eine Weile aus, mein Sohn. Deine Alte ist eine der besten Nummern, die ich je hatte.«

»Hör zu, Mann«, sagte ich, »es kann passieren, daß ich zu harten Maßnahmen greife, um dich loszuwerden.«

»Harter Bursche, was? Na, dann hör mal zu, du harter Bursche, ich hab 'ne kleine Neuigkeit für dich: Meine übernatürlichen Kräfte sind zurückgekehrt. Wenn du dich mit mir anlegst, kann's passieren, daß du dich dabei versengst. Paß mal auf!«

Wir haben einen Hund. Old Bones heißt er. Er taugt nicht viel, aber er bellt, wenn er in der Nacht was hört. Er ist ein ganz guter Wachhund. Tja, also der Teufel zeigte mit seinem Finger auf Old Bones, der Finger machte so ein niesendes Geräusch, dann zischte er, und eine dünne Stichflamme kam raus und berührte Old Bones. Old Bones verbrutzelte und löste sich in Nichts auf. Er war einfach nicht mehr da. Kein Knochen, kein Fell, nicht mal ein Hauch von Gestank. Nur noch Luft.

»Okay, Mann«, sagte ich zu ihm. »Du kannst noch ein paar Tage bleiben, aber danach mußt du hier raus.«

»Brat mir ein Porterhouse«, sagte er, »ich hab Hunger. Und ich fürchte, meine Spermienproduktion hängt durch.«

Ich stand auf und schmiß ein Steak in die Pfanne.

»Mach mir ein paar Fritten dazu«, sagte er, »und Tomatenscheiben. Kaffee brauch ich nicht. Kann in letzter Zeit nicht schlafen. Aber ein paar Biere werd ich noch trinken.«

Als ich alles fertig hatte und das Essen vor ihn hinstellte, kam Flo zurück.

»Tach, mein Schatz«, sagte sie, »wie fühlst du dich?«

»Ganz prächtig«, sagte er. »Hast du hier irgendwo Ketchup?«

Ich ging raus, stieg ins Auto und fuhr hinunter zum Strand.

Na, der Anreißer hatte jetzt einen neuen Teufel da drin. Ich bezahlte meinen Vierteldollar und ging rein. Dieser Teufel hier machte wirklich nicht viel her. Die rote Farbschicht juckte und brachte ihn schier um, und er trank, um nicht durchzudrehen. Er war ein kräftiger Kerl, aber er hatte überhaupt keine Qualitäten. Ich war einer der wenigen Kunden da drin. In der Bude waren mehr Fliegen als Menschen.

Der Anreißer kam zu mir her. »Ich bin am Verhungern, seit du mir den Echten geklaut hast. Hast wohl deine eigene Show mit ihm aufgezogen, hm?«

»Hör mal«, sagte ich, »ich würde alles drum geben, wenn ich ihn dir wieder zurückbringen könnte. Ich wollte ja bloß ein guter Mensch sein.«

»Du weißt, was mit guten Menschen auf dieser Welt passiert, nicht?«

»Yeah, die stehen dann Ecke 7th und Broadway rum und verkaufen den ›Wachtturm‹.«

»Mein Name ist Ernie Jamestown«, sagte er. »Erzähl mir die ganze Geschichte. Wir haben ein Hinterzimmer.«

Ich ging mit Ernie ins Hinterzimmer. Dort saß seine Frau am Tisch und trank Whisky. Sie schaute auf.

»Hör mal, Ernie, wenn dieser Knilch da unser neuer Teufel sein soll, dann vergiß es. Da können wir gleich einen dreifachen Selbstmord inszenieren.«

»Immer mit der Ruhe«, sagte Ernie. »Und gib mal die Flasche rüber.«

Ich erzählte Ernie, was alles passiert war. Er hörte aufmerksam zu. Dann sagte er: »Ich kann ihn dir vom Hals schaffen. Er hat zwei Schwächen – Trinken und Weiber. Und dann noch was. Ich weiß nicht wieso, aber wenn er eingesperrt ist, so wie in der Ausnüchterungszelle oder in dem Käfig da draußen, dann verliert er seine übernatürlichen Kräfte. Also schön, da werden wir einhaken.«

Ernie ging zum Schrank und holte eine Menge Ketten und Vorhängeschlösser heraus. Dann ging er ans Telefon und ließ sich mit Edna Hemlock verbinden. Edna Hemlock sollte uns in zwanzig Minuten an der Ecke vor Woodys Bar treffen. Ernie und ich stiegen in meinen Wagen, hielten unterwegs am Spirituosenladen und kauften zwei kleine Flaschen Whisky, holten Edna ab und fuhren zu mir nach Hause.

Sie saßen immer noch in der Küche. Sie schmusten wie verrückt. Doch der Teufel hatte kaum einen Blick auf Edna geworfen, da war meine Alte für ihn abgemeldet. Er ließ sie fallen wie ein Paar Schlüpfer mit Scheiße dran. Edna hatte alles, was das Herz begehrte. Als sie ihr den letzten Schliff gaben, machten sie keinen Fehler.

»Warum nehmt ihr beiden nicht einen zur Brust und lernt euch ein bißchen näher kennen?« sagte Ernie und stellte vor jeden ein großes Glas Whisky hin.

Der Teufel sah Ernie an. »Hey, Mother, bist du nicht der Typ, der mich in den Käfig gesperrt hat?«

»Vergiß es«, sagte Ernie. »Laß uns die alten Geschichten begraben.«

»Von wegen!« Der Teufel zeigte mit dem Finger auf ihn, eine Stichflamme kam heraus, und dann gab es Ernie nicht mehr.

Edna lächelte und hob ihr Glas. Der Teufel grinste, hob seines und kippte es runter.

»Erstklassiger Stoff!« sagte er. »Wer hat den gekauft?«

»Der Mann, der vor einem Augenblick das Zimmer verlassen hat«, sagte ich.

»Oh.«

Er und Edna genehmigten sich noch einen Drink und begannen einander mit den Augen zu verschlingen. Dann sagte meine Alte zu ihm: »Hör auf, dieses Flittchen anzustarren!«

»Was für ein Flittchen?«

»Die da!«

»Beschäftige du dich mit deinem Drink und halts Maul!«

Er zeigte mit dem Finger auf meine Alte, es knisterte ein bißchen, und dann war sie weg. Dann sah er mich an. »Und was hast du hier zu melden?«

»Oh, ich bin der Kerl, der dir die Drahtschere gebracht hat, weißt du noch? Ich bin hier der Hausdiener, ich bring dir Handtücher ins Schlafzimmer und so weiter ...«

»Wirklich ein gutes Gefühl, meine übernatürlichen Kräfte wiederzuhaben.«

»Ja, die kommen ganz gelegen«, sagte ich, »wir haben hier sowieso ein Problem in puncto Bevölkerungsdichte.«

Er starrte Edna an. Die beiden waren so mit sich beschäftigt, daß ich eine der beiden Flaschen Whisky unbemerkt an mich bringen konnte. Ich ging damit raus, stieg ins Auto und fuhr zurück zum Strand.

Ernies Frau saß noch immer im Hinterzimmer. Sie freute sich, als sie die neue Flasche sah, und ich goß zwei Drinks ein.

»Wer ist denn der Junge, den ihr da im Käfig habt?« fragte ich.

»Oh, das ist so ein drittklassiger Footballspieler von einem College hier in der Nähe. Er will sich ein bißchen was dazuverdienen.«

»Du hast wirklich einen schönen Busen«, sagte ich.

»Findest du? Ernie sagt nie etwas über meinen Busen.«

»Trink. Das ist guter Stoff.«

Ich setzte mich neben sie. Sie hatte schöne fette Schenkel. Als ich sie küßte, wehrte sie sich nicht.

»Ich hab dieses Leben hier so satt«, sagte sie. »Ernie war schon immer ein mickriger kleiner Schnorrer. Hast du einen guten Job?«

»Oh, sicher. Ich bin Chef-Packer bei Drombo-Western.«

»Küß mich noch mal«, sagte sie.

Ich rollte von ihr runter und putzte mich am Bettlaken ab.

»Wenn Ernie das rauskriegt, bringt er uns alle beide um«, sagte sie.

»Ernie wird es nicht rauskriegen. Mach dir keine Sorgen.«

»Du machst es großartig«, sagte sie, »aber wie kommst du auf *mich*?«

»Ich versteh nicht. Was meinst du damit?«

»Ich meine, wirklich, was hat dich darauf gebracht?«

»Oh«, sagte ich, »der Teufel hat mich darauf gebracht.«

Dann steckte ich mir eine Zigarette an, legte mich wieder lang, inhalierte und blies einen perfekten Rauchring. Sie stand auf und ging ins Bad. Nach einer Minute hörte ich die Wasserspülung gurgeln.

Anna Gavalda

Jahrelang

Jahrelang hatte ich geglaubt, diese Frau sei aus meinem Leben verschwunden, nicht sehr weit zwar, aber doch komplett daraus verschwunden.

Es gebe sie nicht länger, sie wohne ganz weit weg, sie sei nie wirklich hübsch gewesen, sie gehöre der Welt der Vergangenheit an. Der Welt, als ich noch jung und romantisch war, als ich noch glaubte, die Liebe halte ewig und nichts sei größer als meine Liebe zu ihr. Der ganze Schwachsinn halt.

Ich war sechsundzwanzig Jahre alt und stand in einem Bahnhof auf dem Bahnsteig. Ich begriff nicht, wieso sie so sehr weinte. Ich schloß sie in die Arme und vergrub mich in ihren Nacken. Ich glaubte, sie sei unglücklich, weil ich wegfuhr, und sie wolle mich ihre Verzweiflung sehen lassen. Und dann, einige Wochen später, nachdem ich am Telefon wie ein Bekloppter meinen Stolz mit Füßen getreten hatte oder in allzu langen Briefen nach ihr geseufzt hatte, begriff ich endlich.

Daß sie an jenem Tag schwach geworden war, weil sie wußte, daß sie mein Gesicht zum letzten Mal sah, daß sie über mich weinte, über meine sterblichen Überreste. Und daß sie schwer daran trug.

Monatelang habe ich mich überall gestoßen.

Ich gab auf nichts acht und habe mich überall gestoßen. Je weher es tat, um so mehr habe ich mich gestoßen.

Ich sah wunderbar heruntergekommen aus: all diese Tage voller Leere, wo ich so tat als ob. Indem ich aufstand, indem ich bis zur Verblödung arbeitete, indem ich schlecht und recht aß, mit meinen Kollegen Bier trank und nicht aufhörte, mit meinen Brüdern dreckige Witze zu machen, wo doch das leiseste Pusten des geringsten von ihnen ausgereicht hätte, mich umzuwerfen.

Aber ich täuschte mich. Es war nicht Tapferkeit, es war Dummheit: weil ich glaubte, sie würde zurückkommen. Daran hatte ich wirklich geglaubt.

Ich hatte nichts kommen sehen, und mein Herz war wirklich zu Bruch gegangen auf einem Bahnsteig in einem Bahnhof an einem Sonntagabend. Ich konnte mich nicht damit abfinden, und ich stieß mich an allem und überall.

Die darauffolgenden Jahre veränderten nichts. An manchen Tagen habe ich mich dabei ertappt, wie ich dachte: »He? Das ist ja komisch. Ich glaube, gestern habe ich nicht an sie gedacht.« Und anstatt mich zu beglückwünschen, fragte ich mich, wie es möglich war, wie ich es geschafft hatte, einen ganzen Tag zu leben, ohne an sie zu denken. Vor allem ihr Vorname hat mich verfolgt. Und zwei oder drei scharfe Bilder, die ich von ihr im Kopf hatte. Immer die gleichen.

Ja, so war es. Ich habe morgens die Füße auf den Boden gesetzt, ich habe gegessen, ich habe mich gewaschen, ich habe mich angezogen, und ich habe gearbeitet.

Manchmal habe ich die nackten Körper irgendwelcher Mädchen gesehen. Manchmal, aber ohne daß es mich berührt hätte.

Gefühle: Fehlanzeige.

Und dann bekam ich eines Tages doch noch meine Chance. Als es mir schon gleichgültig geworden war.

Eine andere Frau hat mich kennengelernt. Eine Frau, die völlig anders war, hat sich in mich verliebt, sie hatte einen anderen Vornamen und beschloß, aus mir einen ganzen Mann zu machen. Ohne mich nach meiner Meinung zu fragen, hat sie mich wieder auf die Beine gestellt und mich ein Jahr nach unserem ersten Kuß, zu dem es auf einem Kongreß im Fahrstuhl gekommen war, geheiratet.

Eine unverhoffte Frau. Ich muß sagen, daß ich ziemlich viel Angst hatte. Ich hatte nicht mehr daran geglaubt und habe sie bestimmt sehr oft verletzt. Ich strich ihr über den Bauch und schweifte in Gedanken ab. Ich hob ihre Haare hoch und suchte einen anderen Geruch. Sie hat nie etwas dazu gesagt. Sie wußte, daß mein Geisterdasein nicht mehr von langer Dauer sein würde. Aufgrund ihres Lachens, aufgrund ihrer Haut und aufgrund dieses ganzen Wusts an elementarer und selbstloser Liebe, die sie mir zu geben hatte. Sie hatte recht. Mein Geisterdasein ließ mich glücklich leben.

Im Augenblick befindet sie sich im Nebenzimmer. Sie ist eingeschlafen.

In beruflicher Hinsicht war ich erfolgreicher, als ich es mir je vorgestellt hatte. Man könnte meinen, Verbissenheit zahle sich aus, ich sei im rechten Augenblick am rechten Ort gewesen, hätte die richtigen Entscheidungen getroffen, hätte – ich weiß es nicht.

Auf alle Fälle sehe ich in den erstaunten wie skeptischen Augen meiner früheren Studienkollegen sehr wohl, daß sie ratlos davorstehen: eine hübsche Frau, eine hübsche Visitenkarte und maßgeschneiderte Hemden – bei so wenig anfänglichen Mitteln. Das macht perplex.

Damals war ich vor allem derjenige gewesen, der nur an Mädchen dachte, na ja, an jenes Mädchen, der während der Vorlesungen Briefe schrieb und weder nach den Hintern noch den Brüsten noch den Augen noch sonst was auf den Caféterrassen schielte. Derjenige, der jeden Freitag den ersten Zug nach Paris nahm und am Montagmorgen traurig und mit Ringen unter den Augen zurückkehrte und die Entfernungen sowie den Eifer der Schaffner verfluchte. Eher Harlekin als *golden boy,* so war es.

Weil ich sie liebte, habe ich mein Studium vernachlässigt, und weil ich mein Studium aufs Spiel setzte und in vielen anderen Dingen unentschlossen war, hat sie mich verlassen. Sie mußte denken, die Zukunft mit einem wie mir wäre zu – ja – unsicher.

Wenn ich mir heute meine Kontoauszüge anschaue, wird mir klar, daß das Leben ein Spaßvogel ist.

Ich habe also gelebt, als wäre nichts gewesen.

Natürlich kam es vor, daß wir uns lächelnd unterhielten, meine Frau und ich, auch mit Freunden, über unsere Studienjahre, über Filme und Bücher, die uns geprägt hatten, und über *unsere Jugendlieben*, Gesichter, die wir unterwegs vergessen hatten und die uns zufällig wieder in den Sinn kamen. Über die Preise in den Cafés und derlei nostalgischen Kram. Über den Teil unseres Lebens, den wir in einem Regal abgelegt hatten. Wir wischten ein wenig Staub. Aber ich habe das alles nie breitgetreten. O nein.

Eine Zeitlang, das weiß ich noch, kam ich jeden Tag an einem Schild vorbei, auf dem der Name der Stadt stand, in der sie meines Wissens lebte, mit Kilometerangabe.

Jeden Morgen auf dem Weg ins Büro und jeden Abend auf dem Weg zurück warf ich einen Blick auf das Schild. Ich warf einen Blick darauf, mehr nicht. Ich bin ihm nie gefolgt. Ich habe zwar daran gedacht, aber schon der Gedanke, den Blinker zu setzen, kam mir vor, als würde ich meine Frau bespucken.

Trotzdem habe ich einen Blick darauf geworfen, das stimmt.

Und dann habe ich die Arbeitsstelle gewechselt. Das war's dann mit dem Schild.

Aber es gab immer auch andere Gründe, andere Vorwände. Immer. Wie viele Male habe ich mich in der Straße umgedreht, mit einem Stich im Herzen, weil ich geglaubt hatte, den Schatten einer Silhouette wahrgenommen zu haben, der – oder eine Stimme, die – oder eine Frisur wie –?

Wie viele Male?

Ich hatte geglaubt, ich würde nicht mehr daran denken, aber es reichte aus, daß ich einen Augenblick lang allein an einem einigermaßen ruhigen Ort war, um sie kommen zu sehen.

Einmal auf einer Restaurantterrasse, vor weniger als sechs Monaten, als der Kunde, den ich einladen sollte, nicht kam, habe ich sie in meiner Erinnerung gesucht. Ich habe meinen Kragen gelockert und den Kellner gebeten, mir eine Schachtel Zigaretten zu bringen. Jene starken und bitteren Zigaretten, die ich damals geraucht habe. Ich habe die Beine ausgestreckt und den Ober gebeten, das Gedeck mir gegenüber nicht wegzunehmen. Ich habe einen guten Wein bestellt, einen Gruaud-Larose, glaube ich, und während ich mit halb geschlossenen Augen rauchte und einen zarten Sonnenstrahl genoß, sah ich sie kommen.

Ich habe sie wieder und wieder angesehen. Ich habe nicht aufgehört, an sie zu denken und an das, was wir taten, wenn wir zusammen waren und wenn wir im gleichen Bett schliefen.

Niemals habe ich mich gefragt, ob ich sie immer noch liebe und welche Gefühle ich ihr gegenüber eigentlich hege. Das hätte nichts gebracht. Aber ich genoß es, sie über den Umweg eines Augenblicks der Einsamkeit wiederzusehen. Das muß ich zugeben, denn es ist die Wahrheit.

Zu meinem Glück hat mir das Leben nicht viele Momente der Einsamkeit beschert. Es sei denn, daß mich ein Kunde vergaß oder daß ich nachts allein im Auto saß, ohne mir Gedanken über den Weg machen zu müssen. Mit anderen Worten, fast nie.

Und selbst wenn ich manchmal bei einem richtigen Blues oder in einem Anflug von Nostalgie Lust dazu hätte und mich dazu hinreißen ließe, beispielsweise einen scherzhaften Ton anzuschlagen und ihre Telefonnummer im Minitel zu suchen oder eine andere Dummheit dieser Art, so weiß ich jetzt, daß das nicht in Frage kommt, denn seit einigen Jahren habe ich richtige Schutzgitter. Von der ganz gnadenlosen Sorte: meine Kinder.

Ich bin vernarrt in meine Kinder. Ich habe drei, Marie, ein großes Mädchen von sieben, Joséphine, ein weiteres von fast vier, und Yvan, mit nicht ganz zwei Jahren der Kleinste. Außerdem war ich es, der meine Frau angefleht hat, mir noch ein drittes zu schenken, ich weiß noch, daß sie von Müdigkeit und Zukunft sprach, aber ich finde Babys ganz allerliebst, ihr Kauderwelsch und ihre feuchten Küsse. Komm schon, habe ich gesagt, schenk mir noch ein Kind. Sie hat sich nicht lange geziert, und allein schon deshalb weiß ich, daß sie meine einzige Freundin ist und daß ich sie nie verlassen werde. Auch wenn mich ein hartnäckiger Schatten begleitet.

Meine Kinder sind das Beste, was mir je passiert ist.

Eine alte Liebesgeschichte ist nichts dagegen. Gar nichts.

*

So ungefähr hat mein Leben ausgesehen, und dann hat sie letzte Woche ihren Vornamen ins Telefon gesprochen.

»Hier ist Hélèna.«

»Hélèna?«

»Stör ich?«

Ich hatte meinen Kleinen auf dem Schoß, der quietschend versuchte, nach dem Hörer zu greifen.

»Na ja.«

»Dein Kind?«

»Ja.«

»Wie alt ist es?«

»Weshalb rufst du mich einfach so an?«

»Wie alt ist es?«

»Zwanzig Monate.«

»Ich rufe an, weil ich dich gerne sehen würde.«

»Du willst mich sehen?«

»Ja.«

»Was soll der Blödsinn?«

» . . .«

»Einfach so. Du hast dir einfach gesagt: Ach ja, ich hätte Lust, ihn mal wiederzusehen?«

»So ähnlich.«

»Weshalb? Ich meine, weshalb jetzt? Nach all den Jahr. . .«

»Zwölf Jahre. Zwölf Jahre sind es jetzt.«

»Von mir aus. Aber was ist los? Bist du plötzlich aufgewacht? Was willst du? Willst du wissen, wie alt meine Kinder sind oder ob mir die Haare ausgefallen sind oder – oder wie du auf mich wirkst oder – oder ist es einfach nur so, um über die guten alten Zeiten zu reden?!«

»Hör zu, ich hatte nicht gedacht, daß du so darauf reagieren würdest, dann lege ich jetzt auf. Es tut mir leid. Ich . . .«

»Wie bist du an meine Nummer gekommen?«

»Über deinen Vater.«

»Was!«

»Ich habe vorhin deinen Vater angerufen und ihn nach deiner Nummer gefragt, ganz einfach.«

»Hat er sich an dich erinnert?«

»Nein. Das heißt – ich habe ihm nicht gesagt, wer ich bin.«

Ich habe meinen Sohn auf den Boden gestellt, und er ist abgedüst ins Zimmer seiner Schwestern. Meine Frau war nicht da.

»Wart mal, leg nicht auf. Marie! Kannst du ihm bitte seine Hausschuhe anziehen? – Hallo? Bist du noch dran?«

»Ja.«

»Und?«

»Was und?«

»Du willst also, daß wir uns wiedersehen?«

»Ja. Das heißt, nicht für lange. Nur auf ein Glas oder einen kleinen Spaziergang, oder ...«

»Warum? Wozu soll das gut sein?«

»Ich hab einfach nur Lust, dich wiederzusehen. Ein bißchen mit dir zu reden.«

»Hélèna?«

»Ja.«

»Warum tust du das?«

»Warum?«

»Ja, warum rufst du mich an? Warum so spät? Warum jetzt? Hast du dir denn gar nicht überlegt, ob du dadurch mein Leben durcheinanderbringen könntest? Du wählst meine Nummer und ...«

»Hör zu, Pierre. Ich werde sterben.«

» ...«

»Ich ruf dich an, weil ich sterben werde. Ich weiß noch nicht genau, wann, aber es ist nicht mehr lange hin.«

Ich löste den Hörer ein wenig vom Ohr, als wollte ich Atem schöpfen, und versuchte aufzustehen, erfolglos.

»Das ist nicht wahr.«

»Doch, es ist wahr.«

»Was fehlt dir?«

»Ach, das ist kompliziert. Um es kurz zu fassen, könnte man sagen, daß mein Blut, na ja, ich weiß nicht genau, was mit ihm los ist, weil die Diagnosen nicht ganz eindeutig sind, na ja, es ist irgendwas Komisches.«

»Bist du sicher?« habe ich gefragt.

»Hör mal! Was glaubst du denn? Daß ich dir irgendwelche dramatischen Lügengeschichten auftische, damit ich einen Grund habe, dich anzurufen?!!«

»Entschuldige bitte.«

»Schon okay.«
»Vielleicht irren sie sich ja.«
»Ja – vielleicht.«
»Nein?«
»Nein. Ich glaube nicht.«
»Wie kann das sein?«
»Ich weiß es nicht.«
»Hast du Schmerzen?«
»Es geht so.«
Hast du Schmerzen?
»Ein bißchen schon, wenn ich ehrlich bin.«
»Du willst mich also *ein letztes Mal* sehen?«
»Ja. So kann man es sagen.«
» ...«
» ...«
»Hast du keine Angst, enttäuscht zu werden? Willst du mich nicht lieber – in guter Erinnerung behalten?«
»So wie du warst, als du noch jung und schön warst?«
Ich hörte sie lächeln.
»Genau. Als ich noch jung und schön war und noch keine grauen Haare hatte.«
»Hast du jetzt graue Haare?!«
»Fünf Stück, glaube ich.«
»Ah! Das geht ja noch, hast du mir einen Schrecken eingejagt! Du hast recht. Ich weiß nicht, ob es eine gute Idee ist, aber ich denke seit einiger Zeit darüber nach – und ich habe mir gesagt, daß es wirklich etwas ist, was mir Freude machen würde. Na ja, und da es in letzter Zeit nicht mehr viel gibt, was mir Freude macht – habe ich dich angerufen.«
»Seit wann denkst du darüber nach?«
»Seit zwölf Jahren! Nein. Ich mache nur Spaß. Seit einigen Monaten. Seit meinem letzten Krankenhausaufenthalt, um genau zu sein.«
»Du willst mich also wiedersehen?«
»Ja.«

»Wann?«

»Wann du willst. Wann du kannst.«

»Wo wohnst du?«

»Immer noch im gleichen Ort. Hundert Kilometer von dir entfernt, glaube ich.«

»Hélèna?«

»Ja?«

»Nein, nichts.«

»Du hast recht. Nichts. So ist es. C'est la vie, und ich rufe dich nicht an, um die Vergangenheit aufzuribbeln oder das Unmögliche möglich zu machen, weißt du. Ich …

Ich ruf dich an, weil ich dein Gesicht wiedersehen will. Das ist alles. Wie diese Leute, die in das Dorf ihrer Kindheit zurückkehren oder in das Haus ihrer Eltern oder an irgendeinen Ort, der ihr Leben geprägt hat.«

»Eine Art Wallfahrt, wie?«

Mir fiel auf, daß sich meine Stimme verändert hatte.

»Ja, genau. Eine Art Wallfahrt. Als wäre dein Gesicht ein Ort, der mein Leben geprägt hat.«

»Wallfahrten haben immer etwas Trauriges an sich.«

»Warum sagst du das?! Du hast doch nie eine gemacht!?«

»Nein. Doch. Nach Lourdes.«

»Ach ja, na ja – also, nach Lourdes, wohin sonst?«

Sie zwang sich zu einem scherzhaften Ton.

Ich hörte, wie sich die Kleinen zankten, und ich hatte überhaupt keine Lust mehr zu reden. Mir war eher nach auflegen. Schließlich habe ich gesagt:

»Wann?«

»Sag du.«

»Morgen?«

»Wenn du willst.«

»Wo?«

»Auf halber Strecke zwischen dir und mir. In Sully zum Beispiel.«

»Kannst du Auto fahren?«

»Ja. Kann ich.«

»Was gibt es denn in Sully?«

»Na ja, nicht viel, vermute ich. Wir werden schon sehen. Wir können ja einfach vor dem Rathaus aufeinander warten.«

»Um die Mittagszeit?«

»O nein. Es ist nicht sehr witzig, mit mir zu essen, weißt du.«

Sie zwang sich wieder zu lachen.

»Nach dem Mittagessen ist besser.«

In dieser Nacht konnte er nicht einschlafen. Er starrte mit weit geöffneten Augen an die Decke. Er wollte, daß sie trokken blieben. Nicht weinen.

Nicht etwa wegen seiner Frau. Er hatte Angst, sich zu täuschen, er hatte Angst, er würde eher über den Tod seines eigenen Innenlebens weinen als über ihren. Er wußte, wenn er einmal anfing, würde er nicht mehr aufhören können.

Nicht die Schleusentore öffnen. Auf keinen Fall. Weil er jetzt schon seit so vielen Jahren umherstolzierte und darüber schimpfte, wie schwach die Leute waren. Die anderen. Die nicht wußten, was sie wollten, und die ihre ganze Mittelmäßigkeit hinter sich herzogen.

So viele Jahre schon, daß er mit dieser verfluchten Zärtlichkeit auf seine eigene Jugendzeit sah. Immer wenn er an sie dachte, versuchte er sich zu relativieren, so zu tun, als würde er darüber lächeln oder etwas begreifen. Dabei hatte er niemals auch nur das geringste begriffen.

Er weiß genau, daß er nur sie geliebt hat und daß er niemals von einem anderen Menschen als ihr geliebt wurde. Daß sie seine einzige Liebe gewesen ist und daß daran nichts zu ändern war. Daß sie ihn fallengelassen hatte wie einen lästigen Gegenstand, wie etwas Unnötiges. Daß sie ihm nie die Hand gereicht oder ein Briefchen geschickt hatte, um ihm zu sagen, er solle wieder aufstehen. Um ihm zu gestehen, daß sie so toll nicht war. Daß er sich irrte. Daß er mehr wert war als sie. Oder aber, daß sie den Fehler ihres Lebens gemacht hatte und es insgeheim bereute. Er wußte, wie stolz sie war. Ihm sagen, daß auch sie zwölf Jahre lang gelitten hatte und daß sie jetzt sterben würde.

Er wollte nicht weinen, und damit er nicht damit anfing, erzählte er sich irgendwelchen Schwachsinn. Ja, genau. Irgendwelchen Schwachsinn. Seine Frau hat sich umgedreht, hat ihre Hand auf seinen Bauch gelegt, und sofort hat er seine Wahnvorstellungen bereut. Natürlich hatte er eine andere geliebt und war von ihr geliebt worden, natürlich. Er betrachtet das Gesicht neben sich und nimmt ihre Hand, um sie zu küssen. Sie lächelt im Schlaf.

Nein, er braucht nicht zu stöhnen. Er braucht sich nichts vorzumachen. Die romantische Leidenschaft, ei ja, eine Zeitlang geht das gut. Aber jetzt ist Schluß damit, basta. Außerdem paßt es ihm morgen nachmittag gar nicht so richtig, wegen seinem Termin mit den Kerlen von Sigma II. Er wird Marcheron darauf ansetzen müssen, und das paßt ihm schon gar nicht, denn Marcheron …

Er konnte in dieser Nacht nicht einschlafen. Er dachte über alles mögliche nach.

So könnte er seine Schlaflosigkeit erklären, nur, daß seine Lampe nicht richtig leuchtet und er nichts sieht und er sich wie in der Zeit des großen Kummers überall stößt.

*

Sie konnte in dieser Nacht nicht einschlafen, aber sie ist daran gewöhnt. Sie schläft fast nicht mehr. Das liegt daran, daß sie sich am Tag nicht mehr ausreichend verausgabt. Das ist die Theorie des Arztes. Ihre Söhne sind beim Vater, und sie weint nur noch den ganzen Tag.

Weint. Weint. Weint.

Sie zerbricht, sie wirft Ballast ab, sie gibt sich auf. Es ist ihr egal, sie überlegt, daß es jetzt reicht, daß sie zu anderen Dingen übergehen und die Bahn freimachen muß, der Typ kann noch so oft sagen, daß sie sich nicht verausgabt, er begreift nichts mit seinem schmucken Kittel und seinen komplizierten Ausdrücken. In Wahrheit ist sie am Ende. Am Ende.

Sie weint, weil sie endlich Pierre angerufen hat. Sie hat immer dafür gesorgt, daß sie seine Telefonnummer hat, und es ist mehrmals vorgekommen, daß sie die zehn Zahlen gewählt hat, die sie von ihm trennten, um seine Stimme zu hören und schnell aufzulegen. Einmal ist sie ihm sogar einen ganzen Tag gefolgt, weil sie wissen wollte, wo er wohnt und was für ein Auto er hat, wo er arbeitet, wie er sich kleidet und ob er sorgenvoll aussieht. Sie ist auch seiner Frau gefolgt. Sie hatte sich eingestehen müssen, daß sie hübsch und fröhlich aussah und daß sie Kinder von ihm hatte.

Sie weint, weil ihr Herz heute wieder angefangen hat zu schlagen, obwohl sie dies schon lange nicht mehr für möglich gehalten hatte. Ihr Leben war schwerer gewesen, als sie es sich hätte vorstellen können. Sie hatte vor allem die Einsamkeit kennengelernt. Sie glaubte, es sei jetzt zu spät, noch etwas zu empfinden, sie habe ihren Anteil vom Kuchen schon gehabt. Vor allem, seit DIE sich eines Tages bei der Blutabnahme so aufgeregt hatten, einer Routineuntersuchung, die sie zufällig hatte machen lassen, weil sie sich nicht recht auf der Höhe fühlte. Sie alle, die kleinen Ärzte wie die großen Professoren, hatten eine Meinung zu der Geschichte, aber nicht mehr viel zu sagen, als es darum ging, sie da herauszuholen.

Sie weint aus so vielen Gründen, weil sie keine Lust mehr hat, darüber nachzudenken. Ihr ganzes Leben springt ihr plötzlich ins Gesicht. Um sich ein wenig zu schützen, redet sie sich ein, daß sie aus Freude am Weinen weint, und nichts sonst.

*

Sie war schon da, als ich kam, und sie hat mir zugelächelt. Sie hat gesagt, es ist gewiß das erste Mal, daß ich dich nicht habe warten lassen, du siehst, es gab keinen Grund zu verzweifeln, und ich habe geantwortet, ich sei nicht verzweifelt.

Wir haben uns zur Begrüßung nicht umarmt. Du hast dich nicht verändert, habe ich gesagt. Eine bescheuerte Bemerkung, aber genau das habe ich gedacht, nur daß ich sie noch hübscher fand. Sie war sehr blaß, und ihre winzigen blauen Adern um die Augen, auf den Lidern und den Schläfen waren allesamt zu sehen. Sie hatte abgenommen, und ihr Gesicht war hohlwangiger als früher. Sie wirkte resignierter, wenn ich an den lebhaften Eindruck denke, den sie früher gemacht hat. Sie sah mich ununterbrochen an. Sie wollte, daß ich erzähle, sie wollte, daß ich schwieg. Sie lächelte mich die ganze Zeit an. Sie wollte mich wiedersehen, und ich wußte nicht, wohin mit meinen Händen, ob ich rauchen durfte oder ihren Arm berühren.

Es war eine düstere Stadt. Wir sind ein Stückchen gelaufen bis zum öffentlichen Park.

Wir haben uns unser Leben erzählt. Ziemlich unzusammenhängend. Unsere Geheimnisse haben wir für uns behalten. Sie suchte nach Worten. Einmal hat sie mich nach dem Unterschied zwischen Unsicherheit und Unfähigkeit gefragt. Ich wußte ihn nicht mehr. Sie machte eine Geste, die mir zu verstehen gab, daß es im Grunde auch völlig belanglos war. Sie sagte, das Ganze habe sie sehr verbittert, sehr verhärtet, auf alle Fälle sehr verändert im Vergleich zu der, die sie vorher gewesen war.

Ihre Krankheit haben wir fast nicht erwähnt, außer als sie von ihren Kindern sprach und sagte, daß das kein Leben für diese sei. Vor kurzem hatte sie ihnen Nudeln kochen wollen, und selbst das hätte sie nicht geschafft, weil ihr der Wassertopf zu schwer gewesen war, nein wirklich, dies war kein Leben mehr. Sie hatten schon genug mitgemacht.

Sie hat mich nach meiner Frau gefragt und nach meinen Kindern und meiner Arbeit. Und sogar nach Marcheron. Sie wollte alles wissen, aber ich merkte, daß sie mir die meiste Zeit nicht zuhörte.

Wir saßen auf einer Bank, von der die Farbe schon ziemlich abgeblättert war, mit Blick auf einen Brunnen, der wohl seit seiner Einweihung kein Wasser mehr gespuckt hatte. Alles war häßlich. Traurig und häßlich. Die Feuchtigkeit senkte sich langsam auf uns herab, und wir haben uns ein wenig in uns zusammengekauert, um uns zu wärmen.

Schließlich ist sie aufgestanden, sie mußte allmählich los.

Sie sagte, ich möchte dich um einen Gefallen bitten, einen einzigen nur. Ich würde gerne an dir riechen. Und als ich nicht antwortete, gestand sie mir, daß sie all die Jahre Lust gehabt hatte, an mir zu riechen und meinen Geruch einzuatmen. Ich behielt meine Hände tief in den Manteltaschen, sonst hätte ich …

Sie ist hinter mich getreten und hat sich über meine Haare gebeugt. So ist sie lange geblieben, und ich habe mich schrecklich unwohl gefühlt. Anschließend hat sie ihre Nase zu meiner Nackenmulde bewegt und um meinen Kopf herum, sie hat sich Zeit gelassen, und dann den ganzen Nacken hinunter bis zum Hemdkragen. Sie hat tief Luft geholt, und auch sie hat ihre Hände auf dem Rücken behalten. Dann hat sie meine Krawatte gelockert und die zwei obersten Knöpfe an meinem Hemd geöffnet, und ich habe ihre kalte Nasenspitze ganz leicht an meinem Schlüsselbein gespürt, ich – ich –

Ich habe eine ziemlich abrupte Bewegung gemacht. Sie hat sich hinter mir aufgerichtet und beide Hände auf meine Schultern gelegt. Sie hat gesagt, ich gehe jetzt. Ich will nicht, daß du dich bewegst oder daß du dich umdrehst. Bitte beweg dich nicht.

Ich habe mich nicht bewegt. Mir war ohnehin nicht danach, denn ich wollte nicht, daß sie mich mit verquollenen Augen und zusammengekniffenem Mund sieht.

Ich habe ziemlich lange gewartet, dann bin ich zu meinem Auto gegangen.

Die Autoren

MADISON SMARTT BELL, geboren 1957, wuchs auf einer Farm in Tennessee auf. Schon während des Studiums in Princeton und am Hollins College in Virginia begann er zu schreiben. Er lebt heute in Baltimore.

(Abdruck mit freundlicher Genehmigung der Liepman AG, Zürich, und des Übersetzers [Originaltitel: ›The Naked Lady‹. © 1987 Madison Smartt Bell. Ticknor & Fields, New York 1987]. Aus: M. S. B., Heute ist ein guter Tag zum Sterben. München 1989. Deutsch von Lutz-W. Wolff.)

HEINRICH BÖLL, geboren am 21. Dezember 1917 in Köln, gestorben am 16. Juli 1985 in Langenbroich, erhielt 1972 den Nobelpreis für Literatur.

Von Heinrich Böll sind im Deutschen Taschenbuch Verlag erschienen: ›Irisches Tagebuch‹ (1), ›Zum Tee bei Dr. Borsig. Hörspiele‹ (200), ›Ansichten eines Clowns‹ (400), ›Wanderer, kommst du nach Spa...‹ (437), ›Ende einer Dienstfahrt‹ (566), ›Der Zug war pünktlich‹ (818), ›Wo warst du, Adam?‹ (856), ›Gruppenbild mit Dame‹ (959), ›Billard um halb zehn‹ (991), ›Die verlorene Ehre der Katharina Blum oder: Wie Gewalt entstehen und wohin sie führen kann‹ (1150), ›Das Brot der frühen Jahre‹ (1374), ›Ein Tag wie sonst. Hörspiele‹ (1536), ›Haus ohne Hüter‹ (1631), ›Du fährst zu oft nach Heidelberg und andere Erzählungen‹ (1725), ›Fürsorgliche Belagerung‹ (10001), ›Was soll aus dem Jungen bloß werden? Oder: Irgendwas mit Büchern‹ (10169), ›Die Verwundung und andere frühe Erzählungen‹ (10472), ›Zur Verteidigung der Waschküchen. Schriften und Reden. 1952–1959‹ (10601), ›Briefe aus dem

Rheinland. 1960–1963‹ (10602), ›Heimat und keine. 1964–1968‹ (10603), ›Ende der Bescheidenheit. 1969–1972‹ (10604), ›Man muß immer weitergehen. 1973–1975‹ (10605), ›Es kann einem bange werden. 1976–1977‹ (10606), ›Die ‚Einfachheit' der ‚kleinen' Leute. 1978–1981‹ (10607), ›Feindbild und Frieden. 1982–1983‹ (10608), ›Die Fähigkeit zu trauern. 1984–1985‹ (10609), ›Weil die Stadt so fremd geworden ist ...‹ (10754; zusammen mit Heinrich Vormweg), ›NiemandsLand. Kindheitserinnerungen an die Jahre 1945 bis 1949‹ (10787; zusammen mit Jürgen Starbatty), ›Frauen vor Flußlandschaft‹ (11196), ›Eine deutsche Erinnerung. Interview mit René Wintzen‹ (11385), ›Rom auf den ersten Blick‹ (11393), ›Nicht nur zur Weihnachtszeit‹ (11591), ›Unberechenbare Gäste‹ (11592), ›Entfernung von der Truppe‹ (11593), ›Die Hoffnung ist wie ein wildes Tier. Briefwechsel mit Ernst-Adolf Kunz 1945–1953‹ (12300), ›Der blasse Hund‹ (12367), ›Der Engel schwieg‹ (12450), ›Und sagte kein einziges Wort‹ (12531), ›Das Heinrich Böll Lesebuch‹ (13016; hrsg. v. Viktor Böll), ›Das Vermächtnis‹ (13017).

(Abdruck mit freundlicher Genehmigung des Verlags Kiepenheuer & Witsch, Köln. Aus: H. B., Erzählungen. Köln 1994.)

T. Coraghessan Boyle, geboren 1949 in Peekskill/New York im Hudson Valley, unterrichtet an der University of Southern California in Los Angeles.

Von T. C. Boyle sind im Deutschen Taschenbuch Verlag erschienen: ›World's End‹ (11666), ›Greasy Lake und andere Geschichten‹ (11771), ›Grün ist die Hoffnung‹ (11826), ›Wenn der Fluß voll Whisky wär‹ (11903), ›Willkommen in Wellville‹ (11998), ›Der Samurai von Savannah‹ (12009), ›Tod durch Ertrinken‹ (12329), ›América‹ (12519), ›Riven Rock‹ (12784), ›Fleischeslust‹ (12910), ›Ein Freund der Erde‹ (13053), ›Der Fliegenmensch und andere Stories‹ (62048).

(Abdruck mit freundlicher Genehmigung des Carl Hanser

Verlags, München. Aus: T. C. B., Wenn der Fluß voll Whisky wär. Erzählungen. München und Wien 1991. Deutsch von Werner Richter.)

CHARLES BUKOWSKI, geboren am 16. August 1920 in Andernach, gestorben am 9. März 1994 in San Pedro/LA, lebte seit seinem zweiten Lebensjahr in Los Angeles. Er begann nach wechselnden Jobs als Tankwart, Schlachthof-, Hafenarbeiter und Briefträger zu schreiben.
Von Charles Bukowski sind im Deutschen Taschenbuch Verlag erschienen: ›Ein Profi. Stories vom verschütteten Leben‹ (10188), ›Hot Water Music‹ (11462), ›Jeder zahlt drauf. Stories‹ (11991), ›Ausgeträumt‹ (12342), ›Das Schlimmste kommt noch oder Fast eine Jugend‹ (12386), ›Faktotum‹ (12387), ›Der Mann mit der Ledertasche‹ (12388), ›Das Liebesleben der Hyäne‹ (12389), ›Hollywood‹ (12390), ›Pittsburgh Phil & Co. Stories vom verschütteten Leben‹ (12391), ›Nicht mit sechzig, Honey. Gedichte vom südlichen Ende der Couch‹ (12392), ›Kamikaze-Träume. Gedichte‹ (12510), ›Gedichte die einer schrieb bevor er im 8. Stockwerk aus dem Fenster sprang‹ (12578), ›Flinke Killer. Gedichte‹ (12698).

(Abdruck mit freundlicher Genehmigung der Zweitausendeins Versand Dienst GmbH, Frankfurt am Main. Aus: C. B., Stories und Romane. © 1977 www.Zweitausendeins.de. Deutsch von Carl Weissner.)

ITALO CALVINO, geboren am 15. Oktober 1923 in Santiago de las Vegas/Kuba, gestorben am 19. September 1985 in Siena, studierte Literatur in Turin, arbeitete später als Redakteur und Lektor.
Von Italo Calvino sind im Deutschen Taschenbuch Verlag erschienen: ›Die unsichtbaren Städte‹ (10413), ›Wenn ein Reisender in einer Winternacht‹ (10516), ›Der Baron auf den Bäumen‹ (10578), ›Der geteilte Visconte‹ (10664), ›Der Ritter, den es nicht gab‹ (10742), ›Zuletzt kommt der Rabe‹ (11143), ›Unter der Jaguar-Sonne‹ (11325), ›Das Gedächtnis der Welten‹ (11475),

›Auf den Spuren der Galaxien‹ (11574), ›Die Mülltonne und andere Geschichten‹ (12344), ›Die Braut, die von Luft lebte‹ (12505), ›Wo Spinnen ihre Nester bauen‹ (12632), ›Eremit in Paris. Autobiographische Blätter‹ (12723), ›Herr Palomar‹ (12764), ›Marcovaldo oder Die Jahreszeiten in der Stadt‹ (12775), ›Heikle Erinnerungen‹ (12840).
›Der nackte Busen‹ 7
(Abdruck mit freundlicher Genehmigung des Carl Hanser Verlags, München. Aus: I. C., Herr Palomar. München und Wien 1985. Deutsch von Burkhart Kroeber.)

RAYMOND CARVER, geboren 1938 in Clatskanie/Oregon, gestorben 1988, schlug sich zunächst mit Gelegenheitsjobs durch und begann 1970 zu schreiben.
›Sag den Frauen, dass wir wegfahren‹ (1981) 181
(Abdruck mit freundlicher Genehmigung des Berlin Verlags, Berlin. Aus: R. C., Wovon wir reden, wenn wir von Liebe reden. Erzählungen. Berlin 2000. Deutsch von Helmut Frielinghaus.)

KATRIN DORN, geboren 1963, wuchs in Thüringen auf und lebte von 1984 bis 1995 in Leipzig, danach in Berlin. Sie studierte Psychologie und betreute verschiedene Theaterprojekte und literarische Veranstaltungsreihen. 2000 erschien ihr erster Roman ›Lügen und Schweigen‹. Sie lebt heute in Hamburg.
Von Katrin Dorn ist im Deutschen Taschenbuch Verlag erschienen: ›Tangogeschichten‹ (24308).
›Adriáns letzter Peso‹ 190
(Aus: K. D., Tangogeschichten. Deutscher Taschenbuch Verlag GmbH & Co. KG, München 2002.)

JULIA FRANCK, geboren 1970 in Ostberlin, reiste 1978 mit ihrer Familie in den Westen aus. 1995 Preisträgerin des »Open Mike« der LiteraturWERKstatt Berlin. 1998 Alfred-Döblin-Stipendium. 1999 Stipendium der Stiftung Niedersachsen. 2000 in Klagenfurt ausgezeichnet mit dem 3sat-Preis. Julia Franck lebt in Berlin.

Von Julia Franck sind im Deutschen Taschenbuch Verlag erschienen: ›Liebediener‹ (12904), ›Bauchlandung‹ (12972).

(Abdruck mit freundlicher Genehmigung des DuMont Literatur und Kunst Verlags GmbH & Co. KG, Köln. Aus: J. F., Bauchlandung. Geschichten zum Anfassen. Köln 2000.)

Anna Gavalda, geboren 1970, ist auf dem Land aufgewachsen, hat in Paris Literatur studiert und lebt heute als Französischlehrerin in der Nähe von Paris.

(Abdruck mit freundlicher Genehmigung des Carl Hanser Verlags, München. Aus: A. G., Ich wünsche mir, daß irgendwo jemand auf mich wartet. Erzählungen. München und Wien 2002. Deutsch von Ina Kronenberger.)

Günter Grass, geboren am 16. Oktober 1927 in Danzig, absolvierte nach der Entlassung aus amerikanischer Kriegsgefangenschaft eine Steinmetzlehre, studierte Grafik und Bildhauerei in Düsseldorf und Berlin. 1956 erschien der erste Gedichtband mit Zeichnungen, 1959 der erste Roman, ›Die Blechtrommel‹. 1999 wurde ihm der Nobelpreis für Literatur verliehen. Grass lebt in der Nähe von Lübeck.

Von Günter Grass sind im Deutschen Taschenbuch Verlag erschienen: ›Danziger Trilogie‹ (8439), ›Die Blechtrommel‹ (11821), ›Katz und Maus‹ (11822 und 62049), ›Hundejahre‹ (11823), ›Der Butt‹ (11824), ›Ein Schnäppchen namens DDR‹ (11825), ›Unkenrufe‹ (11846), ›Angestiftet, Partei zu ergreifen‹ (11938), ›Das Treffen in Telgte‹ (11988), ›Die Deutschen und ihre Dichter‹ (12027), ›örtlich betäubt‹ (12069), ›Ach Butt, dein Märchen geht böse aus‹ (12148), ›Der Schriftsteller als Zeitgenosse‹ (12296), ›Der Autor als fragwürdiger Zeuge‹ (12446), ›Ein weites Feld‹ (12447), ›Die Rättin‹ (12528), ›Aus dem Tagebuch einer Schnecke‹ (12593), ›Kopfgeburten‹ (12594), ›Gedichte und Kurzprosa‹ (12687), ›Mit Sophie in die Pilze gegangen‹ (12688), ›Mein Jahrhundert‹ (12880).

›1961‹ 78
(Abdruck mit freundlicher Genehmigung des Steidl Verlags, Göttingen. Aus: G. G., Mein Jahrhundert. Göttingen 1999.)

Axel Hacke, geboren 1956 in Braunschweig, studierte Politische Wissenschaften in Göttingen und München und besuchte die Deutsche Journalistenschule in München. Seit 1981 Redakteur bei der ›Süddeutschen Zeitung‹.
Von Axel Hacke ist im Deutschen Taschenbuch Verlag erschienen: ›Nächte mit Bosch‹ (11942).
›Wutbomben und Liebesraketen‹ 82
(Abdruck mit freundlicher Genehmigung des Autors. Aus: A. H., Das Beste aus meinem Leben. Verlag Antje Kunstmann, München 2003.)

Gert Heidenreich, geboren 1944 in Eberswalde, lebt in der Nähe von München. Sein Werk umfaßt Romane, Erzählungen, Gedichte, Essays, Theaterstücke und Arbeiten für Funk und Fernsehen.
Von Gert Heidenreich sind im Deutschen Taschenbuch Verlag erschienen: ›Abschied von Newton‹ (12875), ›Der Geliebte des dritten Tages‹ (12941).
›Faksimile‹ 150
(Abdruck mit freundlicher Genehmigung der Deutschen Verlags-Anstalt GmbH, München. Aus: G. H., Der Geliebte des dritten Tages. Erotische Mysterien. Stuttgart 1997.)

Binnie Kirshenbaum lebt in New York und gibt Kurse für Kreatives Schreiben.
Von Binnie Kirshenbaum sind im Deutschen Taschenbuch Verlag erschienen: ›Ich liebe dich nicht und andere wahre Abenteuer‹ (11888), ›Kurzer Abriß meiner Karriere als Ehebrecherin‹ (12705), ›Mermaid Avenue. Ich, meine Freundin und all diese Männer‹ (12787), ›Als hielte ich den Atem an‹ (12979), ›Kleine Philosophie der Passionen. Flohmärkte‹ (20610), ›Keinen Pen-

ny für nichts‹ (24128), ›Entscheidungen in einem Fall von Liebe‹ (24347).

(Aus: B. K., Keinen Penny für nichts. Erzählungen. Deutscher Taschenbuch Verlag GmbH & Co. KG, München 1998. Deutsch von Patricia Reimann.)

SIEGFRIED LENZ, geboren am 17. März 1926 in Lyck/Ostpreußen, lebt heute als freier Schriftsteller in Hamburg.
Von Siegfried Lenz sind im Deutschen Taschenbuch Verlag erschienen: ›Der Mann im Strom‹ (102), ›Brot und Spiele‹ (233), ›Jäger des Spotts‹ (276), ›Stadtgespräch‹ (303), ›Das Feuerschiff‹ (336), ›Es waren Habichte in der Luft‹ (542), ›Der Spielverderber‹ (600), ›Haussuchung‹ (664), ›Beziehungen‹ (800), ›Deutschstunde‹ (944), ›Einstein überquert die Elbe bei Hamburg‹ (1381), ›Das Vorbild‹ (1423), ›Der Geist der Mirabelle‹ (1445), ›Heimatmuseum‹ (1704), ›Der Verlust‹ (10364), ›Die Erzählungen 1949–1984‹ (10527; 3 Bände in Kassette), ›Elfenbeinturm und Barrikade‹ (10540), ›Zeit der Schuldlosen und andere Stücke‹ (10861), ›Exerzierplatz‹ (10994), ›Ein Kriegsende‹ (11175), ›Das serbische Mädchen‹ (11290 und 25124), ›Leute von Hamburg. Meine Straße‹ (11538), ›Über das Gedächtnis‹ (12147), ›Die Auflehnung‹ (12155), ›Ludmilla‹ (12443), ›Duell mit dem Schatten‹ (12744), ›Über den Schmerz‹ (12768), ›Arnes Nachlaß‹ (12915), ›Mutmaßungen über die Zukunft der Literatur‹ (13057), ›Lehmanns Erzählungen‹ (25141), ›Die Klangprobe‹ (25172).

(Abdruck mit freundlicher Genehmigung des Hoffmann und Campe Verlags, Hamburg. Aus: S. L., Zaungast. Frankfurt am Main 2002.)

HENNING MANKELL, geboren 1948 in Härjedalen, ist einer der angesehensten und meistgelesenen schwedischen Schriftsteller. Er lebt als Regisseur und Autor in Maputo/Mosambik. Für seine Bücher wurde er mehrfach ausgezeichnet, unter anderem von der Schwedischen Akademie für Kriminalliteratur.

Von Henning Mankell sind im Deutschen Taschenbuch Verlag erschienen: ›Der Chronist der Winde‹ (12964), ›Die rote Antilope‹ (13075), ›Mörder ohne Gesicht‹ (20232), ›Hunde von Riga‹ (20294), ›Die weiße Löwin‹ (20150), ›Der Mann, der lächelte‹ (20590), ›Die falsche Fährte‹ (20420), ›Die fünfte Frau‹ (20366), ›Mittsommermord‹ (20520), ›Der Hund, der unterwegs zu einem Stern war‹ (70671), ›Die Schatten wachsen in der Dämmerung‹ (70678), ›Der Junge, der im Schnee schlief‹ (70721), ›Die Reise ans Ende der Welt‹ (70726), ›Ein Kater schwarz wie die Nacht‹ (70766).

(Abdruck mit freundlicher Genehmigung des Paul Zsolnay Verlags, Wien. Aus: H. M., Wallanders erster Fall und andere Erzählungen. Wien 2002. Deutsch von Wolfgang Butt.)

Paulina Schulz, geboren 1973 in Polen, stammt aus einer deutsch-polnisch-tatarisch-schottischen Künstlerfamilie. Sie lebt seit 1989 in Deutschland und studierte Prosa, Film, Dramatik und als Hauptfach Übersetzen am Deutschen Literaturinstitut in Leipzig. Arbeitet als Autorin, Übersetzerin und Dozentin in Erfurt.

(Erstveröffentlichung. Abdruck mit freundlicher Genehmigung der Autorin. Rechte beim Deutschen Taschenbuch Verlag GmbH & Co. KG, München.)

Scott Snyder, geboren 1976 in New York, lebte nach dem College ein Jahr in Florida. Er machte sich in Disney World als Hausmeister zu Fuß, auf Rollschuhen und schließlich kostümiert als Pluto und Buzz Lightyear nützlich. Gegenwärtig steht er vor dem Abschluß seines Studiums an der Columbia University in New York und schreibt Kurzgeschichten, die in Anthologien und amerikanischen Zeitschriften erschienen sind.

(Deutsche Erstveröffentlichung. Die Geschichte ist Teil eines

Erzählungsbandes, der 2004 unter dem Titel ›Happy Fish‹ im Deutschen Taschenbuch Verlag GmbH & Co. KG, München, erscheint. Deutsch von Lutz-W. Wolff.)

Uwe Timm, geboren am 30. März 1940 in Hamburg, studierte Philosophie und Germanistik in München und Paris. Seit 1971 lebt er als freier Schriftsteller in München.
Von Uwe Timm sind im Deutschen Taschenbuch Verlag erschienen: ›Heißer Sommer‹ (12547), ›Johannisnacht‹ (12592), ›Der Schlangenbaum‹ (12643), ›Morenga‹ (12725), ›Kerbels Flucht‹ (12765), ›Römische Aufzeichnungen‹ (12766), ›Die Entdeckung der Currywurst‹ (12839), ›Nicht morgen, nicht gestern‹ (12891), ›Kopfjäger‹ (12937), ›Der Mann auf dem Hochrad‹ (12965), ›Rennschwein Rudi Rüssel‹ (70285), ›Die Piratenamsel‹ (70347), ›Der Schatz auf Pagensand‹ (70593).

(Abdruck mit freundlicher Genehmigung des Verlags Kiepenheuer & Witsch, Köln. Aus: U. T., Nicht morgen, nicht gestern. Erzählungen. Köln 1999.)